Phyllis McDuff

Villa Mendl

Phyllis McDuff

Villa Mendl

Leben und Schicksal der Ankerbrot-Erbin **Bettina Mendl**

Übersetzt von
Christine Lier und Maria-Christine Leitgeb

Mit 33 Abbildungen

AMALTHEA

Bildnachweis

Alle Abbildungen: ©Phyllis McDuff

Besuchen Sie uns im Internet unter: www.amalthea.at

First published 2003 as a Bantam Book by Transworld Publishers,
a division of Random House Australia Pty Ltd.

Umschlaggestaltung: Elisabeth Pirker, OFFBEAT
Umschlagfoto: Phyllis McDuff
Lektorat: Maria-Christine Leitgeb
Korrektorat: Maria-Therese Pitner
Herstellung und Satz: VerlagsService Dietmar Schmitz GmbH, Heimstetten
Gesetzt aus der 10,75/13,45 Pt. Adobe Caslon Pro
Printed in the EU
ISBN 978-3-99050-021-7

Für Bettina und Otto,
für Fritz, Lucie und Marianne,
für ihre Vorfahren und ihre Familien –
in welchem Land der Erde ihre Geister
auch immer umherstreifen mögen

All of my life is a sing-song,
A story I dreamt long ago.
Although the days do not last long,
each one is a pearl in a row.
Softly they gleam or glitter,
some of them blink like a tear,
in memory of times hard and bitter …

… von Bettinas Hand geschrieben …
eine abgerissene Seite unterbricht das Gedicht …

INHALT

FAMILIENSTAMMBAUM

Fritz Mendl (19.9.1864–8.12.1929) heiratet
Emily Fried (25.6.1875–31.1.1927)
am 25. Dezember 1895

Marianne 1897–1967 ∞ Gustav	Lucie 1899–1963 ∞ Lou	Fritz 1904–1931	Otto 1907–1944? ∞ Mimi	Bettina 1909–1999 ∞ Joe
Die drei tanzenden Cousinen: Elizabeth (Lizzie) 1930 Cornelia 1932 Sybille 1934	Erica 1926–1976 Richard 1928–1970 Lou 1930–2009 Fritz 1932		Hans 1930–2000 ∞ Evamarie Eva 1940 | Stephan 1966 Thomas 1967	Phyllis 1942 Dawn 1944

ZU DIESEM BUCH

Die Suche nach Wahrheit ist oft mit vielen Enttäuschungen verbunden. Die Wahrheit kann schmerzhaft sein, launisch und schwer fassbar. Die Suche nach ihr lehrt uns, wie eingeengt unser Blickfeld ist und wie klein das Wissen, auf das wir uns stützen. Wir suchen nach Beweisen und Bestätigungen und erhalten stattdessen Deutungen und subjektive Beobachtungen, gelegentlich auch hilfreiche Hinweise, die jedoch in eine Richtung führen, die wir selbst in unseren Träumen nicht erwartet haben. Wir betreten einen Irrgarten.

Meine Suche drehte sich um die Geschichte meiner Familie. Die Tatsachen waren unter dicken Schichten von Emotionen verborgen, Narbengewebe entstellte die Antworten, die ich bekam. Sie führte über kulturelle Grenzen hinaus, wo Missverständnisse die Tatsachen verzerrten. Der Lauf der Zeit hatte Erinnerungen geschwächt und Spuren verwischt. Ich griff weit in die Vergangenheit zurück und habe mich darum bemüht, »die Wahrheit« zu fassen zu kriegen. Ich erhebe keinen Anspruch auf Erfolg.

Ich habe ihre Fäden zusammengestückelt und den Stoff zu einer Patchwork-Decke zusammengenäht, um mich selbst zu wärmen. Viele Fäden sind dabei zerrissen, Verbindungsnähte sind an den Enden brüchig geworden, sie tendieren dazu, aufzureißen und die kalte Zugluft ungehindert durchzulassen. Jeden Augenblick hätte ich schwören können, dass ein Geist mir zuflüstert: »Nein, geh zurück, du hast dich geirrt! Du hast einen Anhaltspunkt übersehen, der in eine andere Richtung führt.«

Ich begann mit meiner Suche nach Bettina, weil ich fest davon überzeugt war, dass ihre Gestalt Konturen aufwies, die ihr wahres Ich offenbar werden ließen und mir dabei halfen, die Widersprüchlichkeiten in ihrem Leben zu begreifen.

Die Picasso-Zeichnungen meiner Mutter waren bei all dem fast so etwas wie ein Symbol – zu unwahrscheinlich, um daran zu glauben, und zu offensichtlich, um sie zu leugnen. Welche Geschichte hatten sie? Wie konnte ihre Echtheit bestätigt werden? Wie vieler Beweise bedurfte es, um ihnen das Prädikat »echt« zu verleihen?

Und was all die Geschichten angeht, die Bettina mir in meiner Kindheit erzählt hat, inwieweit waren sie wahr? War diese Wahrheit bunt wie ein Regenbogen, der sich durch den Einfall des Lichts verändert oder ganz verschwindet?

Es ist an der Zeit, meine Näharbeit zu beenden. Zu viele Fragen vertreiben die flüchtige Wahrheit. Was mir bleibt, ist meine Reise zu teilen und die dünnen Fäden zu präsentieren, die zu Bettina führen.

EINLEITUNG

Die alte Eingangstüre schlug zu – oder zumindest beinahe. Dann gab sie ein Knirschen und einen knarrenden Seufzer von sich und hing schief in den Angeln. Das Scharnier, das seit fünfundzwanzig Jahren bei den Aus- und Einzügen von Familien keuchend und schnaufend seine Missbilligung ausgedrückt hatte, hatte nun endlich seinen Geist aufgegeben und die Verantwortung niedergelegt – ganz so, als ob es spürte, dass wir endgültig auszogen, und dagegen protestierte, verlassen zu werden.

Ich hielt nach einem Stück Holz Ausschau, um die Tür offen zu halten, damit wir uns weiter mit Kisten und Taschen hindurchquälen konnten, die Arme voll mit Kinderschätzen, um sie vor dem Vergessen zu retten. Sperrige Erinnerungsstücke verwehrten uns einen endgültigen Abschied von dem alten Farmhaus.

Bettina, meine Mutter, holte ihre Habseligkeiten und verließ die Farm, in der sie fast fünfundzwanzig Jahre gelebt hatte. Mit ihren nahezu siebzig Jahren hatte sie sich damit abgefunden, an einen Ort ziehen zu müssen, der sie weniger forderte. Mit Weisheit und Grazie akzeptierte sie die Grenzen, die ihr das fortschreitende Alter setzte, und so übersiedelte sie in die Nähe meiner jüngeren Schwester Dawn.

Diese Bettina heute war eine mildere Ausgabe der Bettina meiner Kindheit, ungebrochen war sie wie eh und je: Klein, drahtig und geschäftig, in ausgebleichten Jeans und einem rot karierten Hemd lief sie hin und her. Ihr dichtes, lockiges graues Haar war kurz geschnitten. Die Sonne hatte tiefe Falten in ihre olivfarbene Haut gegraben – Linien, die Autorität ausstrahlten. Sie verbreitete eine Aura von Entschlossenheit um sich. Ihre schwarzen Augen blitzten, wenn sie Befehle erteilte.

Meine Aufgabe war es, die Abläufe zu organisieren und unserer Arbeit etwas Struktur zu geben. Ich ging es vorsichtig an. Ich wusste von vornherein, dass man mir das übel nehmen würde: Strukturierung bedeutete Ärger. Ich musste also auf Distanz bleiben.

Einmal mehr überraschte mich meine Mutter: Wir halfen ihr, von den Schranktüren und Wänden Plakate, Fotografien, abgelaufene Kalender und Bilder abzunehmen – die wenigen verbliebenen Schätze aus dem europäischen Leben meiner Mutter. Hier an der Wand befanden sich auch zwei gerahmte Zeichnungen. Sie waren immer schon da gehangen. Es waren zwei Skizzen von einem Mann, der ein Schaf hält. Aufgrund meines Farmvorlebens hatte ich den Mann immer für einen Schafscherer gehalten. Bettina hatte uns erzählt, dass die Zeichnungen von Picasso waren, und sie hatte angedeutet, dass sie – ganz abgesehen von ihrem künstlerischen Wert – eine persönliche Bedeutung für sie besaßen, die sie nie näher erläuterte. Jetzt schien sie sie nicht zu bemerken. Es war ganz so, als hätte sie sie übersehen.

»Was ist mit den Bildern?«, fragte ich sie. »Wenn sie wirklich von Picasso sind, müssen sie etwas wert sein. Vielleicht sollte man sie versichern. Was soll mit ihnen geschehen?«

Sie drehte sich weg und sagte wie nebenbei: »Du kannst sie haben, wenn du willst.«

»Aber sie gehören doch dir! Du liebst sie und wirst sie vermissen!«

»Nein«, antwortete Bettina, »ich hänge nicht mehr an ihnen. Ich habe Dawn zu ihrer Hochzeit vor Jahren die zwei anderen Picassos geschenkt, weißt du noch? Also nimm ruhig diese beiden und mach mit ihnen, was du für richtig hältst.«

Ich nahm die Zeichnungen von der Wand und spähte durch das verschmierte Glas auf die Unterschrift – Picasso – und auf die beiden handgeschriebenen Daten: 23/Mars/43 und 26/Sept/43. 1943 war ich kaum ein Jahr alt gewesen, hatte gerade die ersten Zähne bekommen, gehen gelernt, den Hühnern Eier gestohlen und mit unseren Welpen gespielt.

Am Tag darauf rief ich Mutters Rechtsanwalt an und bat ihn, eine Aktennotiz darüber zu verfassen, dass ich die beiden Zeichnungen auf ihren ausdrücklichen Wunsch übernommen hätte und sie aufbewahren würde, bis ich Herkunft und Wert der Zeichnungen herausgefunden hätte.

In den folgenden Tagen halfen meine Schwester und ich dabei, das Haus zu räumen, dann brachten wir unsere Mutter in ihr neues Zuhause in Tarpoly. Dort hatten wir in meiner Kindheit gelebt.

Ich dachte nicht mehr an die Picassos, bis ich mich auf den langen Heimweg nach Brisbane machte. Nun lagen sie aber hinter mir auf dem Rücksitz und warfen Fragen auf, die mich nicht losließen: Wie waren sie in den Besitz meiner Mutter gelangt? Für mich waren sie eine Art fremdartiger »Schatz«, der nicht zu unserem übrigen Leben passte. In unserem einfachen Zuhause hatte es kein einziges anderes Kunstwerk von einem namhaften Künstler gegeben. Wie wenig wussten wir doch über ihren eigentlichen Wert und darüber, was sie für Bettina bedeuteten.

So wie ein Oscar mehr als bloß eine Statue aus Messing ist, schienen diese Zeichnungen mit einer ganz speziellen Bedeutung versehen zu sein, einer Bedeutung, über die Bettina stets vermieden hatte zu sprechen. Auf all diese Fragen gab es sicher eine ganz einfache Antwort. Ich vertraute darauf, dass es eine logische Abfolge von Ereignissen gab, im Zuge derer Bettina zu den Bildern gekommen war. Das Leben ist schwarz und weiß, nicht wahr? Auf Fakten kann man sich verlassen und die Zeichnungen würden sicher eine nachvollziehbare Geschichte haben.

Im Laufe der Fahrt schienen mir meine Fragen jedoch immer komplizierter zu werden. Wolken verdunkelten die »Fakten« und ich verabschiedete mich von der Vorstellung, leicht zu einer Lösung zu kommen. Ich erforschte mein Gedächtnis, um herauszufinden, wann genau ich diese zwei Zeichnungen zum ersten Mal gesehen hatte. War es bevor oder nachdem ich geheiratet hatte? War es in den Fünfzigerjahren, als ich von der Schule aus Sydney nach Hause gekommen war? War es bei einem der vielen Male, als Mutter von einer Reise nach Europa zurückgekehrt war?

Als ich sie zum ersten Mal gesehen hatte, hatte ich meine Mutter gefragt, woher sie stammten, hatte aber keine zufriedenstellende Antwort von ihr bekommen. Ich kannte das schon. Das geschah oft, wenn man sich nach ihrer Vergangenheit erkundigte. Sie hasste meine Fragen und weigerte sich, darauf zu antworten.

»Was sind das für Bilder?«, hatte ich wissen wollen.

»Picassos«, hatte sie geantwortet.

»Woher kommen sie?«

»Von Otto.«

Im Leben meiner Mutter gab es zwei »Ottos«. Das wusste ich. Der eine war ihr Bruder, der andere ein enger Freund. Wie üblich versuchte ich, ein Gefühl für die fremde, europäische Welt, die so weit von unserer australischen Farm entfernt war, zu entwickeln – eine Gewohnheit, die immer wieder zu beträchtlichen Konflikten zwischen meiner Mutter und mir geführt hatte. Sie hasste diese Fragen, weigerte sich zu antworten und bezeichnete mich als dumm, weil ich mich nie mit etwas zufrieden gab. Damals dachte ich, meine Fragen langweilten und nervten sie einfach.

Später, als ich selbst erwachsen war, gab ich es auf, in sie zu bohren. Ich akzeptierte die widersprüchlichen Informationen und die vielen Lücken in ihrer Geschichte. Ich akzeptierte, dass Bettina und ich unterschiedliche Wege gingen, um aus unseren Erfahrungen zu lernen. Bei den wenigen Gelegenheiten, bei denen ich ihre Erklärungen nicht akzeptieren konnte, fragte ich dann doch nach und nahm ihren Spott oder Zorn in Kauf.

Das führte jedoch zu nichts und mir fehlte irgendwann der Mut, weiter in sie zu dringen. Viel später ist mir klar geworden, dass ihre Ausbrüche eine Art Verteidigung waren. Sie versuchte ganz offenbar, eine Fassade aufrechtzuerhalten.

Ich galt als »schwierig«, weil ich mich darum bemühte, die Wahrheit über meine seltsame Familie herauszufinden. So viele Zweige an unserem Baum waren »gekappt« worden, weil Bettina von heute auf morgen erklärt hatte, dass dieser oder jener Teil der Familie »unmöglich« wäre. Uns wurde davon abgeraten, mit solchen »Verrückten« Kontakt zu pflegen. Im Laufe von Monaten oder Jahren hatte sich der Riss zu einem Abgrund geweitet.

Ich machte mir immer wieder Gedanken über ein stets wiederkehrendes Muster, dessen einzige Konstante folgende war: Im Falle, dass Bettina das eine oder andere Mal beschloss, uns eine »offizielle Information« zukommen zu lassen, war diese verzerrt, vage und unverlässlich. Die Details über die Charakterfehler der kritisierten Person änderten sich zudem von Mal zu Mal in ihrer Darstellung. Ich hatte seit Langem schon gelernt, diese Informationen mit Vorsicht zu genießen.

Nun, da ich erwachsen, inzwischen selbst Mutter und hoffentlich reifer und weiser geworden bin, nagen diese Erinnerungen an meine aufreibende Beziehung zu meiner Mutter an mir. Was hat sie dazu veranlasst, meinen Fragen so konsequent auszuweichen oder sie ins Lächerliche zu ziehen? Was wäre ans Licht gekommen, hätte sie wahrheitsgetreu geantwortet?

Konnten die stummen Zeichnungen auf dem Rücksitz des Autos vielleicht ein paar von ihren Geheimnissen lüften? Sie waren unleugbar da – und sie mussten ja schließlich von irgendwo hergekommen sein.

I

TAGE DER VERZWEIFLUNG

Um die Umstände, in die ich hineingeboren wurde, zu verstehen, musste ich viele verschiedene Fäden entwirren und neu miteinander verknüpfen. Die vielen Geschichten, die mir zugetragen worden waren, stimmten nicht überein. Sie änderten sich jeweils mit der Perspektive ihres Erzählers. Von meinen Eltern stammen zwei unterschiedliche Versionen, Bettinas Schwester, Marianne, hat ein paar Bruchstücke ergänzt. Meine Cousinen erzählten mir wiederum, woran sie sich aus ihrer Kindheit erinnern konnten. Lucie, Bettinas andere Schwester, steuerte weitere Schnipsel und Fäden bei, die ich in meine Geschichte weben konnte, und nach ihrem Tod setzten ihre Kinder fort, was sie begonnen hatte. In ihren Geschichten schwangen Liebe, Bedauern oder Leidenschaft mit. Sie erzählten sie flüsternd oder wütend, unterbrochen von Lachanfällen oder Schluchzen. Aus verschiedenen Kontinenten wurden sie mir zugetragen, von Freunden, Verwandten – und Vorfahren.

Manche waren auf brüchige Zettel geschrieben, andere existierten als Dokumente auf Pergamentpapier. Ich habe sie als Ergänzung zu meiner Kindheit und den mittleren Jahren hinzugefügt und sie werden sich mit der Zeit immer weiter um mich herum entwirren. Kein Stück passt genau an seinen Platz. Jedes einzelne Teil muss angepasst, getrimmt und gedreht werden, damit man es im Zusammenhang richtig versteht.

Ich wurde im Outback, in Hillston, westlich von Bourke am Ende eines bitterkalten Winters geboren. Ich kam zu früh auf die Welt und war schwach und hässlich. Die Hebamme in der nahe gelegenen Geburtsstation war betrunken. Sie riet meiner Mutter, mich gar nicht erst zu stillen, da ich ohnehin sterben würde. Sie könnte sich die Mühe sparen.

Am selben Tag und im selben Zimmer hatte ein verängstigtes Aborigines-Mädchen nach einer langen und schwierigen Geburt einen robusten honigfarbenen Jungen zur Welt gebracht. Nach der Geburt war sie völlig erschöpft und fiel in eine Art Schockstarre. Sie war an der Grenze zu einer Ohnmacht und viel zu schwach, um den Kleinen auch nur zu halten. Auch Milch hatte sie kaum für ihn.

Als die Nacht anbrach, war die Hebamme noch schwerer alkoholisiert. Meine Mutter wusste, dass sie wach bleiben und mich alle zwei Stunden stillen musste, so bestand zumindest eine geringe Chance, dass ich überleben würde. Während sie mich drängte zu trinken, hörte sie dem zornigen, hungrigen Aborigines-Jungen dabei zu, wie er seine Verzweiflung in die Welt hinausschrie. Sie betete die ganze Zeit über dafür, dass seine junge Mutter wieder zu sich kommen würde. Von Stunde zu Stunde wurde sie selbst schwächer, vor Erschöpfung und Angst und wegen des steigenden Fiebers und der Schmerzen, die ihr der Milchüberschuss verursachte.

Schon nahe am Fieberdelirium bekam meine Mutter Angst, man könnte sie, erholte sie sich nicht schnell von der schweren Geburt, in ein öffentliches Spital bringen. Das hätte jedoch unangenehme Fragen über ihre Herkunft aufgeworfen, ihr Status wäre festgestellt und sie als feindliche Ausländerin klassifiziert und eingesperrt worden. Es zirkulierten damals viele Geschichten über wohlhabende deutsche und italienische Farmer, die gefangen genommen und in ein Lager gebracht worden waren. Ihre Familien blieben verlassen und verzweifelt zurück: Ohne die Männer konnte die schwierige Arbeit auf den Farmen nicht bewältigt werden.

Meine Mutter betrachtete den kräftigen, kleinen Aborigines-Jungen sehnsuchtsvoll. Sie bewunderte seine Kämpfernatur, seine Wut, seine runden Ärmchen und seine seidigen Wimpern, in denen Tränen hingen. Schließlich nahm sie ihn hoch und gab ihm zu trinken, bis er satt und zufrieden schlief. Er hatte sie auf andere Gedanken gebracht und ihr Kraft gegeben, um mich weiterzukämpfen.

Der nächste Tag ging vorüber. Die Hebamme hatte sich gerade so weit erholt, dass sie ein paar Grundnahrungsmittel ausgeben konnte, jedoch von medizinischer Versorgung war keine Rede. Das Aborigines-Mädchen gab wieder Lebenszeichen von sich, war aber noch immer nicht stark genug, um ihr Baby zu stillen. Wenn die Hebamme nicht da war, steckte meine Mutter mich neben das Mädchen ins Bett, während sie einmal mehr den kräftigen, kleinen Jungen stillte. Vielleicht mochte sie ja meinen Anblick – ich war so klein und still im Vergleich zu ihrem großen, robusten Sohn –, in jedem Fall nahm mich das Aborigines-Mädchen auf und begann mich mit unendlicher Geduld zu stillen. Sie schien zu verstehen, dass ich einer permanenten Fütterung bedurfte, die langsam vor sich gehen musste, Tropfen für Tropfen. Um sich wach zu halten, sang sie leise ihre Stammeslieder, die Corroboree-Melodien, uralte spirituelle Gesänge. Während der folgenden Tage und Nächte, die auf seltsame Weise ineinander verschwammen und jeglicher Kontur entbehrten, sang sie mich langsam ins Leben – und schenkte meiner Mutter Schlaf. Alle vier Stunden riss uns jedoch das Sirenen-Geheul des Honigjungen aus unseren Tagträumen, der dann von meiner Mutter großzügig gestillt wurde.

So vergingen die Tage, bis mein Vater uns abholen kam und nach Hause brachte. Der Honigjunge und seine junge Mutter verschwanden in den dunklen Schatten hinter der Veranda. Die Hebamme, die inzwischen ihren Rausch ausgeschlafen und sich erholt hatte, legte mich auf die Waage – ich wog etwas mehr als ein Kilo –, packte mich zusammen mit ein bisschen Baumwolle in eine Schuhschachtel und schickte mich nach Hause. Ich sollte das Wagnis des Lebens auf mich nehmen.

Zu Hause, das war für mich eine rohe Blockhütte mit einem Boden aus Lehm und einer offenen Feuerstelle. Die Zugluft war schrecklich. Mein Vater war damals Manager der Bimbil-Station, einer riesigen Schaf- und Rinderfarm. Er kümmerte sich um das Überleben der Schafe und Rinder im letzten Abschnitt des struppigen Buschwalds, zwei Tagesritte vom Hauptgebäude der Farm entfernt.

Nichts davon hatte auch nur annähernd etwas mit dem eleganten Leben zu tun, das meine Mutter geführt hatte, bevor Hitlers Truppen in Österreich einmarschiert waren. Immerhin war sie die Tochter von Fritz Mendl, einem wohlhabenden Geschäftsmann, der eine berühmte Wiener Bäckerei betrieben hatte – damals die größte in ganz Europa. Fritz Mendl hatte mehrere Landgüter, eine wertvolle

Kunstsammlung und ein Gestüt mit Vollblutpferden der Spitzenklasse besessen.

Für seine Familie hatte er ein großes Heim mit prachtvollen Gärten in Wien entwerfen und bauen lassen, das unter dem Namen »Villa Mendl« bekannt geworden war. Meine Mutter war im Cheltenham Ladies College erzogen worden, einem exklusiven Internat in England, ihre Ferien hatte sie in den schönsten Städten Europas verbracht. Zu Hause in Wien hatte sie Konzerte, Pferderennen, Bälle und Partys besucht und Tennis gespielt. Am meisten von allem hatte sie das Reiten geliebt und war selbst drauf und dran gewesen, eine berühmte Springreiterin zu werden. Meine Mutter hatte zwei ältere Schwestern, Marianne und Lucie, und zwei ältere Brüder, Otto und Fritz.

Bereits, als sie noch ein Teenager gewesen war, hatte das idyllische Familienleben jedoch zu bröckeln begonnen. Mit kaum achtzehn Jahren hatte sie ihre Mutter Emily verloren, die an Krebs erkrankt war. Nur zwei Jahre später war ihr Vater gestorben. Die vielen Jahre harter Arbeit hatten an seiner Gesundheit gezehrt und sein Herz geschwächt. Wenig später war ihr Bruder Fritz bei einem Schiunfall ums Leben gekommen. Im Jahr 1931, als meine Mutter gerade zweiundzwanzig Jahre alt geworden war, war ihr die Aufgabe zugefallen, die Großbäckerei ihres Vaters zu leiten und das beträchtliche Vermögen der Mendls zu verwalten.

In der Zwischenzeit hatte auch Hitlers Aufstieg zur Macht begonnen. Bettina war eine leidenschaftliche und sich offen deklarierende Anhängerin des damaligen österreichischen Kanzlers Schuschnigg und seiner gegen die Nazis gerichteten Politik gewesen. Als eine renommierte Reiterin war sie 1936 für die Olympischen Spiele in Berlin nominiert worden, hatte jedoch mit der Begründung, dass ihr »die Politik von Hitlers Drittem Reich nicht gefiel«, auf ihre Teilnahme verzichtet. Auch Bettinas Turnierpferde waren weltberühmt gewesen. Eines von ihnen, Bubunut, das aus einer ungarischen Zucht stammte, war das einzige Fohlen von Kinchem, einem Sieger von zweiundneunzig Rennen gewesen. Bubunut war nervös und unverlässlich gewesen und nicht für Rennen geeignet, jedoch seine Herkunft hatte für sich gesprochen. Nachdem

Bettina sich in Bubunut verliebt hatte, hatte sie um die staatliche Erlaubnis ansuchen müssen, das Tier über die ungarische Grenze nach Österreich mitnehmen zu dürfen. Die junge Stute hatte luxuriös in einem eigens für sie gebauten Stall im Garten der Villa Mendl gelebt. Bubunuts Pfleger hatte neben ihr geschlafen und ein weißes Zwergkaninchen war auf ihrem Futtertrog gesessen, um sie zum Essen zu ermutigen.

Im November 1938, während der brutalen Ausschreitungen in der Kristallnacht, als die österreichischen Nazis in den Straßen gewütet und jüdisches Eigentum zertrümmert und zerstört hatten, waren Bubunut und ihr Pfleger für immer verschwunden. Ich erinnere mich gut daran, wie meine Mutter uns von ihrer Sorge um das Zwergkaninchen erzählte. Das war die einzige Angst, von der sie sich zu sprechen erlaubte.

Bettina beschrieb uns auch eindrücklich, was mit den Stallungen in Veitsch, einem der Landgüter der Mendls, passiert war. Das Erzählen fiel ihr ganz offensichtlich schwer – sie krümmte sich geradezu unter ihren eigenen Worten. Ein deutscher Kommandant war mit Lastwägen gekommen, um die Pferde abzutransportieren. Er hatte dem vierzehnjährigen Stallburschen befohlen, die Pferde in den Hof zu führen. Der Junge hatte geantwortet, er dürfe ohne die ausdrückliche Anweisung von Fräulein Bettina seine alltäglichen Arbeitsabläufe nicht abändern oder unterbrechen. Der Kommandant hatte daraufhin seine Pistole gezogen und ihn auf der Stelle erschossen. War das die Vergeltung für Bettinas Verwegenheit gewesen, auf ein Antreten bei den Olympischen Spielen in Berlin zu verzichten? Oder hatte es dafür tiefere Beweggründe gegeben?

Unmittelbar nach dem »Anschluss« Österreichs an Nazi-Deutschland nahmen die Schergen der Nazis all jene gefangen, die bekanntermaßen der Opposition angehörten. Sie begannen mit der Realisierung von Hitlers »Endlösung«. Meiner Mutter gelang die Ausreise aus Wien nur wenige Stunden vor Hitlers Einmarsch in Wien am 12. März 1938. Der »Anschluss« kam für sie einem Todesurteil gleich, dem sie so nur knapp entging. Das Vermögen der Mendls wurde sofort von den Nazis beschlagnahmt.

So, wie meine Mutter die Geschichte erzählte, war sie zuerst in die Schweiz gereist und erst 1939 über Neuseeland nach Sydney gekommen. Alles, was sie noch besaß, war eine zerknüllte englische Fünf-Pfund-Banknote, die sie in einer Manteltasche gefunden hatte. Das war nicht genug für das »Landegeld«, das vierzig Pfund betrug und für die Einreise von Migranten, die keine britischen Staatsbürger waren, Voraussetzung war. Sie sah sich dazu gezwungen, innerhalb von vierundzwanzig Stunden nach Verlassen des Schiffes die schriftliche Garantie eines Sponsors zu präsentieren, der Auskunft über ihre Person gab. Eine andere Möglichkeit gab es nicht.

Damals befanden sich Australien und Neuseeland im Krieg gegen Nazi-Deutschland und somit auch gegen Österreich. Bettina galt als feindliche Ausländerin und lief Gefahr, verhaftet oder sogar per Schiff zurück nach Österreich abgeschoben zu werden – unabhängig von den Folgen, die ein solcher Schritt für sie gehabt hätte.

Obwohl sich ihre Schwester Marianne schon vor einiger Zeit in Sydney niedergelassen hatte, wäre meine Mutter nicht auf die Idee gekommen, sie als Bürgen zu nennen. Sie befürchtete, auch Marianne in die Gefahr zu bringen, verhaftet zu werden.

In Ermangelung einer anderen Eingebung ging Bettina in die nächste Kirche, die St. Mary's Cathedral, zur Beichte. Nach der Beichte schob sie das Bürgschafts-Formular durch das Gitter und bat den Priester, es zu unterschreiben. Anfänglich weigerte er sich und erklärte, sie ja nicht einmal zu kennen, da sie kein ständiges Mitglied seiner Gemeinde wäre. Bettina legte ihm ans Herz, im Sinne seines Glaubens zu handeln.

Nach einem ausführlichen Gespräch über das Wesen Gottes, Fragen des Glaubens und die Verpflichtung der Kirche, aus Barmherzigkeit Menschen vor Verfolgung zu schützen, unterzeichnete der junge Priester das Dokument. Bettina konnte es rechtzeitig den Behörden vorlegen, um das befristete Visum zu verlängern. So entging sie einer sofortigen Verhaftung.

Marianne und ihr Mann hatten es geschafft, etwas Geld mit nach Australien zu bringen, und hatten damit ein Haus in Mosman gekauft. Es war klein und benötigte dringend Reparaturen, dennoch zog Bettina bei ihnen ein. Nachdem die kritische erste Zeit nach ihrer Ankunft überwunden war, wurde ihr immer klarer, dass sie ihren eigenen Weg gehen musste. Sie konnte es nicht ertragen, abhängig zu sein, und suchte eine Arbeit als Hausangestellte – was ziemlich absurd war, weil sie über keinerlei Haushaltskenntnisse verfügte und so gut wie nie ohne eigenes Personal gelebt hatte.

Bei einem Bewerbungsgespräch erkannten sie ihre potenziellen Arbeitgeber. Es waren österreichische Leidensgenossen, die schon früher aus ihrer Heimat geflüchtet waren. Sie waren entsetzt über Bettinas Situation, servierten ihr Tee und erzählten ausführlich von ihren schönsten Erinnerungen an Österreich und ihre Familie.

Bettina verließ angewidert das Haus. Sie war hungrig und bankrott und suchte Arbeit, keine sentimentalen sozialen Intermezzos. Von diesem Tag an hielt sie Ausschau nach Jobs im Westen von New South Wales und antwortete auch auf Anzeigen von landwirtschaftlichen Betrieben. Sie vertraute auf ihr Expertenwissen im Umgang mit Pferden. Es würde ihr auch unter diesen neuen und rauen Bedingungen ein Überleben ermöglichen.

Bettina wagte nicht, sich irgendwo länger aufzuhalten. In Verbindung mit ihrer Familie gebracht zu werden, hätte ihr zum Verhängnis werden können. Der Name »Bettina Mendl« auf Briefen hätte auf Postämtern und selbst auf entlegenen Poststationen Verdacht erwecken können. Auch konnte sie der Akzent, mit dem sie Englisch sprach, in erhebliche Gefahr bringen.

So zog sie von Ort zu Ort und versuchte, in freier Wildbahn zu überleben. Sie wollte unabhängig werden, unauffällig, eins mit der Landschaft, die sie durchwanderte.

In den höchst amüsant präsentierten Geschichten, die sich diesen Erfahrungen verdankten, gab sie so gut wie nie zu, wie hart ihr Leben damals gewesen war. Nur manchmal hielt sie mitten im Satz inne, zögerte und sagte dann: »Die Arbeit war mir zu schwer, ich war nicht stark genug …« Ansonsten versteckte sie sich hinter ihrem Humor und erzählte mitreißend und komisch von Situationen, die in Wahrheit ziemlich qualvoll gewesen sein müssen.

Einmal etwa hatte sie als Hausangestellte auf einem einsamen Gutshof gearbeitet. Sie war gebeten worden, die Kinder auf den Besuch des Weihnachtsmanns vorzubereiten. Meine Mutter wusch den kleinen Mädchen die Haare und drehte sie sorgfältig auf Lockenwickler. Sie sollten ihnen in Korkenzieherlocken über die Schultern fallen.

Um die Mädchen während dieser langweiligen Prozedur auf der Veranda mitten im Dezember – es war brütend heiß – bei Laune zu halten, dachte meine Mutter daran, ihnen von den Weihnachtsfesten ihrer Kindheit bei Kerzenlicht und unter dem Christbaum zu erzählen. Sie erkundigte sich bei den Kindern, was sie von diesem Fest wussten. »Oh«, sprudelte es aus dem siebenjährigen Mädchen heraus, »wir bekommen einen Haufen Geschenke!« – »Aber warum?«, fragte Bettina. »Was feiern wir denn?« – Keine Antwort. Schließlich fragte sie: »Was ist mit der Geschichte von Jesus Christus?« – Die beiden Mädchen sperrten den Mund auf und zwei Paar Augen starrten Bettina missbilligend an. Die Ältere von den beiden zischte warnend: »Betty! Mama sagt das nur, wenn sie *sehr* wütend ist!«

Anfangs hielt sich meine Mutter von der kleinen Veranda des Gutshofes fern. Und das hatte einen Grund: Jedes Mal, wenn sie in ihre Nähe kam, wurde sie von einer heiseren, rauen Stimme begrüßt: »Go to buggery! Go to buggery!«* – Wochenlang dachte sie, es müsse sich dabei um ein altes, streitsüchtiges Mitglied der Familie handeln, und fand sich damit ab. Irgendwann siegte jedoch die Neugier. Sie hatte sich inzwischen eingelebt auf der Farm und musste nicht mehr um ihren Job fürchten, also beschloss sie, diesem seltsamen Wesen auf die Spur zu kommen. Jedoch egal, wie lautlos sie um die Ecke der Veranda schlich, sie wurde entdeckt und sofort mit einem boshaften »Go to buggery!« begrüßt.

Schließlich wurde ihr ungewöhnliches Verhalten von der Frau des Farmers bemerkt. Sie beschloss, meiner Mutter heimlich zu folgen. In einer stockdunklen Nacht stießen die beiden Frauen so bei einer von Bettinas Erkundungstouren zusammen. Erschrocken schrien beide laut auf. Sie weckten dabei den alten weißen Kakadu, der augenblicklich sein »Go to buggery! Go to buggery!« zurückschrie.

---

* Unübersetzbarer australischer Dialekt-Ausdruck in Richtung Analverkehr und Sodomie. Am ehesten umschreibbar mit »Geh zur Hölle!«, »Geh zum Teufel!«, dem Götzzitat usw.

Dawn und ich liebten diese Geschichte. Sie inspirierte uns zu einem Spiel: In finstersten Nächten krochen wir draußen im Dunkeln herum und suchten einander. Dann sprangen wir mit einem Satz in die Höhe und schrien aus Leibeskräften: »Go to buggery!« Irgendwann verboten uns unsere Eltern das Spiel – nicht wegen des ziemlich derben Ausdrucks, sondern weil ich jedes Mal danach mit meinen Nerven am Ende war. Meine Lippen bebten und ich war in Tränen aufgelöst. Stundenlang konnte ich danach nicht einschlafen und Angst vor der Dunkelheit wurde zu meinem ständigen Begleiter für die nächsten zwanzig Jahre.

Eine Zeit lang hatte Bettina auch auf einer Farm in der Nähe von Hillston, tief im Westen von New South Wales, gearbeitet. Joe McDuff, ein Junggeselle in reiferem Alter, war der Manager der benachbarten Rinder- und Schaffarm. Er bewunderte die Reitkunst meiner Mutter, eine der wenigen nützlichen Fertigkeiten, die sie aus ihrem exotischen Vorkriegsleben mitgebracht hatte. Er hatte sie schon länger bei ihrem Überlebenskampf beobachtet und wollte ihr helfen. Er brachte ihr bei, wie man Fallen auslegt und Kaninchen fängt, fünfzig Fallen schenkte er ihr sogar. Sie stellten sich als die Basis einer geradezu überlebenswichtigen Nahrungs- und Einnahmequelle für meine Mutter heraus, denn sie bezog bald ein regelmäßiges Einkommen aus den Kaninchenfellen. Kriegsbedingte Restriktionen hatten zur Folge, dass die massiven Eisenfallen nur mehr schwer zu bekommen waren. Das Geschenk meines Vaters, der ihr fünfzig von diesen unersetzlichen Fallen anvertraut hatte, garantierte meiner Mutter Unabhängigkeit. Zudem waren sie ein Zeichen seiner Zuneigung. Sie waren ein sehr liebevolles Geschenk.

Irgendwann verließ Bettina dann die Farm und kampierte allein in der Wildnis. Regelmäßig hielt mein Vater nach ihr Ausschau, prüfte den Himmel nach Rauch von ihrer Feuerstelle und die Wasserlöcher nach Spuren von ihr. Als er an einem eiskalten Wintertag weder die Rauchsäule ihrer Feuerstelle noch ihre Spuren an den Wasserstellen im Umkreis entdeckte, machte er sich auf die Suche nach ihr. Er fand sie halb erfroren und hilflos in der eisigen Kälte. Eine giftige Spinne hatte sie gebissen. Meine Mutter lag im Koma. Mein Vater brachte sie in seine Hütte, gab ihr zu essen und wärmte sie.

Da er Australier mit britischem Namen war, schlug er ihr vor, sie zu heiraten. So wäre sie geschützt. Er war sehr beliebt in der Gegend und es gab Nachbarn, denen er vertrauen konnte. Die Umstände hätten für ihn gesprochen, aber Bettina war nicht so leicht zu erobern. Sie nahm sich Zeit für ihre Entscheidung, Joe zu heiraten.

Von Zeit zu Zeit schlachtete Joe ein Tier, um frisches Fleisch zu haben. Er brachte dann jedes Mal frühmorgens eine Portion davon – zusammen mit frischem Gemüse – zu einer älteren Witwe, die allein und in großer Entfernung zu all ihren Nachbarn lebte. Manchmal begleitete ihn Bettina in seinem flotten Sulky, den seine Lieblingsstute Jinny zog. Auf diesen Ausflügen bei Sonnenaufgang zeigte sich ihr der Busch in seiner ganzen Schönheit.

Am späten Vormittag kamen sie bei der Witwe an und aßen einen Happen. Am Nachmittag nahm Joe seine Axt und hackte Brennholz für die alte Frau. Wenn es notwendig war, erledigte er auch dringende Reparaturen im Haus und im Garten.

In der Kühle des Abends fuhren sie dann langsam nach Hause zurück und freuten sich über die Sterne.

Bei einem dieser Besuche wurde ihnen der Rest von einem kalten Braten serviert. Er war voller Maden. Bettina ekelte sich davor und vermied es, davon zu essen. Sobald sie außer Hörweite waren, wandte sie sich an Joe und fragte ihn: »Hast du nicht gesehen, dass das Fleisch voller Maden war? Furchtbar! Ich habe dich davon essen gesehen und konnte es dir nicht sagen.«

»Ich habe noch nie gehört, dass eine Made einem Menschen großen Schaden zufügt«, gab Joe zur Antwort.

»Aber Joe! Das Fleisch war verdorben!«, protestierte Bettina.

»Betty, sie hat das Letzte geteilt, das sie hatte. Das ist alles, was ein Mensch tun kann. Ich wollte ihre Gefühle nicht verletzen – wegen einer Made. Sie macht wundervolles eingelegtes Gemüse. Es hat großartig geschmeckt und das habe ich ihr gesagt.«

Bettina dachte über seine Antwort nach, und während sie unter den Sternen weiterfuhren, beschloss sie, seine Frau zu werden.

Joe McDuff war der älteste Sohn einer großen Familie, die seinerzeit durch den frühen Tod des Vaters in eine schwierige Lage geraten war. Er hatte die Schule früh verlassen müssen, um seine jüngeren

Geschwister zu unterstützen, und er war stolz darauf, dass nun einer seiner Brüder Richter am Obersten Gerichtshof war. Niemand verstand so recht, weshalb er trotz seines angenehmen, umgänglichen Wesens und seiner freundlichen Art nie geheiratet hatte. Spaßhalber erklärte er, er hätte immer so viele Freundinnen gehabt und sich nie für eine entscheiden können.

Sah man von dieser humorvollen Rechtfertigung ab, war seine Entscheidung, allein zu leben, mit Sicherheit auch in seiner engen Bindung zu seinen Geschwistern und in seinem großen Verantwortungsgefühl ihnen gegenüber begründet. McDuff war ein schottischer Name, nachhaltiger beeinflusst hatte ihn jedoch die irische Familie seiner Mutter. Mein Vater sang die traditionellen irischen Balladen, seine Redeweise hatte den fröhlichen irischen Schwung und Rhythmus und er sprach so vertraut und selbstverständlich über den Blarney Stone und die Great Famine (die große irische Hungersnot von 1845–1852), als ob sie Teil seines Lebens wären. In Wahrheit war sogar schon seine Mutter in Australien geboren worden.

Bettina und Joe heirateten im September 1941, eine Woche nach Mutters zweiunddreißigstem Geburtstag. Wie alt mein Vater war, wusste sie damals nicht. Aufgrund einer irreführenden Angabe in der Heiratsurkunde hielt sie ihn für fünfundfünfzig. In Wahrheit war Joe damals sechzig Jahre alt.

Natürlich war Joe McDuff nicht der erste Mann, der sich für meine Mutter interessiert hatte. Der Name Anton Chlumecky etwa war mir vertraut, lange bevor ich sprechen lernte. Bettina hatte mir von ihren Segelreisen in der Adria mit der wohlhabenden Familie Chlumecky erzählt. In den Jahren 1937 und 1938 hatte es wohl zwischen Anton und Bettina so etwas wie ein romantisches Übereinkommen gegeben. Sie hatten geplant zu heiraten, sobald sich die politischen Verhältnisse in Europa beruhigt hätten und Anton sein Studium beendet hätte.

Inzwischen hatte Bettina ein völlig neues Leben in Australien begonnen und Anton hatte angefangen, als Mitglied des britischen Geheimdienstes für die Alliierten zu arbeiten. Er war in einem einsamen Dorf im Norden von England stationiert, wo er an Dechiffrierungsgeräten arbeitete. Zur Tarnung arbeitete er als

Uhrmacher in dem Dorf. Nach dem Krieg wanderte er nach Kanada aus.

Anton und meine Mutter blieben ihr ganzes Leben lang Freunde, und als ich damit begann, die Vergangenheit meiner Mutter zu erforschen, schickte er mir den Brief, den meine Mutter ihm geschrieben hatte, nachdem sie meinen Vater geheiratet hatte.

28. März 1942

Lieber Anton,
Heute habe ich Deinen Brief erhalten, und mir ist danach, Dir sofort zu schreiben, obwohl die nächste Post nicht vor Dienstag abgeht.

Nun, Du willst wissen, welche Art von Mann ich geheiratet habe, und das ist nur recht und billig, Du solltest es wissen. Er ist halb Schotte und halb Ire, ein Meter neunzig groß, sehr gut gebaut und extrem stark. Er kann den ganzen Tag mit der Axt arbeiten oder der Spitzhacke oder der Schaufel oder jede andere Art von Arbeit verrichten. Er ist genauso verrückt nach Pferden wie ich und wir haben ein wunderschönes Paar Traber. Sie bringen uns in vierzig Minuten in die Stadt, vierzehn Meilen von hier – fast so gut wie ein Auto.

Wie alles gekommen ist? Ich habe meinen Job in Queensland aufgegeben, weil ich die schwere Arbeit dort nicht länger aushalten konnte, und bin nach Sydney gefahren, um die Royal Show zu besuchen. Meinen Lebensunterhalt dort habe ich damit verdient, dass ich tagsüber waschen und putzen gegangen bin. Es war genug zum Leben und um ein paar Dinge zu kaufen, die ich dringend gebraucht habe.

Meine Schwester Marianne hat mir eine winzige Wohnung verschafft, mit einem kleinen Vorraum, Badezimmer und Schlafzimmer, die ich mit Obstkisten eingerichtet habe. Dort bin ich eingezogen und war ganz zufrieden. Ich habe sogar wieder Geigenstunden genommen und das war das Einzige, was mich wirklich gefreut hat, solange ich dort geblieben bin.

Natürlich habe ich meinen letzten Penny für die Show ausgegeben und musste am Tag, als die Show vorüber war, den ersten Job annehmen, den ich finden konnte. Ich hatte in Farmer-Zeitungen inseriert und viele Antworten erhalten. Unter ihnen war ein Telegramm: »Sofortige Anstellung, £2 plus Verpflegung. Erwarte Sie im nächsten Zug. Dringend.« – Also war ich im nächsten Zug.

Schon in der ersten Woche, als ich dort war, habe ich Joe kennengelernt. Ich mochte ihn, und er schien mich auch zu mögen – obwohl er dafür bekannt war, dass er nie irgendeine Notiz von Frauen nahm und allein im Busch lebte. Er kam häufig bei den Andersons vorbei, erschien in seiner besten Aufmachung bei der Pferdekoppel, wo ich arbeitete, fuhr die von Pferden gezogene Sämaschine und lud mich für die Sonntage ein, um mit ihm in den Hügeln des Outback zu jagen.

Im Allgemeinen hatten wir Glück, oft fingen wir nicht nur ein Känguru, sondern auch einen Fuchs oder einen Emu und hatten viel Spaß zusammen. Es war eine schöne Zeit. Als die Kaninchenfelle anfingen, im Preis zu steigen, und das ständige Heben von drei Scheffel schweren Weizensäcken mir nicht allzu sehr zusagte, begann ich davon zu träumen, allein im Busch zu leben. Ich fragte Joe, was er davon hielte, und er ermutigte mich zu dieser Idee und versprach, mir Pferd, Geschirr und Wagen zu leihen und ein paar Fallen, die er besaß.

Nun, ich habe Dir noch nicht erzählt, dass Joe der Manager einer Rinderstation mit 20 000 Hektar Land ist, in den Hügeln hinter der Farm der Andersons, und er lebt in einer richtigen Blockhütte. Als ich das erste Mal hierher kam, gab es nur Türen aus Sackleinen, keine Fenster, ein paar Tierfelle auf einem alten Bett, ein offenes Feuer, um darauf zu kochen, und ein paar Kisten, auf denen man sitzen konnte.

Ein paar Marmeladedosen mit Henkeln dienten als Töpfe, und es gab ein Waschbecken mit einem großen Loch auf der Seite, das man in einer bestimmten Position halten musste, damit das Wasser nicht herausfloss. Fünf Hunde lebten mit Joe in dieser Blockhütte, zusammen mit dem Pferdegeschirr und dem Zaumzeug, den Tierfellen, die dort aufbewahrt wurden, neben Gift und Fallen und Säcken und altem Gewand.

Trotz alledem, das Blockhaus hat mich irgendwie fasziniert. Ich habe es nicht als das gesehen, was es tatsächlich war, sondern als das, was es sein könnte.

Eines Tages lud Joe mich ein, mit ihm in die Stadt zu fahren und ins Kino zu gehen. Es war der 13. Juni, noch dazu Freitag, und eine stockdunkle, eiskalte Nacht. Als wir in die Stadt kamen, überquerten eine Frau und ein Kind vor uns die Straße. Das Kind fragte: »Liebst du mich, Mami?« – »Ja, geh weiter«, drängte die Mutter. »Dann wirst du mir Lollies kaufen«, sagte das Kind. Joe, der noch nie ein Wort zu dem

Thema verloren hatte, fragte mich plötzlich: »Wirst du mir Lollies kaufen?«

Wir lachten, und das war alles.

Am nächsten Morgen hatte ich Krach mit Anderson und verließ ihn. Joe war gerade mit dem Pferdewagen gekommen. Ich sagte: »Ich komme heute mit zum Fallenstellen.« – Er meinte: »In Ordnung, und ich komme heute Abend her, um deine Sachen zu holen.« – Ich kampierte in meinem Anhänger, mit einem Schaffell, auf das ich mich legte, und ein paar Kängurufellen, um mich zuzudecken.

Nach und nach räumte ich das Haus auf und während Joe mir beibrachte, wie man Fallen stellt, habe ich begonnen, ein bisschen zu kochen, obwohl er mir erst zeigen musste, wie man auf einem offenen Feuer kocht. Als er gesehen hat, wie ich versuchte, das Blockhaus sauber zu machen und es anständig aussehen zu lassen, hielt er eines Tages zu Hause an, um mir zu helfen, und wir haben einen ganzen Tag lang gebraucht, nur um wieder Tageslicht im Haus zu haben. Joe baute ein paar Regale und andere Dinge.

Wir fanden ein paar kleine Tische auf dem Sperrmüll und einige gute Dosen, und haben alles mit ein bisschen Farbe neu angestrichen. Und von dem Tag an haben wir die langen Winterabende damit verbracht, das Haus herzurichten. Wir haben die Wände von innen mit Säcken ausgekleidet und Zeitungspapier darüber geklebt, um den Wind abzuhalten. Ich habe alte Büchsen bemalt und Joe hat eine richtige Feuerstelle aus Lehm gebaut. Ich habe Joe bei jeder Arbeit geholfen, die er zu tun hatte, wir haben zusammen Gärten angelegt, Weiden eingezäunt, Herden zusammengetrieben, Zäune errichtet und sogar Fallen gestellt.

Da wir weder Bücher noch Radio und auch keine Laterne besaßen, erzählte abends immer einer von uns dem anderen eine Geschichte. Eines Abends, als Joe an der Reihe war, erzählte er mir die Geschichte, wie sein Großvater, ein Bierbrauer, Schottland verlassen, geheiratet und einen Sohn bekommen hatte, der Joe getauft wurde; der hatte ebenfalls geheiratet und einen Sohn namens Joe bekommen, der auch geheiratet hatte. – »Und wer war sie?«, fragte ich. »Ein Mädchen vom Land«, gab er zur Antwort. »Und ich denke, wir fahren nächsten Samstag nach Weethalle und sprechen mit dem Priester darüber.«

Bis zu diesem Moment war ich vollkommen glücklich gewesen. Jetzt fühlte ich mich, als würde plötzlich eine Schlinge um meinen Hals gelegt und zusammengezogen. Die nächste Woche verging, als ob nichts passiert wäre, aber Freitag schmierte Joe den Wagen, striegelte das Pferd, legte ihm sorgfältig das Zaumzeug an, und am Samstag bei Tagesanbruch rief er, ich möge mich fertigmachen, damit wir so bald wie möglich abfahren könnten.

Wir reisten vierzig Meilen nach Weethalle, über die Hügel auf einem steinigen Weg durch den Busch und begegneten Scharen von Kängurus – der Priester war an diesem Tag nicht da –, und auf dem Rückweg sagte ich Joe, dass ich nach Sydney zurückkehren und meine Schwester besuchen wollte.

Er erhob keinen Einwand, aber er hat ja nie viel gesprochen. Er sagte nur: »Wenn du nur noch eine Weile geblieben wärst, dann hätte ich dir ein hübsches Pferd gekauft, und wir hätten zusammen zu allen Shows gehen können, und dann wäre die Ernte gekommen und die Zeit der Schafschur, und du würdest so viele Jobs bekommen, wie du nur willst, und du wärst nicht so weit weg.«

»Gut«, meinte ich, »vielleicht komme ich zurück und dann werden wir sehen.« Und ich fuhr mit dem nächsten Zug.

Ich kam nach Sydney, und obwohl meine Schwester alles tat, damit wir eine wundervolle Zeit hatten, fühlte ich mich fehl am Platz. Ich fühlte mich so fremd unter ihnen und bekam solches Heimweh nach Joe und dem Busch, dass ich es nicht länger aushalten konnte. Ich erzählte es Marianne und sie meinte, ich sollte zurückfahren, aber noch ein paar Wochen warten, um ihn wirklich gründlich kennenzulernen, und es nicht übereilen. Da ich noch ein bisschen von meinem Lohn übrig hatte, besorgte ich zwei Matratzen, Wolldecken, ein paar Leintücher, Handtücher, Teller und Töpfe, kaufte vier Dutzend Fallen, zusätzlich zu denen, die Joe mir bereits gegeben hatte, einen Läufer und eine Laterne und fuhr nach Hause. Joe war an dem Tag nicht in der Stadt. Er hatte dort, seit ich weg war, auf jeden Zug gewartet, sagte einer von seinen Freunden.

Am Abend fand ich eine Mitfahrgelegenheit bis hinaus zu den Andersons, und von dort wanderte ich quer über die Koppeln nach Hause. Es war das erste Mal, seit mein Vater gestorben war, dass das Leben sich wieder gut anfühlte. Alles war schön und besser als vorher. Wir waren beide erleichtert und in dem Moment wussten wir, dass wir uns nie mehr trennen würden.

Ich hätte nie gedacht, dass das Leben so schön sein kann, und bin furchtbar glücklich. Unsere Blockhütte ist ein ansehnliches, kleines Haus geworden. Es ist immer noch einfach und rau, aber es ist unser Zuhause. Jedes Stück hat eine Geschichte. Ich habe 100 Hühner, drei Kühe, zwei wunderbare Pferde, ein Sulky, elf Schafe, die ich aufgezogen habe, und einen sehr guten Hund, der mir zugelaufen ist.

Ich bin immer außer Haus arbeiten gegangen, habe beim Fallenstellen geholfen und jeden Penny gespart und jetzt haben wir einen Kupferkessel und ein paar Waschzuber und einen richtigen Tisch und zwei Betten und eine Menge Dinge, die das Leben ein bisschen leichter machen. Wir müssen das Wasser mit dem Pferdewagen drei Meilen bis zu unserer Hütte bringen und mit Asche filtern, damit wir es zum Waschen und Trinken verwenden können. Zum Glück gibt es hier viel Holz.

Wir haben vor Kurzem angefangen, Holzkohle zu brennen, um eine zusätzliche kleine Einnahmequelle zu haben – eine Art »Gehaltsscheck«. Joe arbeitet mit der Spitzhacke und der Brechstange und ich stehe an der Schaufel. Wenn Du diesen Brief erhältst, wird mein Baby schon auf der Welt sein und wir werden dann etwas mehr Geld brauchen.

Nun, ich denke wirklich, Du solltest heiraten, Anton. Sei nicht anspruchsvoll, wenn Du Dir eine Frau suchst, und schau auf nichts anderes als auf ihr Herz und auf ihre Gesundheit. Auf ihr Herz in Deinem eigenen Interesse, auf ihre Gesundheit im Interesse Deiner Kinder.

Anton, ich glaube, aller Ehrgeiz ist falsch. Ich denke, wir leben, um glücklich zu sein, und die Welt, die Gott für uns geschaffen hat, zu genießen und froh und dankbar in ihr zu leben.

Joe zum Beispiel schreibt nicht oft, er ist nie viel zur Schule gegangen, er hat immer gearbeitet, seit er acht Jahre alt war, er hat sich durchgeschlagen und jeden Penny seiner Mutter gegeben, um ihr zu helfen, die kleinen Geschwister großzuziehen. Es gibt tausend Dinge, die nur er kann, die er besser versteht und fertig bringt als jeder andere. Sein Kopf und sein Herz sind unverdorben, er genießt alles, was schön ist, er liebt gute Bilder und kann vor Freude in die Luft springen, wenn er einen prachtvollen Himmel oder einen schönen Sonnenuntergang sieht. Er liebt die Sterne und die Bäume und ist überhaupt nicht anspruchsvoll oder ehrgeizig.

Vor einiger Zeit habe ich eine Füchsin gefangen, die Junge hatte, und Joe hat sich darüber sehr aufgeregt. »Die armen Kleinen«, sagte er den ganzen

Tag. Am nächsten Morgen habe ich ihn gesehen, wie er zu ihrem Bau geritten ist, ungefähr eine Meile von hier, mit einer Dose in der Hand, und von diesem Tag an hat er sie jeden Tag gefüttert. – Das ist Joe.

Ich wünsche mir sehr, dass Du einmal hierher kommen kannst, falls wir hoffentlich imstande sein werden, dieses Land der Freiheit zu verteidigen, denn ich glaube nicht, dass es irgendwo auf der Welt mehr Glück geben kann als hier im Busch, in den endlosen Weiten des Outback, wo man sich selbst finden kann.

Nun, es ist spät geworden, furchtbar spät. Ich wünsche Dir alles Glück dieser Welt, lieber Anton, und schicke Dir viel Liebe.

Bettina

Ich wurde Anfang Mai geboren, als der trockene, kalte Wind hart über die steinige Prärie brauste. In der Blockhütte meiner Eltern, in die meine Mutter mich brachte, nachdem sie die Geburtsstation verlassen hatte, war der Wassertank seit Langem leer und das Gras längst aufgebraucht. Ende Juni waren die Pferde zu schwach, um jeden Tag von der Hütte bis zu den Herden zu gelangen, die ständig nach Futter suchten.

Da es immer weniger Wasserlöcher und kaum mehr Futterstellen gab, bedurften die Tiere einer permanenten Betreuung, um zu überleben. Hinzu kam, dass die Zugänge zu den Wasserstellen trügerisch sein konnten. Das schwindende Wasser hatte oft tiefen Schlamm hinterlassen, in dem die schwächeren Tiere stecken blieben. Die schwächsten mussten erschossen werden, bevor das Wasser durch sie verunreinigt wurde. So sparte man auch Futter für die stärkeren. Joe war vor allem damit beschäftigt, Plätz mit besserem Futter ausfindig zu machen. Er trieb die Herden durch die staubige Ebene in Gebiete, wo es noch Gras gab. Die Tiere taumelten über die öden Landstriche und verließen sich auf ihn. Da und dort schnitt er Zweige für sie ab, um sie zu füttern. Es war eine harte, verzweifelte Arbeit. Ihr Erfolg hing von der maximalen Ausnutzung minimal vorhandener Ressourcen ab. Jeder Wassertropfen, jedes Gramm Futter zählte. Die Qualität der Herde nach fünf Jahren Zucht würde von Joes Beurteilung abhängen und nicht zuletzt von seiner Fähigkeit, die fruchtbarsten Tiere zu retten.

Mein Vater beschloss, die Herden weiter weg zu bringen als üblich. Bevor er die Hütte verließ, hackte er Holz und karrte Wasser herbei, das er aus der letzten, tiefen Stelle am Fluss holte, die drei Meilen von uns entfernt war. Als die Zeit des Abschiednehmens kam, spazierten meine Eltern zum Fluss. Mein Vater blinzelte in den wolkenlosen Himmel und sagte: »Ich bete zu Gott für ein bisschen Regen, für ein paar Tropfen im Tank ... Aber wenn es nicht regnet, Betty, dann musst du *dieses* Wasser nehmen. Es wird dich am Leben halten, bis ich zurückkomme.«

Ich kann mir nur vorstellen, woran meine Mutter dachte, als er fortritt – und in den Tagen danach. Ich kann mir nur vage ausmalen, wie sie sich fühlte, als sie das kostbare, klare Flusswasser in der langen Reihe von Kerosin-Blechkübeln betrachtete, die mein Vater angefüllt hatte. Tasse für Tasse verringerte sich ihr Vorrat von Tag zu Tag, bis sie schließlich selbst mit ihren leeren Kübeln zum nächsten Wasserloch gehen musste.

Sie betrachtete den Schlamm, der an ihren Füßen kleben blieb und den Zugang zu dem Wasserloch erschwerte, und die schmutzige Brühe darin. Dann nahm sie die leeren Kübel und ging wieder zurück nach Hause. Es würde zwei Stunden dauern, um zum Fluss zu gelangen. Ohne Feuer hätte sie mich nicht allein in der kalten Hütte lassen können, es wäre jedoch auch zu gefährlich gewesen, ein Feuer anzuzünden und mich damit allein zu lassen. So band sie mich vorsichtig auf den Rücken und nahm nur einen Kübel mit. Mit Wasser gefüllt, würde er ohnehin schwer genug, wenn nicht gar zu schwer für sie sein. Immerhin betrug der Fußmarsch von der Hütte zum Fluss etwa drei Meilen.

Beim ersten Mal gelang es meiner Mutter immerhin, einen halb gefüllten Kübel den halben Weg zurück zur Hütte zu schleppen. Dann ließ sie ihn stehen und wankte erschöpft mit mir nach Hause. Am nächsten Tag ging sie zurück und holte ihn. Auf diese Weise schaffte sie es, jeden zweiten Tag 15 Liter Wasser nach Hause zu bringen.

Manchmal entdeckte sie dabei Abdrücke von nackten Füßen im Staub, gelegentlich meinte sie auch, flüchtige Schatten abseits vom Weg zu sehen. Meine Mutter wusste, dass Aborigines in der Nähe lebten, sie hatte aber keine Ahnung, wie sie mit ihnen hätte in Kontakt treten können. Sie kamen nur dann zu der Hütte, wenn Joe, »der Boss«, zu Hause war. Ihre Zurückhaltung war eine Reminiszenz an die Periode der Angst im früheren Australien, die zwischen den isoliert lebenden weißen Siedlern und den »wilden Schwarzen« bestanden hatte.

Eines Tages waren ihre Kübel verschwunden, noch dazu die besten, deren Griffe so beschaffen waren, dass sie ihr beim Tragen nicht in die Hände schnitten. Fluchend und weinend kuschelte sie sich neben mich ins Bett, um mich zu wärmen.

Am nächsten Morgen erwachte sie von einem schwachen Geräusch oder vielmehr von dem sicheren Gefühl, dass irgendjemand ganz in der Nähe war, jemand, der atmete, sich leise bewegte …

Vorsichtig spähte sie durch einen Türspalt hindurch: Hier standen sie, ihre Lieblingskübel, in Reih und Glied und gefüllt mit frischem, klarem Wasser aus dem Fluss. Wie durch ein Wunder und auf mysteriöse Weise waren sie von da an Tag für Tag neu gefüllt, zwei weitere unendlich scheinende, trockene Monate lang.

Der September kam, der australische Winter war vorbei. Bettinas Geburtstag stand unmittelbar bevor. In ihrem früheren Leben hatte sie sich immer auf ihren Geburtstag gefreut. Sie teilte ihn noch dazu mit ihrem Vater, war selbst sein kostbarstes Geburtstagsgeschenk. Dieser glückliche Umstand war durchaus auch bezeichnend für ihr Verhältnis zueinander. Im Jahr 1942 war das nun anders. Ihr Geburtstag im September fiel nun in den Frühling, er stand für das Überleben nach einem australischen Winter voller Herausforderungen. Alte Überlieferungen aus dem Busch wussten davon zu berichten, dass Herden, die den Marsch durch den Winter bis Ende August überlebt hätten, nicht mehr sterben würden.

Schließlich kam auch Joe wieder nach Hause. Im Licht der untergehenden Sonne passierte er die Talsperre über den Fluss und hielt an, um sein Pferd noch einmal zu tränken. Da er wie die Aborigines Spuren lesen konnte, erfüllte sich sein Herz mit Angst: keine Spuren von meiner Mutter, keine Schleifspuren von Kübeln. Er wusste, dass das Wasser, das er für uns hinterlassen hatte, längst verbraucht sein musste – er wusste, dass wir beide tot sein mussten. Als er zum Haus kam, hatte er zu große Angst, um sofort ins Haus zu gehen. Ihm graute vor dem Bild, das er dort vorfinden würde, also ging er zur Rückseite der Hütte, holte Hacke und Schaufel und suchte nach einem Platz, wo er im Mondlicht ein Grab ausheben konnte.

Als er mit der Spitzhacke in der Stille der Dämmerung auf einen Stein stieß, erschien meine Mutter an seiner Seite. Sie war gekommen, um zu fragen, ob er nicht hereinkommen wollte – und weshalb er das riesige Loch ausheben würde. Mein Vater trat vom Rand des Grabes zurück und wischte sich mit dem Hemd das Gesicht ab. Er wischte den Schweiß, die Tränen und den Staub weg und sagte ein wenig ironisch: »Ich grabe dir natürlich ein Loch zu deinem Geburtstag, Betty.«

Auch nachdem einige heftige Gewitter ins Land gezogen waren und zumindest ein paar kostbare Tropfen Wasser in den Tank gespült hatten, weigerte sich meine Mutter, noch einmal allein zu bleiben. Die Siedler in der Nähe hätte sie nicht um Hilfe bitten können. Sie mochte zwar die Frau von Joes Chef, die immer freundlich zu ihr gewesen war, ihn selbst hielt sie jedoch für »einen Bastard«. Sie traute ihm nicht. Er würde sie wohl nicht verstecken und vor einer Verhaftung schützen, stellten die Behörden die entsprechenden Fragen. Meine Mutter urteilte sehr schnell und kategorisch über Menschen. Ihre Urteile mochten richtig oder falsch sein, davon abbringen ließ sie sich selten und einen Mittelweg kannte sie nicht.

Mein Vater war viel zu klug, um sich darüber auf eine Auseinandersetzung mit ihr einzulassen. Am Ende einer von Bettinas Tiraden sagte er meistens so etwas wie: »Du könntest recht haben!« Das konnte genauso gut bedeuten: »Du könntest dich irren!« Er hatte einen Weg gefunden, Dinge so zu formulieren, dass meine Mutter sie akzeptieren konnte. Auf diese Weise bestand zumindest eine geringe Chance, sie doch noch umzustimmen.

Mein Vater hatte seine Herden auf einer Weide zurückgelassen, auf der es genug Futter gab. Trotzdem musste er immer wieder nach ihnen sehen. So nahm er Kontakt mit den Aborigines aus der engeren Umgebung auf und machte sie offiziell mit meiner Mutter, »der Missus«, wie sie sie nannten, bekannt. Meine Mutter konnte sich noch gut an die junge Mutter und ihren vor Kraft strotzenden Sohn in der Geburtenstation erinnern und so freute sie sich über die neue Gesellschaft. Die Aborigines-Frauen waren von dem winzigen rosa Baby meiner Mutter fasziniert und hatten viele gute Tipps für sie, wie sie mich besser versorgen könnte. Mein Vater ermutigte sie, sie zu befolgen. Als die Tage endlich wärmer wurden und ich mich viel im Freien aufhalten konnte, schmierten sie mich etwa mit einer »Salbe« aus Waran-Fett und Asche ein, die mich vor der starken Sonne schützen sollte. Die olivfarbene Haut meiner Mutter war in der australischen Sonne bald sehr dunkel geworden.

So fanden meine Eltern mit der Zeit auch eine Lösung für dieses Problem: Lebte meine Mutter mit den Aborigines, solange Joe mit den Herden unterwegs war, wäre sie nicht mehr auf sich allein gestellt. Im Frühling, wenn Gras und Kräuter sprießten, kamen schließlich auch die wilden Tiere sehr nahe an die Behausungen der Menschen heran. Auch in solchen Fällen würden die Eingeborenen meine Mutter beschützen. Und falls die Notwendigkeit bestünde, konnten sie auch als Nachrichtenüberbringer fungieren. Alles in allem waren die Lebensumstände bei den Aborigines nicht viel primitiver als jene in ihrer eigenen Hütte. So kam es, dass meine Eltern über weite Strecken des Jahres getrennt voneinander lebten. Gelegentlich trafen sie einander in ihrer Hütte – und meine Mutter war in Sicherheit.

Bei den Aborigines lernte meine Mutter, Spuren zu lesen und im Busch zu jagen. Im Garten-Schulhaus der Villa Mendl hatte Bettina Kunstunterricht von Franz Cizek, einem bekannten Wiener Maler, erhalten. Auch diese Fähigkeiten kamen ihr zugute, denn sie malte nun mit den Eingeborenen und versuchte, ihre Techniken zu erlernen. Die Zeit im Outback war eine der glücklichsten in ihrem Leben, nur einen Vorfall gab es, bei dem Joe ihr vorwarf, versagt zu haben.

Meine Mutter erzählte ihm, wie sich ein Missionar dem Stamm genähert und mit den Eingeborenen gesprochen hatte. Mit weit aufgerissenen Augen hätten sie seiner Predigt gelauscht, in der von Feuer und Schwefel die Rede war, die auf Ungläubige herabregnen würden. Sie selbst hätte er ganz selbstverständlich für eine von ihnen gehalten.

Angewidert von seiner Tirade über die Lebensweise der Aborigines, hätte sie sich genötigt gefühlt, den Glauben der Aborigines zu verteidigen. Bald schon hätte sie sich in einer hitzigen theologischen Diskussion mit dem Missionar befunden. Sie hätte ihm in ihrem schönsten Englisch, das sie im Internat, dem Cheltenham Ladies College, gelernt hatte, widersprochen, durchsetzt von ihrem bezaubernden österreichischen Akzent. Der Missionar wäre außerordentlich erstaunt gewesen, hätte seine engstirnigen Ansichten nicht verteidigen können und wäre schließlich zu seinem Auto gestolpert und auf und davon gefahren.

Bettina schilderte Joe, beschwingt und begeistert von ihrem Sieg, das Erlebnis in allen Einzelheiten. Er reagierte wutentbrannt: »Wie kannst du es wagen, sie alle so in Gefahr zu bringen! Er wird es überall herumerzählen! Die ganze Stadt wird davon hören! Sie werden kommen und nach der neunmalklugen, falschen Eingeborenen suchen! Schaden aller Art kann daraus entstehen. Bitte, geh jedem, der kommt, aus dem Weg – versteck dich, geh in den Busch, sprich mit niemandem mehr!« Immer, wenn meine Mutter später von diesem Vorfall erzählte, presste Joe seine Lippen zu einer harten, geraden Linie zusammen und schüttelte nur den Kopf.

Angesichts des bevorstehenden Winters mussten meine Eltern Entscheidungen treffen, wie sie weitermachen wollten. Mein Vater besaß viele Pferde. Es gab vor allem drei, von denen er sich nicht trennen wollte, die Trabrennstuten, die die Grundlage seiner Zucht bildeten. Schließlich beschloss Joe, seine Arbeit als Großfarm-Manager aufzugeben. Meine Eltern wollten zusammen mit mir in einem Planwagen leben, den Joes Stuten ziehen würden. Wir würden von Ort zu Ort fahren, wären zusammen, aber nicht sesshaft – und hoffentlich sicher.

Entlang der Routen der Herden zogen wir dahin, meine Eltern verdingten sich als Gelegenheitsarbeiter auf großen Farmen: Sie trieben Herden zusammen, errichteten Zäune, nähten Säcke für die Weizenernte usw. Wir zogen Richtung Osten, in Gebiete, wo es mehr Regen gab. Vor vielen Jahren hatte mein Vater einmal als Holzfäller in der Umgebung von Dorrigo gearbeitet. Seit damals liebte er Berge und Wälder. So trieb er unsere Pferde an, den Wagen über die

Moonbi Range, eine Gebirgskette in New South Wales zu ziehen. Hier wollten meine Eltern, wenn möglich, ihr Leben einrichten.

Im Jahr 1944 hatten meine Eltern einiges an Geld angespart, meine Mutter erwartete wieder ein Kind, und so beschlossen sie, irgendwo sesshaft zu werden. Die Umstände meiner Geburt wollten sie kein zweites Mal erleben. Also nahm mich meine Mutter mit nach Sydney, um die beiden letzten Monate der Schwangerschaft bei ihrer Schwester Marianne zu verbringen. Die Lieblingsschwester meines Vaters, Tess, lebte ebenfalls in Sydney. Gemeinsam unternahmen sie Einkaufstouren, gingen zu Pferderennen oder genossen einfach die Zeit, die sie miteinander hatten.

Fünf Jahre nach ihrer Ankunft in Australien fühlte sich meine Mutter inzwischen sicherer hier. Sie verfügte über eigenes Geld, hatte meinen Vater an ihrer Seite und war umgeben von einem großen Netzwerk, das aus Familie und Freunden bestand. Von der scharfen Anwendung der Internierungsgesetze für feindliche Ausländer war man abgekommen und die Angst meiner Mutter davor, in Sydney entdeckt zu werden, verblasste bei ihrer Erinnerung an meine Geburt in einer gottverlassenen Siedlung ohne richtige medizinische Versorgung und angesichts der Perspektive, ein neugeborenes Kind nach Hause in unser fahrendes Zeltlager zu bringen.

Anders als ich wurde Dawn in einem richtigen Spital aus roten Backsteinen nicht weit von Mariannes Haus geboren. Ich freute mich sehr über meine kleine Schwester und erinnere mich noch gut an ihren weichen Körper und an das Gefühl, sie beschützen zu wollen, das sich fast augenblicklich bei mir einstellte. Leider hat sie oft gerade mein Wille, sie zu beschützen, in nicht unerhebliche Gefahr gebracht. Ich war von Anfang an daran gewöhnt, mich nützlich zu machen, die Welpen zu füttern, die Hühner wegzusperren und Ähnliches. Meine Fürsorge übertrug ich nun auf Dawn, unsere Mutter erzählte gerne davon: Wenn sie etwa ein Bad nahm, legte sie Dawn zwischen zwei Polster aufs Bett. Als Dawn während einer solchen Situation einmal zu quengeln begann, zog ich sie aus dem Bett und schleifte sie an den

Beinen ins Badezimmer. Sie hat unverletzt überlebt und mir wurde eingeschärft, das nie, nie wieder zu tun. Ob ich das verstanden habe? Bestimmt! Das nächste Mal, als ich sie quengeln hörte, legte ich sie vorsichtig in eine halb geöffnete Schublade und machte sie zu. Dawn war ein äußerst robustes Baby. Sie hat auch das überlebt.

In der »Agricultural Gazette« wurde ein kleines Haus in Tarpoly zum Kauf angeboten. Es lag in der Nähe von Barraba, in den westlichen Ausläufern des Great Dividing Range Gebirges. Das Grundstück hieß Mostyn Vale. Joe und Bettina kauften es.

Die Grundfläche umfasste etwa 130 Hektar Land. Einen Teil davon konnte man mit einem Pferd und einem einfachen Pflug bebauen. Auf den fruchtbaren Ebenen neben dem Bach bauten wir Luzerne für die Heuernte an, außerdem Melonen, Tomaten, Salat und andere Gemüsepflanzen. Alles, was wir nicht selbst verbrauchten, schickten wir mit dem Zug nach Barraba und verkauften es dort. Die Hügel boten Schutz und schattigen Unterstand für die Tiere und das Weideland war gut. Es gab einen Bach, der ganzjährig mit frischem Quellwasser gespeist wurde, und eine winzige Holzhütte mit zwei Zimmern und zwei Veranden, eine vorne und eine hinten. Ein einziger Wassertank, den wir geradezu als Heiligtum betrachteten, sammelte das Regenwasser aus der Dachrinne. Das hüfthohe Holzgestell, auf dem er stand, diente als Waschtisch und hielt eine emaillierte Waschschüssel und eine Tasse zum Wassertrinken für uns bereit. Wir hatten unsere eigene Wasserversorgung!

Die Küche war aus Wellblech errichtet und hatte eine offene Feuerstelle, sie befand sich außerhalb des Hauses. Lange, flache Steinplatten neben dem Herd bildeten bequeme Sitzplätze. Es gab auch zwei hölzerne Küchensessel, einer davon wurde von ein paar Stücken Maschendraht zusammengehalten. Sonst nutzten wir leere Kerosinbehälter, die mit mehrfach zusammengefalteten Getreidesäcken bedeckt waren, als Sitzgelegenheiten.

Das war unser neues Heim, in das wir im Mai 1945, als der Krieg endlich vorbei war und Namen auf Dokumenten Menschen nicht mehr verdammen und verurteilen konnten, einzogen.

2

ERSTE ERINNERUNGEN

Meine Beine waren gerade ausgestreckt. Ich konnte meine Knie nicht abbiegen. Kinder haben kurze Beine, besonders wenn sie klein gewachsen und kaum drei Jahre alt sind. Jinny hielt den Kopf gesenkt und fraß Gras. Sie war viel zu dick für mich. In Wahrheit war sie trächtig und ihr Bauch schief und unförmig. Ich wusste genau, dass ich Jinny die Zügel in voller Länge überlassen musste, sonst wäre ich von ihrem Hals auf den Boden hinuntergezogen worden. Ich schaute zu meinem Vater, der vor mir ritt und immer wieder zu mir nach hinten sah.

»Ich brauche einen Stock, um sie zum Gehen zu bringen – ich kann meine Beine nicht abbiegen«, erklärte ich ihm. Ich wetzte hin und her, um mich auf die lange Rutschbahn über Jinnys Flanke vorzubereiten. Ich wollte mir einen Stock besorgen und sie dann zu einem Baumstumpf oder Felsen hin manövrieren, über den ich wieder auf sie hinaufklettern konnte – in Etappen, meinen kostbaren Stock zwischen den Zähnen. Es kam mir nicht in den Sinn, die Hilfe von irgendeinem Erwachsenen in Anspruch zu nehmen. Ich musste selber zu einer Lösung kommen. Das wusste ich.

»Ich würde an deiner Stelle keinen Stock verwenden«, sagte mein Vater. »Sie dürfte ihn nicht allzu freundlich aufnehmen. Sie kennt die Peitsche vom Trabrennen – nicht, dass ich sie jemals damit geschlagen hätte –, aber sie könnte beim Anblick eines Stockes ein bisschen unruhig werden.«

Er ritt voraus und rief: »Komm schon, altes Mädchen!« Jinny hob ihren Kopf und trabte los, ihm nach, den steinigen Pfad entlang hinunter zum Bach. Bis jetzt war ich beim Reiten immer hinter Vater auf dem Sattel oder ganz früher in seiner Satteltasche gesessen. Mein geringes Gewicht war mit Kaninchenfallen und Vorratsbeuteln ausgeglichen worden.

Nun konnte ich endlich selbstständig reiten. Jinny war kein Kinderpony, Jinny war ein Traber, Jinny hatte Rennen gewonnen. Einmal auf dem Turniergelände von Barraba hatte ich beobachtet, wie sie sich an die Spitze der Gruppe gesetzt hatte und den anderen Pferden davongelaufen war. Ich selbst war balancierend auf dem Geländer an der Strecke gestanden – kreischend, klatschend und lachend. Ich hatte meinen Eltern dabei zugesehen, wie sie die Kuverts mit dem Preisgeld öffneten, und mir war damals schon durchaus bewusst gewesen, wie wichtig das war.

Jinny war reinrassig, sie hatte einen gut dokumentierten Stammbaum. Ihr eingetragener Name war Jean Lou Lou und ihr Vater ein berühmter Traber namens Lou Lou Boy. Ich hatte das lesen können und gewusst, dass Pferde, wollten sie Champions werden, einen Stammbaum haben mussten. Ihre Herkunft war wichtig und Jinny stammte aus einer guten Zucht. Vater sagte, sie »war ihr Gewicht in Gold wert«. Vater liebte Jinny und er erlaubte mir, sie zu reiten.

Natürlich war auch meine Mutter eine exzellente Reiterin, furchtlos und kompetent. Sie erzählte uns Geschichten von Hindernisrennen, die sie geritten war, wie sie durch den Wald galoppiert und auf weichen, sandigen Wegen in einem Park dahingetrabt war. Die Pferde dort hatten in Ställen gelebt und Stallknechte gehabt, die für sie sorgten. Dieser Ort war sehr weit weg.

Meine Mutter erzählte mir, dass ihr Reitlehrer immer darauf bestanden hatte, dass sie aufrecht und gerade saß. Sie hatte heiße, kratzende, aber maßgeschneiderte Reithosen, einen Hut und Handschuhe tragen müssen. Für mich gab es keine Kleidungsvorschriften. Ich ritt in Hosen aus weichem Baumwoll-Barchent, die man mir aus den abgenützten Hosenbeinen meines Vaters gemacht hatte. Niemand verlangte von mir, Handschuhe oder Stiefel zu tragen. Ich war ein sehr glückliches Kind.

Dad und ich ritten zu Mutter und Dawn, die sich im Gemüsegarten in der Nähe vom Bach aufhielten. Am Nachmittag mussten die Pflanzen mit der Hand gegossen werden, mit einem Kübel, den meine Eltern aus einer quadratischen Kerosin-Dose gebastelt hatten. Mutter schöpfte das Wasser aus dem Bach und trug es zum Garten hinüber. Er war eingezäunt, damit er vor Kaninchen und Wallabies geschützt war. Ich half oft beim Gießen. Ich hatte einen »Billy«, einen kleinen Teekessel aus Blech mit einem ähnlichen Henkel, und meine eigene Reihe von Pflanzen, denen ich Wasser geben musste.

Am liebsten hatten wir die Wassermelonen. Vater klopfte darauf, um herauszufinden, wann sie reif waren. Als wir mit dem Gießen fertig waren, setzten wir uns ans Ufer des kleinen Bachs. Vater schnitt mit seiner Axt eine Melone auf. Es war heiß und Dawn war nackt und staubig. Sie steckte ihr Gesicht in ihre Melonenscheibe und der Saft lief ihr den Bauch hinunter und hinterließ kleine Rinnsale und Tropfspuren. Als sie ihr Gesicht von der Melonenscheibe löste, kicherte sie und ich kitzelte die Saftspuren auf ihrem Bauch. Sie war rund und glücklich und wunderschön und ich liebte sie. Ich habe sie glücklich in Erinnerung. Sie war ein zufriedenes, sanftes Kind, gelegentlich konnte sie aber auch sehr bestimmt sein und sich in Krisensituationen als äußerst stark und durchsetzungsfähig erweisen.

Wir waren sehr verschieden voneinander, beinahe konträr. Das ließ uns nie zu Konkurrentinnen werden. Wir arbeiteten in gemeinsamen Belangen gut zusammen, konnten aber auch unserer eigenen Wege gehen, jede für sich. Ich erinnere mich noch gut an den Tag, an dem Dawn gehen lernte. Sie schob ein leeres Ölfass vor sich her und wackelte hinterdrein. Ich war unglaublich stolz auf sie.

Nach dem Melone-Essen mussten wir uns waschen. Wir badeten im Bach, um Regenwasser zu sparen. Sauber kamen wir nach Hause zurück. Die Pferde ließen wir am Bach entlanggehen und Dad füllte noch einen großen Blechkübel mit Wasser, um ihn zum Haus hinaufzutragen. »Ein bisschen Extrawasser für die Hunde und Hühner«, sagte er, als er den Kübel absetzte und den Sattel, den er auf seiner Schulter getragen hatte, abwarf. Ich reinigte die Wasserbehälter im Hühnerstall und in den Hundehütten. Dazu verwendete ich das Wasser, das noch darin war. Vater füllte dann das frische Wasser aus dem Kübel in die Behälter.

»Wenn du Tiere einsperrst, dann musst du sie füttern und ihnen zu trinken geben, *bevor* du selber isst«, erklärte er uns. »Sie sind auf deine Fürsorge angewiesen! Man soll nie seinen eigenen Bauch zuerst füllen, denn ein voller Bauch macht vergesslich!«

Das Haar meines Vaters war schneeweiß. Ich erinnere mich an seinen federnden Schritt und an seine großen Hände mit den langen, geraden Fingern, die stark und seltsam elegant waren. Seine Unterarme waren ziegelrot und mit drahtigem, schwarzem Haar bedeckt, er prüfte regelmäßig die rasiermesserscharfe Klinge seiner Axt damit. Schweigend kauerten Dawn und ich dann neben ihm und beobachteten ihn dabei, wenn er – fast wie bei einem Ritual – die Axt mit dem Ölstein bearbeitete. Es endete damit, dass er einen kleinen Fleck mit Haaren auf seinem linken Unterarm abrasierte. Danach nahm er die Lederhülle und zog sie fest über den Axtkopf. Unser ehrfürchtiges Schweigen unterbrach er oft, indem er laut und bestimmt verkündete: »Ihr dürft nie einen Finger auf diese Axt legen, versteht ihr?« – Wir nickten feierlich. Nicht einmal im Schlaf wäre uns eingefallen, ungehorsam zu sein.

Mein Vater hatte auch eine sehr lustige und verspielte Seite an sich. Unter unserer spärlichen Einrichtung befand sich ein großer Holztisch mit Klappbeinen, den Dad einmal in einem Abverkaufsladen der Army gekauft hatte. Eines Tages, als er auf uns aufpasste, klappte er auf einer Seite zwei Beine weg und baute für uns eine, wie er sagte, Rodelbahn daraus. Um die Illusion einer verschneiten Winterlandschaft zu erzeugen, streute er sogar noch Mehl darüber. Meine Mutter wurde ziemlich wütend, als sie draufkam, und so flehentlich wir sie auch darum baten, eine so tolle Rodelbahn bekamen wir nie wieder.

Als Kind war mir nie bewusst, wie klein meine Mutter eigentlich war. Selbst wenn sie sich hoch aufrichtete – und das tat sie etwa, wenn sie sich entschlossen zeigen wollte –, maß sie nur fünf Fuß und zwei Inches, also 1,57 Meter. Sie selbst führte ihren kleinen Wuchs auf ihre Unterernährung nach dem Ersten Weltkrieg zurück. Im Jahr 1919, im Alter von zehn Jahren, hatte sie zudem an Tuberkulose gelitten. Sie hatte schauerliche Erinnerungen an die Klinik, in die sie damals zur Erholung geschickt worden war.

Mutter war drahtig und laut. Ihre Energie erfüllte einen Raum, bevor sie selbst da war, und wirkte nach, auch wenn sie selbst schon lange wieder fort war. Sie war leidenschaftlich, intolerant, manchmal sogar grausam. Sie war schön und furchterregend. In ihren schwarzen

Augen brannte die Emotion des Augenblicks. Unrecht hatte sie ihrer Meinung nach nie, sah man von den seltenen Fällen ab, wo ihr der schiere Wahnsinn eines ihrer Projekte mit einem Schlag zu Bewusstsein kam. Dann fiel sie fast um vor Lachen und war auch durchaus bereit, ihren Irrtum einzugestehen. Erst nach ihrem Tod begriff ich die Wucht, mit der sie ihre Erlebnisse stets getroffen haben mussten. Jedes ihrer Projekte war von totalem Einsatz und einer fast grimmigen Entschlossenheit getragen. Sie trieben sie voran. Während ihres Lebens habe ich den Mut, der hinter ihren oft rätselhaft erscheinenden Entscheidungen stand, nicht immer erkannt.

Die Buschschule in Tarpoly – sie bestand aus einem Zimmer und einem Lehrer – war auf ein Minimum von zehn Schülern ausgelegt. Tatsächlich war die Schülerzahl auf acht zusammengeschrumpft. Das war ein Grund, die Schule zu schließen und den Lehrer zu kündigen, trugen die Eltern nichts zu seinem Gehalt bei. 1946, kurz vor meinem vierten Geburtstag, war ich das einzige Kind, das man – drückte man ein Auge zu – in die Schule einschreiben konnte, um die minimale Auslastung zu erfüllen. Eine Abordnung kam zu meinen Eltern und schlug ihnen vor, mich schon im kommenden Sommer mit der Schule beginnen zu lassen. Durch das Fälschen meines Geburtsdatums und in der berechtigten Erwartung, dass mein Alter bei einer möglichen späteren Überprüfung der Schule dem eigentlichen Schulalter schon eher entsprechen würde, hoffte man, die Schule und den Lehrer zu retten. Die Frage war, ob meine Eltern kooperierten.

Der Weg zur Buschschule war kurz, er betrug etwas mehr als eine Meile. Wurde die Schule geschlossen, wäre das für Dawn und all die anderen kleinen Kinder in der Nachbarschaft, die jünger waren als ich, zu einem Problem geworden. Sie alle sollten doch eine Schule in der Nähe haben. Das stand ihnen zu. Meine Eltern waren bereit zu kooperieren, und ich selbst ging mit großer Begeisterung in die Schule. Immerhin konnte ich ja schon die Worte auf Marmeladekonserven und auf Pferde-Stammbäumen lesen und Gedichte von Banjo Paterson auswendig zitieren – und ich kannte die Weltkarte. In der

Mitte von Europa fand ich das »winzig kleine Österreich« und ich wusste, dass die Alpen sehr hohe Berge waren, die Sommer und Winter mit Schnee bedeckt waren. Ja, ich war bereit für die Schule.

Meine Mutter nähte mir eine Uniform aus blauem Denim. Sie schnitt sie mir aus ihrer eigenen Schuluniform zu, die den weiten Weg aus dem kleinen Österreich erst unlängst zurückgelegt hatte. Sie hatte sich in einem der Pakete »aus dem geretteten Schatz« meiner Mutter befunden, die sie in den letzten Monaten erhalten hatte. Jemand, den sie »Baby« nannte, schickte ihr diese Pakete mit einer geradezu rührenden Beharrlichkeit. Sie freute sich jedes Mal sehr darüber. Oft spürte ich jedoch auch, dass sie traurig und enttäuscht war, wenn sie den Inhalt auspackte. Die Kalender und Andenken, die dabei zum Vorschein kamen, waren der sentimentale Rest ihres früheren Lebens, über das ich so wenig Bescheid wusste.

Der Krieg in Europa war vor einem Jahr zu Ende gegangen. Meiner Mutter war klar, dass die Menschen in ganz Europa Hunger litten, und sie war besorgt, dass »Baby« es sich im Grunde nicht leisten konnte, ihr diese Pakete zu schicken. An die Arbeit mit ihrer alten Uniform machte sie sich jedoch mit großer Freude. Dieser »Schatz« würde eine gute Verwendung finden. Obwohl sie keine Nähmaschine besaß und ihrer Begabung als Schneiderin durchaus Grenzen gesetzt waren, brachte sie es fertig, die Uniform so zu ändern, dass sie mir passte. Während sie nähte, erzählte sie mir vom Cheltenham Ladies College.

Sie erzählte mir vom Internat, von den Schlafsälen, den Regeln, den Lacrosse- und Hockey-Spielfeldern. Sie erzählte mir, wie sehr sie ihre Daunendecke vermisst hatte – das war, wie sie mir erklärte, die weiche, warme Decke, unter der sie zu Hause in Österreich geschlafen hatte. Die Engländer schliefen unter eng in die Bettrahmen eingeklemmten Leintüchern. Den jungen Ladies war es nicht erlaubt gewesen, sich im Bett zusammenzurollen oder auf dem Bauch zu schlafen. Sie hatten auf dem Rücken liegen müssen, um eine gute Haltung zu bewahren.

Eine gewisse Miss Wraith – sie hatte dort eine besonders wichtige Position innegehabt – hatte die Einhaltung all dieser Regeln überwacht, meiner Mutter war es sehr schwergefallen, sie alle zu befolgen. Sie war des Öfteren für ihr schlechtes Betragen bestraft worden. Ihr Bruder Otto hatte sie von Zeit zu Zeit besucht, jedoch waren ihr ihre gemeinsamen Ausflüge immer häufiger verboten worden, da sich ihre »schwarzen Punkte« gehäuft hatten. Jahre später fand ich eine Bemerkung darüber in ihrer Autobiografie: »Cheltenham war sehr interessant für mich. Nicht immer glücklich, weil ich die Engländer nicht immer verstand. Ich rebellierte gegen ihre Lebenseinstellung. Zum Beispiel mussten wir einmal ein Bild zum Thema *Der Sturm* zeichnen, alle malten das Gleiche: ein Schiff auf stürmischer See. Ich malte auf ein hochformatiges Bild, was mir in den Sinn kam: eine Weltkugel, darunter eine Hölle in Rot und Gelb und darüber den Himmel, in dem Geister schwebten. Gott setzte ich in die Mitte des Bildes und um ihn herum die Engel und Heiligen, die ihn priesen. Man schickte mich daraufhin zur Schuldirektorin und die fragte mich, weshalb sich mein Bild so sehr von den anderen unterschied. Ich war wütend! Alle anderen Mädchen brüsteten sich damit, dass schon ihre Mütter und Großmütter Cheltenham besucht hatten. Also sagte ich zu der Schulleiterin: ›Mein Bild ist anders, weil weder meine Mutter, meine Großmutter noch meine Urgroßmutter in Cheltenham waren.‹ – Die Direktorin war entsetzt, sagte aber nur: ›In Ordnung. Du kannst gehen.‹«

Nachdem Bettina das College abgeschlossen hatte, kehrte sie in die Villa Mendl zurück. Sie war sechs Monate lang nicht zu Hause gewesen. Als sie ankam, beeilte sie sich, ihre Mutter zu finden. Ihre Mutter liebte die Musik von Johann Sebastian Bach und Bettina hatte mit viel Fleiß und Eifer eine Fuge von ihm eingeübt, die sie ihr nun vorspielen wollte. Mit der Geige in der Hand lief sie durch das große Haus und suchte nach ihrer Mutter.

»Wo ist Mama?«, fragte sie die Bediensteten, aber diese wichen ihrer Frage aus. »Frag deinen Vater «, antworteten sie ihr.

Als der Abend anbrach und Fritz Mendl nach Hause kam, klopfte meine Mutter, noch immer mit der Geige in der Hand, an die Türe seines Büros. »Wo ist Mama?«, fragte sie noch einmal. Er erzählte ihr, dass ihre Mutter während ihrer Abwesenheit an Krebs gestorben war. Sie war außer sich vor Empörung, dass man ihr nichts davon gesagt hatte. Sie warf ihrem Vater Verrat vor und verlangte eine Erklärung.

»Niemand hat jemals so mit meinem Vater gesprochen«, erzählte sie mir später. »Niemand hätte das gewagt.«

Ihr Vater hätte nur gesagt: »Du wurdest nicht informiert, weil du die Schule abschließen musstest. Die Pflicht geht vor. Vor allem musst du Disziplin lernen. Vergiss das nicht.«

Meine Mutter verzieh ihm die Härte seiner Worte und von diesem Tag an waren sie einander sehr nahe. Er bewunderte ihren Mut und sie hatte durch die harte Fassade hindurch seine Trauer gesehen.

Meine Schule im Busch war natürlich etwas ganz anderes als das Cheltenham Ladies College. Ich muss dem Lehrer schon vorgestellt worden sein, denn ich war voll Zuversicht, als ich mich an meinem ersten Schultag auf den Weg machte. Meine Mutter war begeistert von dem Lehrer. Eddie Rascall war jung – wahrscheinlich war die Schule in Tarpoly sein erster Arbeitsplatz – und er war schwedischer Abstammung. Das gab meiner europäischen Mutter ein Gefühl von Sicherheit. »Es wird gut gehen, er ist Schwede«, hörte ich sie sagen und ein anderes Mal: »Er wird es verstehen, er kommt aus Schweden.«

Schuhe waren Bestandteil meiner neuen Uniform. Sie waren per Post aus Sydney gekommen. Es waren übertragene Schuhe von meinen Cousinen, sie waren schwarz, mit einem breiten Band über dem Rist und einer großen Schnalle. Hübsch anzusehen waren sie, dennoch wollte ich sie nicht tragen. Bisher hatte ich weiche Pantoffeln aus Kaninchenfell angehabt, die meine Mutter für uns nähte, und die waren um einiges bequemer als diese neuen Schuhe. Mein Vater versuchte, sie mir durch Aufpolieren schmackhaft zu machen. Er polierte sie mit schwarzer Schuhpasta – und nicht etwa mit dem Hammelfett, mit dem er seine eigenen rauen Stiefel einrieb –, bis sie glänzten. Das Schuheputzen artete in eine Art feierliches Ritual aus – das nicht viel brachte, denn bei meinem ersten Ausflug zur Schule trug ich zwar die neue Uniform, die mir meine Mutter gemacht hatte, nicht aber die Schuhe. Ich hatte sie zusammen mit den Socken und dem Pausenbrot in den abgeschnittenen Zuckerbeutel gesteckt, der mir als Schultasche diente. Meinen Eltern erklärte ich, dass die Distanz zur Schule zu groß war, um sie in Schuhen zurückzulegen. Ich versprach, Schuhe und Socken anzuziehen, sobald ich das Schultor erreichte. Ich hatte die feste Absicht, dort vollständig angezogen und zivilisiert zu erscheinen – als eine ordentliche Bürgerin des Britischen Königreichs.

Als ich jedoch am Tor angekommen war, die Schuhe und Socken herausgenommen und mich gebückt hatte, um mit dem Fuß in den Socken zu schlüpfen, erstarrte ich. Es war unmöglich, diese staubigen Füße in die schneeweißen Socken zu stecken! Das Versprechen, das ich meinen Eltern gegeben hatte, war unmöglich zu halten. Auf dem kurzen Weg über den Schulhof dachte ich angestrengt über mein Schuh-Dilemma nach und fand schließlich eine Lösung.

Ich deponierte meinen Zuckerbeutel auf der Veranda, nahm Schuhe und Socken heraus und stellte sie ordentlich und gut sichtbar auf. Gerade rechtzeitig konnte ich mich noch in die Reihe der Schüler stellen, die im Hof standen, um gemeinsam in die Schule einzumarschieren.

»Guten Morgen«, begrüßte Mr. Rascall jeden Einzelnen von uns. »Wo sind deine Schuhe, Phyllis?«, wandte er sich an mich.

»Ich habe meine Schuhe und meine Socken auf die Veranda gestellt. Ich möchte sie nicht tragen, weil es nicht fair wäre.«

Er blickte mich fragend an: »Die anderen Kinder tragen alle Schuhe.«

»Ja«, gab ich zu, »aber die sind größer als ich, die können schon mit Schuhen laufen. Ich kann das noch nicht und das würde bedeuten, dass mich keiner zum Kricket-Spielen holt!«

Die Kinder hörten aufmerksam und etwas besorgt zu.

»Hier wachsen überall Disteln!«, warnte der Lehrer.

»Ich habe harte Füße«, erklärte ich.

»Es gibt auch Catheads. Kennst du die Pflanzen mit den langen, gefährlichen Stacheln?«, fuhr Mr. Rascall fort.

»Wenn ich mir einen eintrete, kann ich ihn selbst herausziehen – und ich weine auch nicht!«, gab ich zur Antwort.

Der Lehrer brauchte mich. Ich war die zehnte Schülerin und außerdem war es Zeit für das allmorgendliche »God Save the King«. Von den Stufen der Veranda herab verkündete er daher so laut, dass es alle hören konnten: »Phyllis McDuff darf ihre Schuhe auf der Veranda stehen lassen und barfuß laufen!« – Die Kinder seufzten erleichtert und stimmten in die Hymne ein.

Im Großen und Ganzen mochte ich die Schule. Ich saß relativ weit hinten im Klassenzimmer und hatte Buntstifte zum Zeichnen bekommen. Es gab auch eine Dose der Firma Sunshine Milk, gefüllt mit seidig glatten Muscheln von Kaurischnecken. Ich liebte es, sie anzugreifen, und wollte mehrere davon. Da ich nur so viele haben durfte, wie ich auch zählen konnte, wurde Zählen zu meiner Leidenschaft: hundert Muscheln, tausend, eine Million ... Ohne Schwierigkeiten konnte ich »eine Million« sagen, mit den vielen Zahlen dazwischen lief nicht alles so reibungslos ab und Eddie Rascall ließ sich nicht so leicht täuschen. Ich musste die Muscheln zählen und in Zehnergruppen anordnen, bevor er mir mehr davon gab.

Manchmal hing ich Tagträumen nach, starrte zum Fenster hinaus und blickte sehnsüchtig zu den sanften blauen Hügeln in der Ferne. An der hinteren Wand hingen zwei ausgebleichte Drucke. Ihr Maler hatte etwas verstanden von Hügeln, vom Licht und der Form der Bäume. Das erkannte ich sofort. Gleichsam magisch konnte er die Hügel ins Haus zaubern. Erst zwanzig Jahre später erfuhr ich seinen Namen: Albert Namatjira.

Ich liebte Poesie und Literatur im Allgemeinen. Egal, womit die größeren Kinder sich beschäftigten, es erreichte mich irgendwie auch. Ich lernte das australische Gedicht »My Country« von Dorothea Mackellar und ein anderes über englische Narzissen von William Wordsworth. Ich musste die Zeilen immer und immer wieder vor mir hersagen, um sie im Kopf zu behalten. Ich konnte sie ja noch nicht aufschreiben.

An eine Geschichtsstunde, die mich geradezu in Panik versetzte, erinnere ich mich noch gut. Eddie Rascall erzählte uns von der Ankunft »der Weißen« in Australien. In Schiffen waren sie gekommen, mit langen Zauberrohren, durch die hindurch sie Dinge auch in großer Entfernung erkennen konnten. Gewehre und Gift führten sie mit sich und sie überfielen das Land und kämpften gegen die schwarzen Menschen. Sie rissen kleine Kinder – wie mich – aus ihren Familien heraus und sperrten sie jahrelang oder für immer ein. Auch Familienväter nahmen sie mit und legten ihnen Ketten um den Hals. Voll Entsetzen betrachtete ich die Bilder in dem Buch, das Eddie Rascall in der Hand hielt. Ich analysierte die Hautfarben der Kinder im Raum, hier gab es alles vom dunklen Ziegelrot auf den Armen der älteren Bauernburschen bis zu cremefarben, rosa oder hellbraun. Es waren viele Farben, aber kein Kind war schwarz oder weiß. Wo waren diese fremden und grausamen Menschen? Wie konnte ich mich vor ihnen verstecken?

Etwas in mir zwang mich, die Hand zu heben und zu fragen: »Werden die Weißen hierher kommen? Werden sie uns auch holen?« Die Antwort, die ich bekam, war zu schrecklich, um sie zu akzeptieren.

»Sie sind schon hier«, ließ uns unser Lehrer wissen. Ich schleppte diese Wahrheit schweren Herzens nach Hause. Albträume raubten mir den Schlaf. Schreiend wachte ich auf, geplagt von Visionen, in denen Geister mit weißen Gesichtern durch die Dunkelheit kamen, um mich zu holen. Sie kamen einzeln und in Gruppen, auf Pferden oder mit dem Zug. Sie fauchten und spuckten und weckten mich auf. Ich kroch zu meinen Eltern ins Bett, konnte meine Angst jedoch nicht in Worte fassen. Ich bekam Ringe unter den Augen und wurde immer dünner und blässer. »Sie braucht irgendetwas, das sie stärkt: Lebertran wird ihr guttun«, sagte Dad. Gehorsam schluckte ich den Lebertran und fing sogar an, seinen Geschmack zu mögen, aber gegen die Angst half er nicht.

Eines Abends schließlich blieb ich aus Angst davor, ins Bett zu gehen, beim Feuer kauern und fragte meinen Vater: »Dad, was werden wir tun, wenn die Weißen kommen?«

»Wer kommt? Welche Weißen?«, fragte mein Vater verblüfft. Da endlich brach alles aus mir heraus und ich erzählte ihm die schrecklichen Geschichten, die ich gehört hatte. Ich hoffte inständig, er würde sagen, dass das alles nicht wahr sei. Er starrte lange ins Feuer, dann nahm er mich auf seinen Schoß, umarmte mich und flüsterte:

»Das kommt vor.« – Er war sehr zärtlich, fast war ich beruhigt, als er mich absetzte und sagte: »Du brauchst keine Angst zu haben, du *bist* weiß. Sie nehmen keine weißen Kinder mit.«

Hatte er den Verstand verloren? »Wo?«, zischte ich. »Wo bin ich weiß?« Ich streckte meinen braunen Arm aus. »Ich bin braun«, sagte ich. »Ich werde nie weiß sein. Wir sind alle braun, jeder Einzelne von uns. Mum, Dawn, die Kinder in der Schule, alle sind wir braun. Jeder auf seine Art. Niemand ist weiß und niemand ist schwarz!«

Er versuchte, einen Spaß zu machen und sagte: »Auf dem Bauch könntest du weiß sein.« – Er hob mein Hemd hoch und mein brauner Bauch kam zum Vorschein. Er hatte unrecht und er verstand ganz offensichtlich die Gefahr nicht, in der wir uns befanden. Nichts begriff er, rein gar nichts. Nicht einmal seine eigene Hautfarbe konnte er erkennen! Ich dachte, er hätte den Verstand verloren.

Die Schule war das kulturelle Zentrum der Gemeinde. Eine kleine Gruppe von ungefähr zehn Familien, viele davon miteinander verwandt, traf sich hier zu Elternabenden, Bürgerinitiativen und Schulsportfesten, bei Weihnachtsfeiern und an Tennis-Nachmittagen. Neben der Schule, auf einer ebenen Fläche aus rötlichem Lehm, gab es nämlich einen Tennisplatz. Der Staub vom Talkum-Puder wirbelte jeden Nachmittag über den Platz und hüllte die Szene in ein sanftes Sepia. Die Damen trugen riesige Hüte und hoben die Bälle anmutig über das Netz. Gemischte Doppel wurden mit Galanterie ausgetragen. Es gab viele Teepausen mit Diskussionen über den Regen und das Gedeihen der Pflanzen. Nicht der leiseste Hauch von Wettbewerb lag in der Luft – bis zu einem Vorfall, der diesen Tennisplatz von da an in das Schlachtfeld meiner Mutter verwandelte. Auch die sanfteste Sepiaschattierung konnte die Leidenschaft, mit der sie spielte, nicht dämpfen.

Hatte ich früher den Geschichten meiner Mutter zugehört, war mir die eigenwillige Intonation ihres Englisch nie zu Bewusstsein gekommen. Ich hatte keinen Akzent heraushören können. Erst nach und nach wurde mir klar, dass sie anders sprach als die Mütter meiner Mitschüler.

Seit zwei Jahren schon ging ich nun zur Schule. Der Krieg war vorbei und die Männer waren wieder zu Hause. Eines Tages sprachen die Kinder beim Mittagessen über ihre Onkel, die gegen »die dreckigen Deutschen« gekämpft hatten. Jemand wandte sich zu mir und sagte vorwurfsvoll: »Deine Mutter ist eine dreckige Deutsche!«

»Nein, ist sie nicht, sie ist aus Österreich!«, protestierte ich schwach, um sie zu verteidigen. Jedoch von Österreich hatte hier keiner je auch nur gehört.

»Sie redet komisch! Sie redet Deutsch! Sie ist eine dreckige Deutsche!«

Ich sprang auf und schrie: »Sie ist keine Deutsche! Sie ist *Österreicherin!*«

Ich wurde geschubst und gestoßen. »Sie ist eine Nazi-Hure!«, schrie jemand und dann bekam ich einen dumpfen Schlag auf den Mund. Es tat furchtbar weh. Ich schmeckte Blut. Unbändige Wut stieg hoch in mir. Ich spuckte in meine Hand – und da lagen sie, in Blut und Speichel schwimmend – meine vier Milch-Schneidezähne.

In meinem Kopf drehte sich alles. Mein Mund fühlte sich riesig und taub an. Er schwoll dick an. Tränen stiegen in meine Augen – ich würde mein Versprechen Mr. Rascall gegenüber, niemals zu weinen, nicht halten können.

Eddie Rascall versammelte die Kinder um sich und ging mit ihnen in die Klasse. Dem größten Jungen gab er den abgenützten Messingschlüssel für den Wassertank und trug ihm auf, mir dabei zu helfen, das Gesicht zu waschen.

Bruce war groß und sehr vorsichtig. Er hatte ein sauber gefaltetes Taschentuch in der Tasche, ließ das Wasser in die emaillierte Schüssel laufen und wusch mir sorgfältig das Gesicht. Da mir das Blut immer noch aus dem Mund lief, war das keine leichte Aufgabe für ihn. Ich spuckte und weinte, meine vier Zähne hielt ich fest in meiner geballten Faust. Schließlich reichte mir Bruce eine Tasse mit Wasser und ich ließ die Zähne – einen nach dem anderen – hineinfallen. Jeder erzeugte ein trauriges, kleines »Ping!«, als er am Boden ankam. Dann nahm Bruce die Zähne wieder heraus und legte sie behutsam auf das nasse Taschentuch. Ich hatte inzwischen zu weinen aufgehört und beobachtete die fast feierliche Zeremonie, im Zuge derer Bruce nun eine Streichholzschachtel aus seiner Hosentasche holte, die Zündhölzchen heraustat und meine Zähne vorsichtig hineinlegte. Am Ende machte er den Deckel fest zu.

Eddie Rascall hatte uns dabei beobachtet. Ruhig, ja beinahe bittend fragte er: »Möchtet ihr mir erzählen, was passiert ist?«

»Nichts«, antworteten Bruce und ich im Chor.

An diesem Nachmittag ging ich sehr langsam nach Hause. Meine Oberlippe war stark geschwollen und wie zum Zerreißen gespannt. Ich wusste nicht, ob ich etwas falsch gemacht hatte. Ich war nicht sicher, was genau passiert war.

Dad war draußen, als ich nach Hause kam. Er hatte mich kommen sehen und war mir ein Stück entgegengegangen. »Das sieht ja schlimm aus«, sagte er. »Leg deinen Kopf nach hinten und lass mich schauen.« – Meine geschwollene Lippe hatte die Zahnlücken bisher verdeckt.

»Hattest du Streit?«, fragte mein Vater. Ich zog die Zündholzschachtel heraus und gab ihm die Zähne. »Wer hat dir die Streichholzschachtel gegeben?«

»Bruce Bowman«, erzählte ich ihm. Sicher konnte Dad durch mich hindurch Bruces unbeholfene, aber entschlossene Freundlichkeit sehen, mit der er mir die Tränen, den Rotz und das Blut aus dem Gesicht gewaschen hatte. Es war mir besser gegangen danach, auch das würde er spüren. Ich hatte, soweit ich das beurteilen konnte, nichts falsch gemacht, und so fragte ich ganz unbefangen: »Dad, was ist eine Nazi-Hure?«

Die Farbe wich aus seinem Gesicht, er presste seine Lippen hart aufeinander und zuckte unter meiner Frage zusammen. Antwort gab er mir keine. Vielmehr ging er ins Haus, wo Mutter gerade Brot buk. Mich schob er vor sich her, und zu Mum sagte er: »Brich nicht in Panik aus, es ist halb so schlimm. Phyllis ist in eine kleine Streiterei geraten und hat eine dicke Lippe abbekommen.«

Mutters Augen weiteten sich. Sie bog meinen Kopf nach hinten, um besser sehen zu können. Ich lächelte sie an, wobei das riesige Loch hinter meiner violetten Lippe zum Vorschein kam.

»Oh, Joe!«, war alles, was sie hervorbrachte. Dad zwinkerte mir zu und gab mir zu verstehen, dass ich nun besser nach draußen gehen sollte. Ich war froh, gehen zu dürfen. Jetzt lag es an ihm zu erklären, was mir Schlimmes zugestoßen war.

Etwas später kam ich zurück. Ich lehnte am Türpfosten. Die Spannung, die über dem Raum lag, war deutlich spürbar. Dad saß beim Feuer und hielt eine Tasse Tee in seinen großen Händen. Mutter knetete den Brotteig auf dem Küchentisch. Beide schienen so tief in Gedanken versunken zu sein, dass sie mich nicht bemerkten. Mutter blickte kurz auf, knetete aber weiter. Tränen liefen ihr über das Gesicht. Sie wischte sie mit dem Rücken ihrer mehlbestäubten Hand weg und flüsterte: »Bastarde! Solche Bastarde!« – Sie sah zu Dad hinüber und schlug mit der Faust auf den Tisch. »Was für verdammte, dreckige, elende Bastarde!« – Der alte Tisch zitterte unter der Wucht ihres Schlages, dann drehte sie sich um und lief hinaus. Sie schluchzte so erbärmlich und herzzerreißend, dass sie am ganzen Körper zitterte. Ich konnte ihre Verzweiflung spüren – und bekam Angst.

Dad streckte einen Arm nach mir aus, zog mich zu sich heran und umschlang mich mit seinen Armen. »Sie kommt wieder in Ordnung. Es geht ihr bald besser«, erklärte er. »Sie braucht ein bisschen Zeit.« – Wir starrten ins Feuer und warteten darauf, dass Mutter sich wieder erholte.

Die Tennispartien auf dem Schulgelände änderten sich von da an. Bettina zeigte von nun an ihr wahres Können. Sie spielte brillant und setzte alles daran zu gewinnen. Sie spielte mit wilder Entschlossenheit, klein wie sie war. Sie besiegte ihre Gegner nicht, sie richtete sie geradezu hin. Sie schlug die Bälle so, als ob sie ihrem Gegenüber damit die Zähne einschlagen wollte. Niemand wäre auf die Idee gekommen, dass sie einmal der Liebling der Wiener internationalen Tennis-Szene gewesen war.

Die Schüler der Tarpoly-Schule wurden dazu ermutigt, an einem regionalen Musik- und Lyrik-Wettbewerb in Barraba, der nächsten Stadt, teilzunehmen. Dawn und ich traten in der Kategorie »Kreative

Präsentation« an. Ich suchte mir das Lied »The Bushman's Song« von Banjo Paterson aus und übte es mithilfe meines Vaters ein bis zu dem Tag, an dem ich mit einem abgetragenen karierten Arbeitshemd und dem speckigsten Filzhut meines Vaters auf der Bühne herumstolzierte.

I'm travellin' down the Castlereagh, and I'm a station hand,
I'm handy with the ropin' pole, I'm handy with the brand,
And I can ride a rowdy colt, or swing an axe all day …

Ihrem Naturell entsprechend, wählte Dawn etwas viel Sanfteres. In einem altmodischen Spitzenkleid, das Haar zu Locken gedreht, rezitierte sie mit strahlendem Gesicht das Gedicht eines unbekannten Autors:

The bush was grey a week today,
With olive green and brown and grey,
But now the spring has come this way, with blossoms for the wattle.
It seems to be a fairy-tree, and hums a little song to me
And dances to the melody, the graceful, swaying wattle.

Tante Marianne hatte sie zuvor nach ausgewählten Methoden der Grete-Wiesenthal-Theaterschule in Wien unterrichtet. Unsere Cousinen hatten sie dabei unterstützt, jedoch am Tag unseres Auftritts reüssierte keine von uns. Wir waren nicht unter den Preisträgern. Gewonnen hat vielmehr eine Ballerina in einem kurzen Tutu. Bettina war wütend. Prompt titulierte sie die Siegerin als »Gogo-Girl« und erklärte, wenn man ein solches sein müsse, um es im australischen Theater zu etwas zu bringen, dann wollte sie nichts davon wissen und ihre Töchter nicht mehr auf der Bühne sehen. – Es war ganz bezeichnend für sie, dass sie die Arena erst verließ, nachdem sie uns für einen ähnlichen Wettbewerb in den größeren Städten Manilla und Sydney angemeldet hatte. Die Ergebnisse waren die gleichen, nur die Identität der Ballerinas wechselte. Mum kochte monatelang vor Wut, Dad und ich fuhren fort, einander Paterson-Gedichte aufzusagen, und Dawn tanzte herum wie eine Busch-Fee.

Unsere ganze Familie war von Rennen aller Art begeistert. An kühlen Spätnachmittagen stellten etwa Dawn und ich uns nebeneinander auf und fingierten ein Wettrennen auf einer Strecke mit trockenem, rotem Sand direkt vor unserem Haus. Dad saß auf der Veranda und drehte sich eine Zigarette, dann ging er herum und legte die Spielregeln für das Rennen fest. Dazu maß er feierlich mehrere Schritte ab und dann zog er mit dem Stiefelabsatz eine Linie in den roten Sand.

Als Ziel wählten wir zumeist einen Baum oder einen Felsen weit weg. Dawn und ich spielten, wir seien Pferde, und tänzelten rund um den Sattelplatz. Dad gab Kommentare über unsere Besitzer zum Besten, sprach über die Trainingsmethoden, die Zucht und die Erwartungen hinsichtlich unserer Leistung beim Rennen. Um die Spannung zu steigern, erfand er – frei nach Freunden oder Verwandten oder auch nach Tieren, die wir besaßen – noch zusätzliche Mitstreiter. So avancierten etwa unsere Schulkameraden oder unsere Milchkühe – zumindest vorübergehend – zu Stars auf der Rennbahn.

Unser liebster Kommentar war folgender: »Sie *muss* schnell sein, sie *kann gar nicht* langsam sein – sie ist eine Kreuzung aus ›Black Betty‹ und ›Hungry Joe‹!« – Wir fanden das sehr lustig und ließen es bei einer Gelegenheit auch unsere Mutter wissen. Sie erklärte unserem Vater daraufhin, wie »unmöglich« er wäre. Ein größeres Lob gab es jedoch nicht und Dawn und ich stritten bei unseren Wettrennen regelrecht darum, die Kreuzung »aus der Schwarzen Betty und dem Hungrigen Joe« sein zu dürfen. – In späteren Jahren wurde daraus ein geflügeltes Wort in Zeiten der Anfechtungen.

Nach dem Vorspiel nahmen Dawn und ich unsere Plätze ein. Auf das Kommando »Los!« rannten wir so schnell wir konnten auf den Zielpfosten los. Die Spielregeln meines Vaters waren zumeist so geartet, dass das Ergebnis unentschieden war. Dawn und ich protestierten heftig dagegen: »Ich habe gewonnen, Daddy, ganz sicher, ich war Erste, ich habe nach hinten geschaut, Dawn war meilenweit hinter mir.« Er antwortete darauf: »Du wärst auf der Stelle auf die Nase gefallen, hättest du beim Laufen nach hinten geschaut!«

Joe konnte kein einziges Mal umgestimmt und dazu bewogen werden, sein »Unentschieden« zurückzunehmen, aber er gab oft zu, dass »er auf diese große Entfernung nicht allzu gut sehen konnte«. Das hatte zur Folge, dass das Rennen wiederholt werden musste, immer und immer wieder …

Bald schon erreichte uns das Gerücht, dass Eddie Rascall nach den Sommerferien nicht mehr zurückkehren würde, um uns zu unterrichten. Meine Mutter war außer sich über diese völlig unerwartete Neuigkeit. Es hatte keine Verabschiedung gegeben und wir hatten keine Chance bekommen, uns allmählich an die Vorstellung zu gewöhnen, von jemand anderem unterrichtet zu werden.

»Ich dachte, er wäre ganz glücklich hier«, murmelte sie mehr zu sich selbst. »Vielleicht hat man ihm ja eine größere Schule angeboten – aber die Kinder haben so viel gelernt bei ihm. Er war ein sehr guter Lehrer.« – Sie suchte verzweifelt nach einer Erklärung.

Dad sagte: »Mich überrascht das nicht so. Er hat manchmal ein bisschen übertrieben. Seine Version von der Besiedlung Australiens durch die Weißen etwa ist sehr speziell und unterscheidet sich gänzlich von allen anderen Darstellungen in den Schulbüchern. Es wird Leute geben, die seine Art zu denken nicht mochten.«

»Meinst du, sie wollten ihn loswerden?«, fragte meine Mutter.

»Gut möglich. Ich glaube, ja. Sie könnten denken, er sei Kommunist.«

Meine Mutter war ratlos und wurde ärgerlich. »Er ist kein verdammter Kommunist«, erklärte sie mit Nachdruck. »Er hatte eben eine anständige Erziehung.«

»Das könnte das Problem sein«, meinte mein Vater. »Man kann es sich nicht leisten, zu viel nachzudenken, wenn man seinen Mund nicht halten kann.«

Ich hörte dem Gespräch meiner Eltern leicht verwirrt zu und fragte mich, was ein »Kommunist« sein könnte. Ich konnte mir die Schule ohne Eddie Rascall und seine behutsame Art zu unterrichten gar nicht vorstellen.

Das war ungefähr zur Zeit meines fünften Geburtstags. An ihn werde ich mich wegen eines wirklich einzigartigen Geschenks immer erinnern. Seit ich ein Baby war, hatte ich meinen Vater immer zum Einzäunen der Weiden begleitet. Ich weiß noch, dass ich dabei an heißen Tagen einen riesigen Hut trug und auf der kühlen Erde saß, in den halb fertig gegrabenen Pfostenlöchern, wo ich die unterschiedlichen Schichten und die Zusammensetzung der Erde studierte. Ich konnte Wurzeln sehen, die sich in den Boden bohrten, und Schiefergestein, das zerbrochen war, und Ameisengänge und Spinnen und Würmer und die aus dieser ungewohnten Perspektive riesigen Füße meines Vaters.

Ich liebte diese Pfostenlöcher. Sie waren auch sicher. Ich wusste, dass man ansonsten in keine Löcher steigen und in keine Höhlen klettern durfte. Man konnte ja nie wissen, was einen da erwartete. Bei Pfostenlöchern war das etwas anderes. Dad hob sie mit der Brechstange aus. Ich wollte auch so eine Brechstange haben, auch wenn sie nicht ganz einfach in der Handhabe war. Man durfte sie nicht in der Sonne liegen lassen, weil sie sonst heiß wurde und man sie dann nicht mehr angreifen konnte. Vielmehr musste man sie senkrecht in die Erde stecken. So blieb sie kühl. Wenn sie so in der Erde steckte, durfte ich sie auch nicht angreifen. Sie hätte umfallen und mich – schwer, wie sie war – verletzen können. Ich wusste das alles und so umkreiste ich sie aus sicherer Entfernung und bewunderte ihre symmetrische Oberfläche, die vom jahrelangen Gebrauch matt glänzte. Joe beobachtete mich dabei.

Einmal nahm ihn ein Nachbar in seinem Auto mit in die Stadt. Spätnachmittags kam er wieder nach Hause. Wir liefen ihm entgegen und Mum fragte ihn: »Hast du es bekommen, Joe?« – Dad brummte mit verschlossener Miene: »Alles in Ordnung, ich hole es später.« – In dieser Nacht noch – ich schlief schon – ging er zurück zum Grundstückstor und holte den geheimnisvollen Gegenstand.

Am nächsten Morgen steckte neben Dads Brechstange eine Miniaturausgabe von ihr in der Erde. Genau meine Größe! Meine eigene Brechstange! Nun konnte ich Löcher graben und Dinge ausheben! Felsen, Baumstämme und schwere Objekte aller Art konnten jetzt – unter nicht ganz ungefährlichen Umständen – neu arrangiert werden. Die Kinder in der Schule konnten den Wert, den die Brechstange für mich hatte, offenbar nicht richtig einschätzen. Als ich ihnen erzählte, dass ich eine Brechstange zum Geburtstag bekommen hatte, gaben sie sich recht unbeeindruckt. Da war kein Anzeichen von Neid, was ich eigentlich erwartet hatte, aber es war auch nicht so wichtig. Zum ersten Mal, seit ich in die Schule ging, konnte ich es kaum erwarten, nach Hause zu kommen, um ein neues Experiment auszuprobieren.

Wenn ich die Spitze meiner Brechstange unter einen Felsbrocken schob und ihn mit einem Stück Holz verkeilte, konnte ich genug Hebelwirkung erzeugen, um auch große Felsblöcke nach und nach über eine gewisse Distanz zu rollen. Von Zeit zu Zeit besuchten mich unsere Nachbarskinder, junge Burschen, die älter und größer waren als ich. Es war gar nicht leicht, sie dazu zu bringen, mir bei der Umsetzung meiner Baupläne zu helfen. Ich wählte die schönsten Felsbrocken aus und baute mir mein eigenes kleines Stonehenge, eine Festung ganz für mich alleine.

Dad beobachtete mich mit einer gewissen Sorge. Er schritt ein, als ich versuchte, Felsen übereinanderzustapeln. Er sagte, er hätte keine Lust, mich zerquetscht zu sehen.

Ich habe die kleine Brechstange noch lange Zeit aufbewahrt, zusammen mit den anderen Farmutensilien. Sie war ein unendlich adaptionsfähiges und nützliches Werkzeug. Von Zeit zu Zeit kam es vor, dass jemand sie hochhielt und sagte: »Das ist das Richtige, einfach perfekt, damit wird es gehen – aber was ist es eigentlich? Es sieht aus wie eine Kinder-Brechstange!«

»Die Stadt«, das war für uns die kleine Siedlung von Barraba und die lag ungefähr zwölf Meilen entfernt. Damals hatten wir noch kein Auto. Gelegentlich fuhr Dad alleine in die Stadt. Er nahm dann den Zug. Die Bahnlinie führte schließlich nur etwa 100 Meter entfernt an unserem Haus vorbei. Dad ging die Schienen entlang bis zu einem Abstellgleis, wo der Zug regelmäßig anhielt, um schwere Güter zu verladen und Postsäcke abzuholen.

Manchmal gingen wir mit Vater mit, warteten auf den Zug, winkten ihm nach und überlegten, welche Abenteuer ihm wohl bevorstanden, während wir hier den Tag ohne ihn verbringen mussten. Dawn und ich achteten dann immer peinlich genau darauf, dass wir mit unseren Arbeiten fertig waren, ehe es dunkel wurde. Wir füllten die Box neben dem Herd mit Spänen, bis sie fast überging, prüften, ob alle Kälber ordentlich eingesperrt waren, und durchstöberten den Hühnerstall nach einem Extra-Ei. Wenn die Dunkelheit hereinbrach, lauschten wir auf das Zischen und Stampfen der Lokomotive. »Ich kann sie hören! Ich kann sie hören!«, kreischten wir aufgeregt, packten Mutter an der Hand und zogen sie schnell nach draußen, gerade noch rechtzeitig, um zu sehen, wie der hell erleuchtete Zug um die Kurve kam.

Der zweispurige Weg, der zu unserem Haus führte, kreuzte die Bahnlinie. Parallel zu den Gleisen waren schwere, hölzerne Bahnschwellen verlegt worden, die man mit Erde befestigt hatte, sodass ein richtiger »Bahnübergang« entstanden war. Dort standen wir drei Mal pro Woche abends, um den Postsack zu fangen, den der Schaffner hinaus in die Dunkelheit warf. Der Feuer speiende Drache näherte sich, pfeifend und zischend stieß er Dampfwolken aus. An seinem Ende leuchtete eine helle rechteckige Öffnung – die Tür des Gepäckwagens –, durch die der Schaffner schwungvoll den Postsack in Richtung unserer kleinen Laterne warf. Mit einem Plumps landete der Sack dicht neben uns. Regelmäßig stritten wir darum, wer ihn dieses Mal nach Hause tragen durfte.

Dort stieg auch mein Vater immer aus dem noch fahrenden Zug aus. Ein wenig bremste der Lokführer, um ihm das Aussteigen zu erleichtern. Die Funken flogen und für einen kurzen Moment zeichnete sich seine Silhouette vor der hell erleuchteten Türöffnung des Gepäckwagens ab: Mit der einen Hand hielt er sich an dem Messing-Geländer fest, mit der anderen umklammerte er einen Berg von Paketen, nach und nach warf er sie aus dem Zug hinaus. Dann verschwand seine Silhouette wieder und der Zug sauste vorbei und verschwand in der Ferne. Wir standen auf unserem finsteren Bahnübergang und warteten. Mutter, Dawn und ich wagten es kaum, zu atmen. Endlich, nach einer Schrecksekunde, drangen die vertrauten und heiß ersehnten Worte aus der Finsternis: »Bist du da, Betty?« Natürlich waren wir da. Wir waren immer da! »Joe, hier herüber!«, rief Mutter. Unsere Augen waren von dem grellen Scheinwerferlicht des Zuges geblendet und so brauchten wir ein paar Sekunden, um uns wieder zurechtzufinden. Endlich erkannten wir Dad, wir liefen ihm entgegen und sammelten die Pakete auf. Natürlich hätten wir unseren Vater gerne umarmt, das ging aber nicht, da wir die Arme voller Pakete hatten.

An einem Abend jedoch war alles anders. Wir sahen Dads Silhouette in der hell erleuchteten Tür. Sie war über etwas gebeugt. Die Funken des bremsenden Zugs flogen mehr denn je durch die Nacht. Dieses Mal verlangsamte der Zug seine Fahrt nicht nur, sondern er hielt ganz an. Langsam stieg Vater aus und jemand übergab ihm etwas Großes, das wir nicht genau erkennen konnten. Dann winkte der Schaffner, gab sein Signal und der Zug setzte sich wieder in Bewegung.

Eine vertraute Stimme aus der Dunkelheit sagte: »Ich könnte hier ein bisschen Hilfe brauchen, Betty.« – Was bedeutete das? Nach und nach gab das Mondlicht den Blick auf etwas – oder vielmehr auf jemanden frei. Vater stützte einen Mann, der fest an ihn geklammert neben ihm her torkelte.

»Bitte halt ihn kurz, Betty«, sagte er, »damit ich die Sachen aufheben kann, die ich verloren habe.« – Nun klammerte sich der Mann an meine Mutter. Fragen hingen im Raum und dennoch sprach keiner ein Wort, als wir zurück zum Haus gingen, wo Vater die Pakete auf der Veranda abstellte, meine Mutter von ihrer Last befreite und damit zum Schuppen ging.

Wir versammelten uns in der Küche. »Ich habe ihm ein Lager aus Wolldecken gemacht, es geht ihm bald wieder gut«, sagte mein Vater.

Mutter konnte sich nicht länger zurückhalten. »Wer *ist* das, Joe?«

»Ein Freund. Ich habe ihn mitgenommen, damit er dir helfen kann.«

»Ist er krank?«

»Nein, er ist nur betrunken, aber er kommt bald wieder in Ordnung. Wenn er ein bisschen was isst, wird er schnell wieder nüchtern werden und sich erholen – in ein paar Tagen ist er ein neuer Mensch.«

Die Atmosphäre im Raum war angespannt. Schlagartig wurde meinem Vater bewusst, dass Bettina seine Begeisterung nicht teilte. Er sah sie offen, mit inständig bittenden Augen, an: »Ich konnte ihn nicht einfach in der Stadt zurücklassen, Betty – er würde sterben, er hat nichts zu essen. Er ist seit Wochen betrunken. Niemand gibt ihm Arbeit, solange er sich in diesem Zustand befindet. Er wird dir eine große Hilfe sein. Er kann die schweren Arbeiten übernehmen. Du wirst sehen, ich bringe ihn wieder in Ordnung, und wenn du dann trotzdem nicht mit ihm zufrieden bist, dann muss er wieder gehen.« Mit Nachdruck fügte er hinzu: »Er wird dir nicht in die Quere kommen oder zur Last fallen, Betty. Hilly ist ein Gentleman. Darauf hast du mein Wort.«

Am nächsten Morgen lernten wir Hilly kennen. Er war ein kleiner, gebrechlich wirkender, grauhaariger Mann mit faltiger Haut und schwankendem Gang. Der lebendigste Teil an ihm waren seine verschmitzten, funkelnden Augen, die vor Energie sprühten und seine schwache Verfassung Lügen straften. Er saß neben dem Feuer und mein Vater setzte ihm eine Tasse mit einem Getränk vor. Es war ein Gebräu aus heißer Milch, rohen Eiern und einem Schuss von etwas, das ihm neue Lebensgeister einhauchen sollte. Hilly machte nicht den Eindruck, als wollte er davon trinken. Joe meinte jedoch: »Trink! Es wird dir guttun.« – Gehorsam nahm Hilly ein paar Schluck davon.

Allmählich erholte er sich. Er half beim Gießen, begleitete Joe beim Errichten von Zäunen, bewies, dass er gut mit Hunden und Pferden umgehen konnte, und saß abends mit uns am Feuer und erzählte Geschichten von Wetten und Pferderennen aus seiner Zeit in Melbourne, wo er Woche für Woche auf Siegerpferden geritten war. Er begegnete meiner Mutter mit jenem kultivierten Charme der alten Schule. Er überzeugte sie ihn Kürze davon, dass er ein wahrer Gentleman war.

Zu jener Zeit begann Dawn mit der Schule – wieder einmal, um die geforderte Anzahl von Schülern zu garantieren. Zusammen pilgerten wir nun nach Tarpoly, während Bettina, Joe und Hilly die anstehende Arbeit auf der Farm gemeinsam bewältigten.

Im Laufe der Monate verschwand Hilly ein paar Mal. Gelegentlich sah er ein bisschen mitgenommen aus, wenn er wieder nach

Hause kam. Manchmal musste auch mein Vater in die Stadt fahren und ihn abholen, jedoch in so einem schrecklichen Zustand wie bei unserer ersten Begegnung war er nie wieder. Darauf bedacht, uns keine Sorgen zu bereiten, informierte er uns stets über seine Absicht, für einige Zeit in die Stadt zu fahren. Er fragte meine Mutter dann auch immer, ob er dort irgendetwas für sie besorgen könnte. Er achtete strikt darauf, etwaige Aufträge vonseiten meiner Mutter zu erledigen, bevor er zur Flasche griff. Man konnte sich unbedingt auf ihn verlassen.

Eines Abends, als ich hinaus auf die Veranda lief, machte ich eine seltsame Entdeckung. Vor dem Haus unter dem Kurrajong-Baum stand eine kleine, rundliche Frau. Ich stand da und starrte sie an. Sie starrte schweigend zurück. Als ich mich von dem Schreck erholt hatte, riss ich mich zusammen, lief in die Küche zurück und stotterte: »Mummy – da ist eine Dame!«

»Eine was?«, fragte sie.

»Eine Dame, eine leibhaftige Dame.«

»Wo?«

»Unter dem Kurrajong-Baum.«

»Das musst du dir einbilden.«

»Mummy, sie ist wirklich da! Schau doch! Siehst du sie nicht?« – Ich zeigte auf den Baum.

Meine Mutter warf einen kurzen Blick hinaus in das gleißende Sonnenlicht.

»Dort ist nichts. Ich kann nichts sehen.«

Ich nahm all meinen Mut zusammen und schlich wieder hinaus auf die Veranda. Die Frau war immer noch da. Sie stand schweigend im Schatten des Kurrajong-Baums.

Ich nahm Mutter bei der Hand und zog sie hinaus auf die Veranda, wo wir nun zusammen mit offenem Mund die Erscheinung anstarrten, die plötzlich zu sprechen anfing: »Guten Abend, Missus. Ich frage mich, ob Sie mir vielleicht dabei helfen können, etwas über den Verbleib von Mister Halbert Hill herauszufinden.«

Meine Mutter begann etwas zu ahnen. »Geh und hol Daddy«, entschied sie. Ich sauste hinein, um Vater zu holen, während die beiden Frauen einander weiter anstarrten – meine Mutter unfähig, mit der

Frage, die ihr gestellt worden war, etwas anzufangen, die Dame geduldig auf eine Antwort wartend.

Ich kam um das Haus herum wieder zurück, meinen Vater im Schlepptau. Mit einem Blick erfasste er die Situation, schob seinen alten Hut in den Nacken und kratzte sich am Kopf. Die Frau wiederholte ihre Bitte: »Ich möchte fragen, ob Sie mir dabei helfen können, etwas über den Aufenthaltsort von Mister Halbert Hill zu erfahren.«

»Hilly? Suchen Sie Hilly?«

Die Frau nickte: »Das dürfte er sein.«

»Erwartet er Sie?«, fragte mein Vater.

»Er könnte ein wenig überrascht sein«, sagte die Dame.

Dad rückte den Hut wieder an seinen gewohnten Platz, brummte: »Ich gebe ihm Bescheid, dass Sie da sind« und ging ins Haus.

Inzwischen hatte auch Mutter die Situation erfasst. Sie bat die Lady, auf eine Tasse Tee hereinzukommen. Ich nützte die Gelegenheit, um einen näheren Blick auf sie zu werfen. Sie hatte das sanfteste Gesicht, das ich je gesehen hatte. Es war das Gesicht all der lieben Großmütter aus den Märchenbüchern. Trotz ihrer rundlichen Figur hatte sie einen beschwingten, lebhaften Schritt, als sie die Küche betrat. Sie war gerade dabei, ihren Tee zu trinken, als Hilly hereinkam. Verlegen drehte er seinen Hut in den Händen.

»Ich habe dich wirklich nicht erwartet«, meinte er. Seine Worte klangen nicht bestürzt, sondern vielmehr ehrlich. Dann drehte er sich zu uns um. »Das ist Hannie«, erklärte er mit einem seltsamen Lächeln. Nachdem sie ihren Tee getrunken hatte, gestand sie, ihre wenigen Sachen beim Tor gelassen zu haben. – Als es kühler wurde, ging ich mit meinem Vater zum Tor, um sie zu holen: zwei Getreidesäcke, beide halb voll, Gewand, eine Wolldecke und Kochutensilien. All das hatte sie neben der Einfahrt deponiert, für den Fall, dass sie nicht willkommen gewesen wäre. Sogar damals schon, mit meinen bescheidenen Kenntnissen von der Welt, wusste ich, dass das nicht viel Gepäck war.

Hillys Frau war eine großartige Köchin. Sie lebte sich schnell ein und buk Kuchen, Pasteten und Kekse. Ihre Spezialität war Kürbistorte. In meinem ganzen Leben hat mir nie eine besser geschmeckt.

Sie liebte das Haus und die Küche. Sie ging nur selten nach draußen, im Grunde nur dann, wenn es sich um kurze Wege handelte, die mit ihrer Arbeit in der Küche im Zusammenhang standen, etwa zum Holzstoß oder zum Hühnerhof. Sie war kein Fan von Gemüse und sah keinen Sinn darin, es zu gießen. Mit Hunden und Pferden hatte sich auch nichts am Hut. Hannie war das perfekte Gegenstück zu meiner Mutter, die jetzt etwas mehr Freiheit hatte, die Dinge zu tun, die sie liebte.

Trotzdem war Hillys Frau der Grund für den ersten Streit meiner Eltern, an den ich mich erinnern kann. Eines Tages, als er im Gemüsegarten arbeitete, sagte mein Vater: »Betty, du darfst die Frau nicht die ganze Zeit *Hannie* nennen.«

»Wie soll ich sie sonst nennen?«

»Annie.«

»*Wie?*«

»Annie.«

»Aber ich dachte, sie heißt Hannie.«

»Ihr Name ist *Annie*«, sagte mein Vater bedächtig. »So solltest du sie nennen, sonst denkt sie vielleicht, dass du dich lustig machst über sie. Du könntest ihre Gefühle damit verletzen.«

»Ist Hillys Vorname *Albert*?«

»Möglich.«

»Weißt du es nicht?«

»Ich kenne ihn nur als Hilly.«

»Wie lange kennst du ihn schon?«

Dad wurde wütend, er sprach langsam und deutlich und knirschte mit den Zähnen: »Ich kenne den Mann seit dreißig oder vierzig Jahren. Sein Name ist Hilly. Kümmere dich nicht um ›*Halbert*‹. Nenn ihn einfach Hilly und sie Annie. So verletzt du ihre Gefühle nicht! Endlich habe ich es einmal ausgesprochen.«

Es war Mutters unbeabsichtigtes »Sich-lustig-Machen« über die Umgangssprache, die besonders in der weniger gebildeten Arbeiterklasse gebräuchlich war, das Dad so zur Weißglut gebracht hatte. Sowohl Hilly als auch seine Frau setzten fälschlicherweise ein »H« vor viele Vokale und ließen es aus, wenn es tatsächlich Teil des Wortes war. Mutter hatte das nicht gewusst. Sie begann zu kichern:

»Dabei habe ich wirklich gedacht, dass sie Hannie und Halbert heißen.«

»Nun, jetzt weißt du es besser.« – Dad zog seinen Hut tief ins Gesicht, stand auf und ging. Ich lief neben ihm her. »Du darfst nie die Gefühle von jemandem verletzen, nicht, wenn du es vermeiden kannst. Deine Mutter versteht das nicht.« – Ich zweifelte nie daran, wie ich sie nennen sollte. Für mich waren sie Mr. und Mrs. Hill.

Eines Nachmittags kam ich von der Schule nach Hause und fand die Küche voller Menschen: Hilly, Annie, Mum und Dad und eine fremde Dame mit langen blonden Haaren, die ein kleines Mädchen an der Hand hielt, das größer als ich war und ebenfalls langes blondes Haar hatte. Die Erwachsenen hatten offenbar gerade eine Diskussion beendet, in der sie zu einer Übereinstimmung gekommen waren. Die Dame mit den langen Haaren war dabei, sich zu verabschieden, und mein Vater sagte in beruhigendem Tonfall zu ihr: »Alles wird gut!« Sie winkte allen, die auf der Veranda versammelt waren, und ging allein den Hügel hinauf, um oben an der Straße auf jemanden zu warten, der sie abholen wollte.

Später fragte ich meinen Vater, warum die Dame gegangen war und ihr kleines Mädchen zurückgelassen hatte. »Zu viele Münder«, sagte er traurig. »Zu viele Münder.« – Ich hatte keine Ahnung, was er meinte, aber ich habe nie ihren kerzengeraden Rücken und den festen Schritt vergessen – und den Umstand, dass die Dame, nachdem sie gewinkt hatte, keinen einzigen Blick mehr zurückgeworfen hatte.

Das Kind mit den langen blonden Haaren war Annies und Hillys Enkelkind, Colleen. Aus rätselhaften Gründen, die nur Erwachsene verstanden, blieb sie bei uns. Sie wurde zu meiner ersten Freundin und war eine willkommene zusätzliche Schülerin in der örtlichen Schule. Colleen war sieben, konnte gut lesen und schrieb in gestochen schöner, gleichmäßiger Handschrift, ohne Tintenkleckse zu machen. Das verblüffte mich. Sie konnte sogar buchstabieren. Sie lernte neue Wörter wieder und immer wieder und schrieb sie am nächsten Tag schon völlig richtig. Ich versuchte, diese Methode ebenfalls anzuwenden, hatte aber selten denselben Erfolg.

Hilly, Annie und Colleen waren alle in der Scheune untergebracht, in der auch das Geschirr für die Pferde aufbewahrt wurde. Trotz dieser primitiven Bedingungen erschien Colleen jeden Morgen so sauber, hübsch und adrett wie eine Prinzessin. Ihr Haar war gebürstet und zu Zöpfen geflochten und sie trug eines ihrer zwei sorgfältig geflickten und gebügelten Hauskleider. Da Annie den Küchendienst übernommen hatte, erhielten alle drei Kinder die gleichen Lunch-Pakete, hübsch verpackt in gestärkten Leinenservietten, die um die Päckchen aus fettabweisendem Butterbrotpapier gewickelt waren.

Zur Mittagszeit breiteten wir die Stoffservietten auf unseren Knien aus und wickelten unsere Sandwiches aus. Danach glätteten und falteten wir immer das Butterbrotpapier und legten es zurück in die gestärkte Serviette, damit man es wieder benutzen konnte. Es wegzuwerfen, wäre Verschwendung gewesen.

Wenn die Schule aus war, gingen Colleen, Dawn und ich gemeinsam nach Hause. Immer stand Annie mit frischem Brot und Rübensirup für uns bereit und sorgte dafür, dass wir aus unseren guten Kleidern herauskamen. Wir hatten eine lange Liste von Arbeiten, die auf uns warteten. Wir erledigten sie gerne und mussten nur selten an sie erinnert werden. Wir sammelten Reisig und Kleinholz zum Feueranzünden. Dann holten wir Eier und sperrten die Hühner weg. Wir lockten sie mit einer einzigen Handvoll Getreide in ihr Gehege. Einige von ihnen mochten wir besonders und die behandelten wir bevorzugt. Aus den Federn, die herumlagen, bastelten wir Federkiele, um für die knapp bemessene Zeit nach dem Tee, die wir am Küchentisch verbrachten, schreiben zu üben. Wir überquerten die Koppeln, um die Milchkühe nach Hause zu treiben, und sperrten die Kälber sorgfältig weg, damit es am nächsten Morgen gute Milch gab. Wir halfen beim Gießen des Gartens, wuschen die Hundenäpfe aus und sorgten dafür, dass jeder Hund eine volle Schüssel mit sauberem Wasser hatte. Wir gruben feuchten Lehm am Bachufer aus und modellierten daraus Figuren und Teetassen, die wir zum Trocknen auf die flachen Felsen stellten. Eile hatten wir bei all dem keine. Vielmehr ließen wir uns treiben oder unterbrachen unsere Tätigkeit gelegentlich, um Blumen zu pflücken. Glockenblumen nahmen wir mit nach Hause und pressten sie in Büchern. Wir sprangen über umgefallene Bäume und verfolgten Eidechsen bis zu ihrem Versteck. Die guten Ideen gingen uns nie aus: »Sollen wir klettern gehen? Wollen wir nicht schauen, ob … Sollen wir so tun, als ob … Spielen wir …?« Langweilig war uns nie.

Dieses häusliche Arrangement hielt ungefähr ein Jahr an. Dann, eines Abends, nachdem Hilly, Annie und Colleen schlafen gegangen waren, sagte Dad ruhig: »George Raffan hat Hilly einen Job angeboten. Ich denke, er sollte ihn annehmen. Er bekommt einen regelmäßigen Lohn und ein richtiges Haus.« – Er fuhr fort, uns die Vorteile für Hilly darzulegen, ganz so, als wollte er sich selbst davon überzeugen. »Es ist ein ansehnliches kleines Haus und viel bequemer für Annie und das Kind. Der Winter kommt. Unsere Scheune da draußen ist ein spartanisches Camp, sie haben nicht einmal einen Ofen. In dem Haus wird es ihnen viel besser gehen. Von Zeit zu Zeit wird er herkommen und mir helfen, wenn ich ihn brauche.«

»Und was ist mit Phyllis? Sie versteht sich so gut mit Colleen!«, sagte meine Mutter.

»Nun, sie werden sich in der Schule sehen«, gab Dad zur Antwort, »und von Zeit zu Zeit wird Colleen sie besuchen.«

Unsere Freundschaft hielt noch lange, so lange, bis unterschiedliche Lebensmuster sie aushöhlten. Während meiner ganzen Schulzeit ist es mir nicht gelungen, jemanden zu finden, der an Colleens Liebenswürdigkeit herangekommen wäre. Auch habe ich keine Freundin mehr gefunden, die ich so für ihre natürliche Eleganz bewundert habe.

Viele Jahre später, als Colleen einen hochgewachsenen, scheuen Mann heiratete, gaben wir einen Empfang in dem Haus in Tamworth, in dem wir damals lebten. Inzwischen waren Colleen und ich einander fremd geworden, aber ich war sehr froh, dass Mutter irgendwie von ihrer Heirat erfahren und den Empfang organisiert hatte.

Mum hat auch Hilly niemals vergessen. Vierzig Jahre später erzählte sie mir voll Freude: »Ich habe Hilly gefunden! Er ist im Pflegeheim. Ich habe ihn besucht und wir sind zum Pferderennen in Tamworth gegangen.« – Ihre Augen leuchteten vor Vergnügen bei der Erinnerung an die einfachen, glücklichen Zeiten in Tarpoly.

3

TRENNUNG

Bald veränderte sich alles für immer. Schuld daran waren die blauen Luftpostbriefe, die aus den Postsäcken flatterten. Sie waren an meine Mutter adressiert und kamen von einem alten Freund in Österreich, Otto Schönthal. Er schrieb ihr, dass für sie nun die Möglichkeit bestünde, Anspruch auf die Rückgabe ihres Besitzes zu erheben und ihren angestammten Platz in der Gesellschaft wieder einzunehmen. Bettina sollte Australien verlassen und nach Hause kommen.

Otto Schönthal war in den Jahren von 1931, als sie das Vermögen ihres Vaters geerbt hatte, bis 1938, als sie nach der Annektierung Österreichs durch Hitler-Deutschland gezwungen gewesen war zu fliehen, ein enger Freund geworden. Ungeachtet seiner Jugend und Unerfahrenheit in geschäftlichen Dingen war Otto meiner Mutter in diesen schwierigen Jahre zur Seite gestanden und hatte ihr geholfen, das Unternehmen zu leiten. Er hatte Strategien entwickelt, um ihren Besitz so weit wie möglich abzusichern – trotz hoher Steuern, des Bürgerkrieges, des Verrats von Freunden und des Ausbruchs des Zweiten Weltkrieges.

In Anbetracht der beträchtlichen charakterlichen Unterschiede zwischen Bettina und Otto Schönthal habe ich sie einmal gefragt, worauf sich ihre Verbundenheit gründete und wie das Band zwischen ihnen entstanden war.

»Er hat mir das Leben gerettet«, erklärte sie einfach. »Nach dem Tod meines Vaters und meines älteren Bruders, als ich mit allem allein fertig werden musste, ist er einmal zu einer Tennisparty gekommen. In einem Gespräch hat er mich darauf aufmerksam gemacht, für wie glücklich er mich hielte, da ich ja die Eigentümerin der Villa Mendl mit ihren schönen Gärten und des herrlichen Familienbesitzes sei und zudem noch Ankerbrot führte. Ich habe ihn erstaunt angesehen und ihm gestanden, dass meine Gedanken viel eher um Selbstmord kreisten, da ich einfach nicht fertigwürde mit diesen vielen, oft auch gegenläufigen Verpflichtungen. Ruhig sicherte er mir seine Unterstützung zu. Ich habe nichts zu verlieren gehabt. Ich bin seinen Vorschlägen gefolgt – durch alle Hindernisse und Schwierigkeiten hindurch.«

1948 kam Otto aus Schweden zurück nach Wien. Er war entschlossen, jede Gelegenheit zu ergreifen, Bettinas Vermögen zurückzufordern. Sie beschrieb ihn uns als charmantes, aber rücksichtsloses Genie. Damals wussten weder meine Schwester noch ich kaum, was das alles bedeutete. Bettina versuchte, uns die Situation verständlich zu machen, indem sie uns erzählte, dass jemand ihren »Schatz« gestohlen hätte und sie nun darum kämpfen müsse, wollte sie ihn zurückbekommen. Ich wiederum versicherte sie aus der unerschütterlichen Perspektive meiner sieben Jahre heraus, dass ich das nicht für gerecht hielte. Weshalb konnte sie nicht jemanden – jemanden wie Eddie Rascall zum Beispiel – damit beauftragen, den Schatz von dem Dieb zurückzufordern? Zu guter Letzt hatten die Briefe jedoch Erfolg. Für neun unendlich lange Monate lockten sie Bettina nach Wien.

1950 – ich war damals acht Jahre alt – sahen wir sie in einem Wasserflugzeug von Rose Bay in Sydney abheben. Wir winkten so lange, bis der winzige Fleck am Himmel verschwunden war. Die schreckliche Angst, die ich bei dem Abschied von meiner Mutter empfand, fühle ich heute noch.

Rückblickend ist mir bewusst geworden, dass meine Eltern lange über Bettinas Rückkehr nach Wien nachgedacht hatten. In erster Linie hatten sie dabei an Dawn und mich gedacht. Die Farm war klein und auf steinigem Boden und mein Vater war erheblich älter als meine Mutter. Jetzt, nachdem der Krieg vorbei war, musste man sich Gedanken über die Zukunft machen. Meine Mutter hatte den harten Überlebenskampf in Australien ohne irgendeine berufliche Qualifikation kennengelernt. Dawn und ich sollten eine bessere Ausbildung haben. In Wahrheit blieb Bettina gar nichts anderes übrig, als den Familienbesitz, soweit dies möglich war, zurückzufordern.

Für unseren Vater muss es ein harter Schlag gewesen sein, dass seine kleine Familie Gefahr lief, auseinandergerissen zu werden, und dass er seine Betty ihrer geheimnisvollen, vom Krieg zerrütteten Heimat ausliefern musste, die ihm so fremd war. Angesichts der Komplexität der Verhandlungen, die ihr in den Nachkriegswirren bevorstanden, konnte niemand vorhersagen, wie lange Bettinas Aufenthalt dauern würde.

Mutters Schwester Lucie, die seit Kurzem verwitwet war, kam von Neuseeland zu uns auf die Farm, um sich um Dawn und mich zu kümmern und meinem Vater zu helfen. Als wir ihr vorgestellt wurden, erzählte sie uns ihre Lebensgeschichte. Lucie war als Lehrerin ausgebildet worden und hatte in England gearbeitet, während meine Mutter in Cheltenham in die Schule gegangen war. Sie hatte sich darum bemüht, erfolgreiche Strategien im Umgang mit den marodierenden Banden von heimatlosen Waisenkindern zu entwickeln, die sich im Ersten Weltkrieg zusammengefunden hatten. Ihre Erziehungsmethoden waren sehr fortschrittlich gewesen, und als diese eines Tages im Verlauf einer Sitzung abgelehnt worden waren, war sie wütend und enttäuscht auf die Straße hinausgelaufen und ganz knapp von einem Motorrad verfehlt worden. Der Fahrer, Lou, hatte angehalten, um nachzusehen, ob alles in Ordnung wäre, und ihr angeboten, sie nach Hause zu fahren. – Sie hatten sich ineinander verliebt und geheiratet.

Beide Familien waren entschieden gegen diese Verbindung gewesen. Lous englische Familie, die sich gut an den Ersten Weltkrieg erinnerte, war vollkommen fassungslos gewesen, dass er eine »feindliche Ausländerin« aus Österreich geheiratet hatte. Nach der Geburt ihrer Tochter Erika hatten Lucie und ihr Mann beschlossen, nach Neuseeland zu emigrieren. Dort, dessen waren sie sicher, würden sie frei sein – frei von Familien- und Nationalpolitik.

Tante Lucie hatte ein freundliches Gemüt. Dennoch vermissten wir unsere Mutter, sehnten uns nach ihr und lehnten unsere Tante, ohne viel darüber nachzudenken, ab.

Nach einiger Zeit kehrte Lucie nach Neuseeland zurück. Dawn begleitete sie. Mich brachte man nach Sydney, wo ich bei Tante Marianne und ihrer Familie leben sollte. Mein Vater blieb allein auf der Farm zurück.

Marianne war für uns zeitlebens eine liebe und großzügige Tante gewesen. Sie nannte uns »Herzblatt«, umarmte uns und bot uns stets etwas zu essen oder große Tassen mit starker, heißer Schokolade an. Marianne war die Familienschönheit mit ihrem langen kupferfarbenen Haar, das sie zu einem Knoten aufgesteckt trug, und ihren grünen, liebevoll blickenden Augen.

Auch ihren Mann, Gustav, den alle »Google« nannten, liebten wir sehr. Er brachte uns einfache Klavierstücke bei. Und wir erschauerten vor Ehrfurcht vor unseren drei wunderschönen Cousinen, Elizabeth, Cornelia und Sybille, die damals schon fast erwachsen waren. Sie hatten lange Haare und Ballkleider und studierten an der Universität. Sie grundelten nicht in den Niederungen einer drittklassigen Erziehung herum, sondern studierten Bodenkultur, Medizin und Zahntechnik.

Ihre Ausreise aus Österreich im Jahr 1938 war völlig anders verlaufen als die von Lucie. Marianne und ihre Töchter waren zu der besagten Zeit gerade in St. Anton am Arlberg gewesen, einem Ort in den Bergen, um die Genesung meiner Cousine Lizzie zu beschleunigen, die an einer hartnäckigen Bronchitis litt. Ein für die Jahreszeit unüblicher später Schneefall hatte ihre Abreise verzögert. Sie hatten unvorhergesehen ein paar weitere Tage mit Skifahren verbringen können. Gustav war in seinem Betrieb in Wien geblieben, um zu arbeiten. Tag für Tag hatte er mit wachsender Sorge die Nachrichten im Radio verfolgt. Schließlich hatte er alles Geld von der Bank abgehoben, den Familienschmuck aus dem Safe geholt und war mit dem nächsten Zug nach St. Anton gefahren. Er hatte seine Frau darum gebeten, zu packen und mit ihm und den Kindern abzureisen. Sie hatten sich jedoch gerade eingelebt, Lizzie erholte sich gut und genoss den Ski-Unterricht. Marianne wollte nicht wegfahren. Gustav hatte darauf bestanden. »Nenne mir *einen* guten Grund!«, hatte Marianne gefordert.

»Mir gefällt die politische Situation nicht.«

»Ich interessiere mich nicht für Politik.«

Gustav war ins Kinderzimmer gegangen und hatte das Kindermädchen instruiert:

»Rosie, hören Sie nicht auf Madame. Packen Sie alles.«

Dann hatte er sich beim Bahnhofsvorstand danach erkundigt, wann der nächste Zug »hinaus« – in die Schweiz – gehen würde. Er hatte erfahren, dass ein Expresszug kurz vor Mitternacht hier durchfahren würde. »Können Sie den nicht anhalten, damit ich mit meiner Familie einsteigen kann?«, hatte Gustav gefragt. »Unmöglich, ich würde meine Stelle verlieren!«, war die Antwort des Beamten gewesen.

Die Frau des Bahnhofsvorstehers war ganz in der Nähe gestanden. Ihre Eltern führten die Pension, in der Marianne mit den Mädchen Jahr für Jahr wohnte. Sie kannte die Familie und mochte sie. »Du stoppst den Express«, hatte sie zu ihrem Mann gesagt. »*Du* könntest zwar deinen Job verlieren, aber wenn du den Zug nicht anhältst, werden diese Leute ihr Leben verlieren!«

Meine Cousine Lizzie erinnert sich heute noch daran, wie sie durch den Schnee gerannt, in den Zug geklettert war und mit den letzten Paketen gekämpft hatte, die ihr hastig nachgeworfen worden waren. Im Bruchteil einer Sekunde hatte Rosie, das Kindermädchen, die Entscheidung getroffen, mit ihnen einzusteigen. Man hatte von ihnen erwartet, noch bevor sie die Grenze zwischen Österreich und der Schweiz passiert hatten, alle Wertgegenstände dem Dritten Reich abzuliefern. Rosie hatte den großen Nachttopf aus Keramik genommen, den gesamten Schmuck und das Geld hineingeschüttet und das jüngste Kind draufgesetzt, das bald schon protestiert hatte: »Ich muss nicht – ich will nicht!« – Rosie hatte sie aufgefordert, den Mund zu halten und sitzen zu bleiben.

So hatte das Familienvermögen die Durchsuchung unvermindert überstanden und Rosie verbrachte den Rest ihres langen Lebens in Australien. Die Familie hatte tatsächlich den letzten Zug in die Freiheit erreicht. Um Mitternacht – nur wenige Minuten später – waren die österreichischen Grenzen geschlossen worden. Jede weitere Ausreise war nur mehr unter strengen Auflagen und mit umfangreichen Begleitpapieren möglich gewesen.

Ich werde mich immer an die sanfte Freundlichkeit von Tante Marianne und Onkel Gustav erinnern. Wenn ich mir vor Augen halte, welche Anforderungen sie zu bewältigen hatten, um ihre eigene Familie zu ernähren, dann kann ich sie nur für ihr Einfühlungsvermögen und ihre Geduld mit mir bewundern, die sie an den Tag legten, als ich bei ihnen war. Ich war verzweifelt, zornig, verletzt. Ich schlief fest eingewickelt in ein paar Kleidungsstücke meiner Mutter, die mir Marianne fürsorglich, wie sie war, gegeben hatte, damit ich meine Mutter zumindest riechen konnte und die Gewissheit hätte, dass sie zurückkommen würde.

In meiner lebhaften Fantasie sah ich meine Mutter in großer Gefahr. Sie befand sich unter Räubern, mit denen sie um ihren Schatz kämpfte. Ich wusste, dass ich ihr hätte helfen sollen. Ich war doch stark und ausdauernd und sie hätte sich auf mich verlassen können. Wenigstens um Dawn hätte ich mich kümmern können, aber auch das hatte man mir verwehrt. Ich war mit einem Schlag völlig machtlos und konnte meiner Mutter in der großen Gefahr nicht beistehen. Es gab nichts, das wir nicht zusammen bewältigen konnten – kaputte Maschendraht-Zäune, wilde Kühe, die Masern ... Was hatte ich getan, dass sie mir nun nicht genug vertraute, um mich mitzunehmen? Es war falsch, dass sie nun alleine kämpfte. Niemand verstand meine Wut. Ich vermisste ihre Verrücktheiten, ihr Lachen, ihr Tanzen und Fluchen. Ich vermisste es, von ihren unberechenbaren Gefühlsausbrüchen in Verlegenheit gebracht zu werden. Im Laufe der Monate verlor ich immer mehr das Vertrauen, dass sie zurückkommen würde. Was, wenn sie uns belogen hatte? Was, wenn es Österreich gar nicht gäbe?

Wie zahlreiche Einwanderer in diesen Zeiten hatte auch Onkel Gustav vorweisen müssen, womit er in Australien den Lebensunterhalt für seine Familie verdienen wollte. In Wien war er Ingenieur gewesen. Er hatte einen kleinen Betrieb gehabt, aber hier wurden seine Qualifikationen nicht anerkannt. So hatte er das Kapital, das er aus Österreich mitgebracht hatte, in eine Kleiderfabrik investiert, die sich als sehr erfolgreich erwies.

Ich durfte die Fabrik, die in Surry Hills in der Nähe einer Zahnklinik lag, immer wieder besuchen. Obwohl das Gebäude grau und die Straßen von dem Schmutz, der sich an ihrer Oberfläche festgesetzt hatte, farblos waren, liebte ich diesen Ort, die Fahrt dorthin und den Rückweg nach Hause.

An den Samstagen benutzten wir die Fähre, um zur City überzusetzen, und dann fuhren wir mit der Tramway vom Circular Quay durch die Elizabeth Street. Für gewöhnlich begleitete ich Lizzie, die an Samstagen in die Fabrik musste, um die Stoffe für die Näharbeiten der nächsten Woche zuzuschneiden.

Es gab dort einen großen, hölzernen Abfallkorb für die Stoffreste, die beim Zuschneiden übrig blieben. Das war meine ganz persönliche Fundgrube. Dicke Bündel von ausgemusterten Stoffen wurden in diesen Behälter geworfen, und gleich daneben, keine Armlänge davon entfernt, stand eine kleine Nähmaschine, die ich benutzen durfte. Ich sortierte, suchte aus, stückelte zusammen und nähte stundenlang Fantasiegewänder, während Lizzie an den echten Produkten arbeitete. Am Samstag waren die langen Werkbänke der industriellen Produktion leer und die Maschinen standen still. Eine Mischung aus den Gerüchen von Maschinenöl, Stoff-Stärkemitteln, neuen Knöpfen und Packpapier erfüllte den Raum – himmlischer Weihrauch für mich. Ich liebte die Farben und die Vielfalt der Stoffe und wie sie sich anfühlten.

Passende Knöpfe fand ich in dem Behälter, in dem die ausgefallenen Stücke aufbewahrt wurden, Schnüre flocht ich aus Baumwoll-Strähnen. Es gab geradezu unendlich viele Möglichkeiten hier, um zu spielen. Danach fuhren wir heim nach Mosman auf die andere Seite des Hafens, standen auf der hinteren Plattform der Fähre und beobachteten die grünen, schäumenden Strudel im Kielwasser. Zweifellos war an den Wochentagen alles ganz anders – die Fähre überfüllt, die Fabrik voll Lärm und die Geschäftsprobleme lästig.

An Wochentagen fand mich Onkel Gustav, wenn er von der Arbeit nach Hause kam, oft erschöpft und kraftlos vom vielen Weinen. Ich war untröstlich und kein Zureden half. Dann setzte er mich auf seinen Schoß und drückte mein Gesicht mit seinen langen, weichen Händen sanft in sein Sakko. Ich fühle heute noch, wie in der Geborgenheit seiner Umarmung die Verbitterung und der Groll langsam aus meinem Körper wichen und mein innerer Aufruhr sich legte. Er hielt mich geduldig, bis das Schluchzen vorüber war und ich mich wieder ein bisschen besser fühlte.

Jeden Morgen beim Aufwachen betete ich darum, dass Bettina doch heute zurückkehren möge. Ich war nicht in der Lage, die Situation vernünftig zu beurteilen. Für mich war sie entweder hier oder weg. *Weg* bedeutete Trostlosigkeit.

Die Schule, die ich damals besuchte, war nur einen kurzen Fußmarsch vom Haus entfernt. Der Beton-Spielplatz war riesig und laut. Ich wusste nicht, wie ich mich an den Spielen beteiligen konnte. Ich hatte keine Freunde dort. Dinge, die mich interessierten, etwa Steine in die richtige Position zu hebeln, um eine Burg zu bauen, waren jenseits der Fassungskraft meiner Schulkollegen. Wenn ich es wagte, darüber zu sprechen, hielten sie mich entweder für verrückt oder für eine Lügnerin. Es war sicherer, den Mund zu halten.

Jedoch auch mein Schweigen irritierte die anderen und ich wurde mit bohrenden Fragen konfrontiert, mit denen ich nicht gut umgehen konnte. Als ich gefragt wurde, was mein Vater »täte«, antwortete ich: »Er reitet ein großes schwarzes Pferd, galoppiert über die Hügel, kann mit der Peitsche knallen, riesige Bäume fällen und die Stämme für die Weidepfosten spalten.« – Ich erklärte den Kindern, dass ich viel vom Holzhacken verstünde, dass ich wüsste, wie man Feuerholz macht, wo genau man die Keile hineintreibt, und dass ich die gespaltenen Weidepfosten mit meiner eigenen Brechstange auseinanderspreizen könnte.

Das alles hielt man für Auswüchse meiner wilden Fantasie. Alles Lügen! Sie schrien mich an. Ich spuckte zurück – sie machten mir Angst, ich war zu Tode erschrocken. Ich versteckte mich an dem einzigen ruhigen Ort, den ich fand, in der Toilette, und verriegelte die Türe. Ich wurde von einem Lehrer gefunden, der mir zwar freundlich, aber vor der ganzen Klasse erzählte, dass das Klosett kein passender Platz für ein kleines Mädchen wäre, um dort den Tag zu verbringen. Warum sollte ich mich also dort aufhalten wollen? – Die Antwort, die in der kreidehaltigen Luft über dem Klassenzimmer schwebte, war folgende: Ich war verrückt und alles andere als nett. Ich erzählte niemandem etwas von dem Vorfall.

Wie alle Mendl-Kinder hatte auch Marianne eine profunde Ausbildung in mehreren Kunstrichtungen erhalten. Sie hatte Musik, Tanz und Kunst bei berühmten Professoren studiert und später auch selbst Kunsterziehung in Wien unterrichtet. Jetzt unterrichtete sie Malerei am Sydney Technical College und in anderen Bildungseinrichtungen.

An der Rückseite des Hauses befand sich ein Schuppen, der zu einem Atelier umgebaut worden war. Marianne ermutigte mich zu malen. Sie stellte Staffeleien mit großen Bogen von cremefarbenem Papier auf und erklärte mir den Gebrauch von Pinsel und Farbe. In einer süßen Wolke von Gummi-Arabikum, die beim Mischen der Farben entstand, malte ich dort fast täglich.

Einmal bat Marianne mich – vielleicht aus therapeutischen Gründen –, unsere Farm zu malen. Dazu stellte sie mir ein riesiges Blatt Papier zur Verfügung. In meiner Erinnerung ist es ungefähr ein Meter hoch und zwei Meter breit. Es wurde auf einer Staffelei angebracht, die man so lange adjustierte, bis sie die perfekte Höhe für mich hatte. Von da an war ich ständig hier. Ich malte unsere Tiere, die Gebäude der Farm und Szenen aus dem Leben, das ich notgedrungen zurückgelassen hatte. Marianne beobachte mich dabei und ermutigte mich weiterzumachen. Sie steckte mir kleine quadratische Stücke dunkler Schokolade in den Mund, um mich bei Kräften zu halten, und bestand darauf, dass ich aufhörte, bevor ich müde wurde und die Arbeit verdarb. Das Meisterwerk wurde rechtzeitig fertig, um es bei einem Wettbewerb einreichen zu können. Ich habe damit einen bedeutenden Kinder-Kunstpreis gewonnen.

Hier im Atelier gab es auch ein Fass mit Ton zum Modellieren. Auch damit durfte ich arbeiten. Ich liebte es, den feuchten Ton anzugreifen und zu riechen. Ton war mir von den Uferbänken unseres Bachs her vertraut, aus ihm hatten wir etwas unbeholfen Teetassen geformt, die bald zerbrochen waren, nachdem wir sie auf den heißen Felsen in der Sonne zum Trocknen gelassen hatten.

Das Haus meiner Tante war erfüllt von Musik und angeregten Gesprächen. Überall standen Kunstbücher herum. Meine drei Cousinen tanzten und sangen, sie nahmen mich mit zum Strand und luden mich auf ein Eis ein. Ich wurde zwar nicht verwöhnt, aber immer großzügig miteinbezogen. Trotz alledem blieb ich introvertiert, dünnhäutig und leicht reizbar. Ich wartete darauf, dass meine Mutter wieder nach Hause kommen würde.

Einer von Mariannes Versuchen, mir in meiner Not zu helfen, bestand darin, mich zur örtlichen Bücherei in Mosman mitzunehmen. Ich erinnere mich noch gut daran, wie wir die breite, stark befahrene Straße überquerten und ich dabei ihre Hand fest umklammert hielt. Marianne fürchtete sich offenbar fast genauso wie ich und wir hätten wohl für nichts anderes als für einen Besuch in der Bibliothek ein solches Risiko auf uns genommen. Geduldig warteten wir, bis sich eine Lücke im Verkehr auftat, und dann überquerten wir vorsichtig die Straßc.

»Komm weiter! Gleich haben wir es geschafft! Sie dürfen uns nicht *alle* umbringen«, keuchte meine Tante, um mich aufzumuntern.

Ich hielt diese Worte damals für so etwas wie eine heilige Zauberformel, die uns retten würde. Später lachte ich Tränen, wenn ich mich an die verrückte Logik dieser Bemerkung erinnerte. Heute frage ich mich, ob sie eine Art Echo auf eine genetische Erinnerung war. »*Sie dürfen uns nicht alle umbringen*« – Sie haben es getan – oder zumindest beinahe.

Damals verstand ich die Bedeutung ihrer Äußerung noch nicht.

In der Zwischenzeit bewirtschaftete mein Vater die Farm alleine, was ihm nicht fremd war. Die meiste Zeit seines Lebens hatte er alleine zugebracht. Von Zeit zu Zeit bekamen wir Briefe und manchmal einen Anruf von seiner Schwester, Tess. Sie lebte in Crows Nest, das so weit weg von Mariannes Haus war, dass ich einen Erwachsenen brauchte, der mich in der Straßenbahn zu ihr brachte. Sie rief immer an, wenn es Neuigkeiten über meinen Vater und die Farm zu erzählen gab.

Eines Tages kam wieder ein Anruf von Tess. Sie erzählte uns, dass sie nach Mostyn Vale fahren wollte.

»Irgendetwas stimmt nicht«, sagte sie. Sie wusste nichts Genaues, aber etwas in ihr – eine Art Bauchgefühl – drängte sie hinzufahren. Ihr Bruder brauchte sie. Sie nahm den Frühzug und sagte, sie würde uns anrufen und über Dad berichten, sobald sie angekommen war.

Als Tess dort war, fand sie heraus, dass Dad nach einem Unfall mit einem Pferd ins Spital gebracht worden war. Es war in den Bergen passiert: Während Joe flach auf dem Boden gelegen war, um eine Kaninchenfalle wiederzufinden, hatten sich die Zügel zwischen den

Beinen des Pferdes verheddert. Es war ein junges Pferd – Jinnys Fohlen – gewesen und es war in Panik geraten. Es hatte sich immer wieder aufgebäumt und Joe war unter die Hufe geraten. Er war am Kopf und an mehreren Rippen verletzt worden.

Nachdem es seine Panik überwunden hatte, war das Pferd ruhig stehen geblieben, seine Silhouette hatte sich vom Himmel abgehoben. So hatte ein vorbeifahrender Nachbar, der auf dem Weg in die Stadt war, das Pferd gesehen und angenommen, dass mein Vater auf der Anhöhe arbeitete. Als er spät am Abend zurückgefahren war, hatte er die Umrisse des gesattelten Pferdes im hellen Mondschein wieder gesehen – es hatte bei Joe Wache gehalten. Er war der Sache nachgegangen und hatte Dad bewusstlos auf dem Boden liegend gefunden.

Es hatte mehrere Stunden gedauert, um Hilfe zu holen und den großen Mann, der jetzt zu sich kam und höllische Schmerzen hatte, den steilen, felsigen Berghang hinunterzuschaffen. Es war nicht leicht gewesen, die improvisierte Trage samt der schweren Last zu stützen, bis zur Ladefläche des Lastwagens zu balancieren und meinen Vater ins Spital zu bringen. Neben den Verletzungen hatte sich mein Vater auch einen Sonnenstich zugezogen. Joe war den ganzen Tag schutzlos in der prallen Sommersonne gelegen. Seine Sehkraft und sein Gleichgewichtssinn waren stark in Mitleidenschaft gezogen worden.

Nun war es an der Zeit, zur Farm zurückzukehren – allein, wie er dachte. Während der gesamten Zeit seiner Genesung hatte er den Angestellten im Spital verboten, jemanden von dem Unfall zu benachrichtigen. Er verschwieg sämtliche Kontaktadressen, weil er niemandem Anlass zur Sorge geben wollte. Aber jetzt war ja Tess da. Sie brachte ihn nach Mostyn Vale zurück. Eine Woche später, nachdem Vorkehrungen für die Hunde getroffen worden waren und dafür gesorgt worden war, dass die Pferde regelmäßig bewegt wurden, entschied sich mein Vater dazu, mit Tess nach Sydney zu kommen.

Ich war glücklich, Dad in Sydney zu haben. Obwohl er bei Tess lebte, sah ich ihn oft. Mir fiel damals nicht auf, dass sein Gang an Schwung und Elastizität verloren hatte, dass sein Gesicht schmal und blass war und dass seine Umarmungen vorsichtiger ausfielen als sonst.

Ich spürte auch nicht, dass er vor Schmerzen zusammenzuckte, wenn ich ihm auf den Schoß sprang oder ihn zu stürmisch begrüßte. Manchmal flüsterte einer von den Erwachsenen, die mir dabei zusahen: »Phyllis, gibt acht! Sei vorsichtig!« – Es lag jedoch außerhalb meines Vorstellungsvermögens, dass mein Vater schwach oder gebrechlich sein könnte.

Irgendwer hatte auch Bettina ein Telegramm gesandt, um sie über den Unfall zu informieren, und endlich machte sie sich auf den Weg nach Hause.

Ich habe keine klare Erinnerung mehr an die Wiedervereinigung unserer Familie. Ich weiß nur, dass ich neben meinem Vater gestanden bin und das winzige Wasserflugzeug beobachtet habe, das zur Wasserung in Rose Bay aufsetzte. Ich weiß nicht mehr, wer noch dort war, wo Dawn stand oder wie meine Mutter ausgesehen hat. Die entsetzliche Angst, dass im allerletzten Moment noch etwas schiefgehen könnte, hat bei mir eine Art Filmriss bewirkt. Meine Erinnerung setzt erst wieder zu Weihnachten desselben Jahres ein, als wir alle zusammen wieder zu Hause auf der Farm waren.

Meine Mutter hatte in Österreich Fortschritte in Sachen Restitution des Familienvermögens gemacht. Sie hatte offenbar auch schon etwas davon verkaufen können, da sie mit ein wenig Geld nach Hause gekommen war, mit dem sie nun ein paar Verbesserungen an unserem reparaturbedürftigen Farmhaus vornahm. Wir bekamen einen neuen zusätzlichen Wassertank, die offene Veranda auf der Rückseite des Hauses wurde geschlossen und mit Glasfenstern ausgestattet und die Feuerstelle wurde durch einen Dauerbrandofen ersetzt. Außerdem hatten wir jetzt ein Badezimmer mit einem Zementboden und einer Badewanne mit Ablauf. Welch ein Luxus!

Nach und nach kamen in großen Holzkisten weitere Dinge an, zum Beispiel Leintücher, weiche Damastbezüge für Kopfkissen und die dazu passenden Überzüge für die Daunendecken. Bis jetzt hatten wir nur die grauen Armeedecken gekannt, die wir mit Pferdedecken aus Drillich ergänzt hatten, wenn es Minusgrade hatte. Ich konnte den Luxus solcher Daunendecken kaum fassen. Meine Bezüge waren gelb und die von Dawn rosa und in einer Ecke waren jeweils Monogramme mit unseren Initialen eingestickt. Ich habe meine noch immer.

Unser immer schöner werdendes Heim wurde nun auch verkabelt, um Strom einzuleiten. Die meisten Arbeiten wurden von Bettina selbst ausgeführt. Sie hielt sich an die Anleitungen, die zusammen mit dem Material vom Zug abgeladen worden waren. Zusammen mit dem Schaffner, dem Lokomotivführer und einigen Passagieren brachte sie etwa den schweren Generator in die richtige Position. Erst jetzt erkannte ich nach und nach, dass mein Vater in der letzten Zeit offenbar stark gealtert war. Er wirkte schwach. Ich beobachtete, wie die Männer ihm beim Abschied freundlich auf den Rücken klopften. Ich fühlte, was vor sich ging, konnte es aber nicht in Worte fassen: Die Männer halfen einem Freund aus. – Ich war damals acht Jahre alt.

Die Briefe aus Europa, den USA und Neuseeland begannen wieder einzutreffen, regelmäßig flatterten sie aus dem Postsack. Die Kuverts trugen lange Reihen von bunten Briefmarken, die wir in einem feierlichen Ritual ablösten und sammelten.

Dawn und ich kannten inzwischen die Namen der Absender. Als Teil ihrer »offiziellen Information« erzählte uns Bettina Geschichten über sie und erklärte uns die Verbindungen und Zusammenhänge. »Baby« war Maria von Kozaryn-Okulicz, die Tochter einer adeligen Familie. Sie war durch den Krieg, durch Ehelosigkeit und die ungerechte Schlechterstellung der Frauen im alten Erbschaftsrecht verarmt. Erzogen worden war sie in der französischen Schule Sacré Cœur und sie sprach fließend und elegant Französisch. Ursprünglich war sie auf allerhöchste Empfehlung als Französisch-Lehrerin für meine Mutter ins Haus der Mendls gekommen. Nachdem meine Großmutter Emily gestorben war, wurde Maria von Kozaryn von meinem Großvater Fritz als Anstandsdame, Betreuerin und Begleiterin für meine Mutter engagiert.

Baby hatte den Krieg überlebt, wie auch ihr Bruder und ihre Nichte Mucki. Ihre andere Nichte, Olga, war nicht mehr am Leben. Sie war mit einem jungen Armeeoffizier verlobt gewesen. Gegen Ende des Krieges, in einer Zeit voller Verzweiflung und Hunger, in der alle auf die Befreiung gewartet hatten, hatte sie die Nachricht erhalten, dass er ums Leben gekommen war. In dieser Nacht war Olga auf den Dachboden des Hauses gestiegen und hinunter auf die Straße gesprungen. Am Morgen hatte ihr Vater ihren leblosen Körper gefunden und in der darauffolgenden Nacht im Schutz der Dunkelheit zusammen mit Mucki auf den Friedhof gebracht. Dort hatten sie neben dem Grab ihrer Mutter eine flache Grube ausgehoben und Olga hineingelegt.

Ein paar Monate später war der junge Offizier nach Hause gekommen, auf Kurzurlaub, völlig verzweifelt und auf dem Rückzug. – In den letzten Wochen des Krieges war er getötet worden. Man hatte damals gesagt: »*Er ging in den Tod.*« – Auch ich hatte das Gefühl, dass er freiwillig gegangen war. Anfangs reimte ich mir diese »Romeo und Julia«-Tragödie aus Gesprächen zwischen Joe und Bettina zusammen, die ich zufällig mitgehört hatte. Die Details kamen ab 1952 aus Wien nach und nach dazu. Ab dann war mir, wann immer ich Mucki traf, jedes Mal so, als ob ich ein flüchtiges Bild von ihrer Schattenschwester erhaschen würde. Ich wollte nach Olga fragen, wollte mit Mucki trauern, aber ich habe es nie gewagt, an der Wunde zu rühren.

Viele Briefe stammten von einer Frau, die Agathe hieß. Im Laufe der Jahre bedeckte ihre charakteristische Handschrift viele Briefseiten, die durch das Farmhaus flatterten. Sie lagen auf Küchentischen und unter dem Bett – Klatsch für Bettina und Geheimnisse für mich. Ich war die Einzige, die den Mut hatte, sie aufzudecken.

Agathes Familie hatte das schönste Haus ganz in der Nähe der Villa Mendl besessen. Ihre Freundschaft zu meiner Mutter hatte schon im Babyalter begonnen. Agathe war ein ruhiger, ausgeglichener Typ und sehr hübsch – das Gegenteil von meiner Mutter. Vielleicht war das der Grund für ihre lebenslängliche Zuneigung. Agathe war eine großartige Skifahrerin – eine Leidenschaft, die sie mit Fritz, dem älteren Bruder meiner Mutter, geteilt hatte. Beide hatten sie die Berge, die Einsamkeit und die Präzision, mit der man diesen Sport betreiben musste, geliebt. Agathe hatte sich in den stillen, künstlerisch veranlagten Fritz verliebt und er hatte ihre Gefühle erwidert. Sie hatten beschlossen zu heiraten. Die offizielle Verlobung hatte sich jedoch zuerst durch die Erkrankung meines Großvaters Fritz Mendl verschoben, wenig später war sie durch den tragischen Tod meines Onkels vereitelt worden. Niemand hatte voraussehen können, dass der junge Fritz so bald nach seinem Vater sterben würde. Er hatte Agathe als »nicht ganz vollwertiges« Mitglied der Familie zurückgelassen.

Als die Familie von Agathe in Not geraten war, hatte meine Mutter die Verbindung mit Fritz anerkannt. Unter anderem hat sie die Ausbildung von Agathes Bruder bezahlt und später die Reise, die es ihm ermöglicht hat, sich in Amerika niederzulassen.

Auch die Briefe von Otto auf feinem, weißem Papier begannen wieder einzutreffen. Nicht von Mutters Bruder Otto – von ihm erzählte sie uns, er sei »vermisst«. Wir dachten jedoch nie, dass er tot sei. Vielmehr malten wir uns aus, wie er eines Tages gesund und munter – ein romantischer Held nach vielen bestandenen Abenteuern – wieder auftauchen würde. Die Briefe waren von Otto Schönthal. Als Mutter ihn 1931 kennengelernt hatte, war sie zweiundzwanzig Jahre alt gewesen. Damals war Otto ein junger Architekturstudent gewesen und Baby hatte nicht allzu viel von ihm gehalten. Er war in ihren Augen kein passender Begleiter für meine Mutter bei den gesellschaftlichen Ereignissen gewesen, die es in der Vorkriegszeit zuhauf in der Villa Mendl gegeben hatte. Er war etwa frech genug gewesen, bei einem seiner Nachmittagsbesuche eine Lederjacke zu tragen. Das war ein absolutes No-Go! Trotz Babys schmerzlicher Missbilligung waren meine Mutter und Otto enge Freunde geworden.

Nach dem Tod ihrer Mutter, ihres Vaters und ihres Bruders, die alle innerhalb von zwei Jahren gestorben waren, hatte sich Bettina gezwungen gesehen, das riesige Unternehmen – die Bäckerei Ankerbrot – in politisch turbulenten Zeiten zu übernehmen. Ruinöse Erbschaftssteuern waren zur Zahlung angestanden und auf die oft gegenläufigen Ratschläge ihrer leitenden Angestellten war kein Verlass gewesen. Zudem hatte niemand Bettina auf diese neue Rolle vorbereitet. Ihren Memoiren entnehmen wir: »*Mein Vater hat nie Geschäftsleute im Haus empfangen. Über Geschäfte wurde niemals gesprochen. Als ich jung war, wusste ich nicht, was mein Vater tat. Wenn ich gefragt wurde, sagte ich, er wäre Jäger und Wildhüter. Ich hatte keine Ahnung … Beim Abendessen hat mein Vater sich immer danach erkundigt, was wir in der Schule durchgenommen hätten, was Kant zu diesem und jenem gesagt und was Nietzsche Kant darauf geantwortet hätte, was Mozart geschrieben, was Beethoven gesagt hätte, welche Beziehung Haydn mit Mozart verbunden hätte und welche Bedeutung Bach in der Musik zukäme … Wir haben nie irgendetwas über Geld gelernt. Nicht das Geringste!*«

Immer häufiger hatte sich meine Mutter in geschäftlichen Dingen an Otto gewandt und sich auf seinen Rat und seine Methoden und Taktiken beim Führen von Sitzungen und Verhandlungen verlassen. Ihr Lebensmut war nach und nach wieder zurückgekehrt und so hatte sie zusammen mit Otto den Betrieb mit Strategien, die sie gemeinsam ausgeheckt hatten, weitergeführt. Er war es auch gewesen, der meine Mutter dazu ermutigt hatte, nach Österreich zurückzukehren.

Der Kampf um die Rückgabe aller Familienbesitztümer, die im Krieg von den Deutschen beschlagnahmt worden waren, war noch nicht vorbei. Von den österreichischen Behörden mussten gerichtliche Anhörungen darüber abgehalten werden, um eine Entscheidung über die volle Restitution des Eigentums meiner Mutter treffen zu können. Da sie ihren letzten Aufenthalt in Österreich abgekürzt hatte, um nach Hause zu meinem Vater zu eilen, hatte sie ihre Vorbereitung auf diese Verhöre nicht abschließen können. Sie musste daher von Zeit zu Zeit in die Stadt fahren, um Anrufe zu erledigen oder Telegramme zu versenden.

Manchmal erhielt sie Telegramme in deutscher Sprache. Das konnte sich mitunter als recht schwierig erweisen. Unser Nachbar, der ein eigenes Telefon besaß, kam herüber, um uns wissen zu lassen, dass er einen Anruf vom Postamt erhalten hatte. Ein Telegramm für uns wäre angekommen. Die Nachrichten selbst waren oft ein wirres

Durcheinander, das durch unverstandene, fremde Tonfolgen, vermittelt durch eine wenig zuverlässige Ausrüstung, entstanden war. Bettina hat es immer geschafft, die Botschaften zu entschlüsseln.

Diese Telegramme sorgten stets für eine gewisse Anspannung. Sie waren auf Deutsch. Deutsch war die Sprache des Landes, das bis vor Kurzem der Feind gewesen war. Wenn das Telegramm auf Deutsch war, dann sprach meine Mutter offenbar Deutsch. Sie hatte gesagt, dass sie Österreicherin sei. Wo war Österreich überhaupt? Waren Österreich und Deutschland nicht ein und dasselbe? Weshalb plötzlich all diese Telegramme? – An solchen Tagen flüsterten die Leute hinter unserem Rücken, wenn wir die staubige Hauptstraße von Barraba hinuntergingen.

Die Geschichten, die Briefe, die Telegramme – sie alle durchkreuzten die alltägliche Routine unseres Lebens. Unterschieden sie sich in irgendeiner Weise von den Geschichten, die in das Leben anderer Kinder Eingang fanden? Das konnte ich nicht beantworten. Die Geschichten meiner Mutter spielten in anderen Ländern wie die Mythen der Alten Griechen, die ich übrigens mit Begeisterung las. Das Flüstern auf der Straße hingegen war beunruhigend und verwirrend. Ich fühlte mich bedroht davon. Ich schob zwar die Erinnerung an die »Nazi-Hure«-Episode beiseite, ballte jedoch meine Faust, wenn ich die Straße entlangging.

Da mein Vater seit den ersten Tagen ihrer Freundschaft über das europäische Vorleben meiner Mutter Bescheid wusste, konnte sie nun alle Sorgen und Anliegen mit ihm teilen. Er war viel klüger beim Erfassen der Zusammenhänge von internationalen Entwicklungen, als es sein isoliertes Leben hätte vermuten lassen. Er hatte ein profundes Wissen und Verständnis für die menschliche Natur und er verstand sich auch gut darauf, zu trösten und Rat zu geben, wenn Mutter ihre sorgsam formulierten Antwortbriefe schrieb.

Ich war neun Jahre alt und wuchs schnell. Zu schnell – meine Gelenke taten mir weh. Nacht für Nacht massierte mir mein Vater die Knie, wenn ich schluchzend vor Wachstumsschmerzen aufwachte. Sogar tagsüber taten mir die Beine weh. Ich hörte zu laufen auf, ging ganz vorsichtig, saß viel herum und bekam unerklärliches Fieber. Voll Sorge beobachtete meine Mutter die geschwollenen Lymphdrüsen an meinem Hals. Rheumatisches Fieber und auch Kinderlähmung standen im Raum – zu dieser Zeit gab es gerade eine Epidemie –, die Symptome jedoch schienen nicht recht zu diesen beiden Krankheiten zu passen.

Als die Schmerzen immer heftiger wurden, wurde ich zur Beobachtung ins Spital gebracht. Die Tests ergaben kein eindeutiges Resultat. Ich aß kaum noch etwas, verlor an Gewicht und wurde immer schwächer. Mein dichtes Haar fiel mir bald büschelweise aus und ließ kahle Flecken zurück. Ich muss ein schrecklicher Anblick gewesen sein.

Die einzige Behandlung, die mir angeboten wurde, waren Bettruhe und Beobachtung, und man gab mir Stärkungsmittel, Eisen und Lebertran. Wieder wurde ich von meiner Mutter getrennt, jedoch dieses Mal wurde meine Verzweiflung von den Schmerzen überschattet. Ich war zu schwach, um mir Sorgen zu machen, zu schwach, um Angst zu haben, zu schwach, um überhaupt einen Gedanken daran zu verschwenden, und ich wusste ja schließlich auch, dass meine Mutter zu Hause und in Sicherheit war – auf unserer Farm zusammen mit meinem Vater und Dawn.

Als sich herausstellte, dass ich für einige Zeit im Spital bleiben müsste, trafen Kisten aus Sydney ein. Meine Cousinen hatten Bücher und Puppen für mich gesammelt und Lizzie hatte mir ein wunderschönes Nachthemd aus rosa Satin genäht – der Halsausschnitt war mit einem breiten Spitzenband eingefasst. Ich war zu müde, um die schweren Bücher zu halten, und ich hatte auch nicht genug Kraft, um mit den Puppen zu spielen, aber über das Nachthemd freute ich mich riesig. Wenn ich es nicht gerade trug, nahm ich es vom Nachttisch und betastete die kühle, glatte Oberfläche mit meiner Hand.

Drei endlose Monate lang besuchte mich meine Mutter jeden Tag. Inzwischen hatten wir ein Auto, trotzdem muss die Fahrt von zwölf Meilen einen starken Einschnitt in ihre mit Arbeit ausgefüllten Tage bedeutet haben. Meinem Vater ging es nicht besonders gut und Dawn war dem Babyalter kaum entwachsen.

Mutter saß neben meinem Bett, erzählte mir Geschichten und schälte Orangen. Sie forderte mich auf die bewährte Art auf, Spalte für Spalte zu essen: »Eine für Daddy, eine für Dawn, eine für Jinny, eine für Lizzie …« – Spätestens da hatte ich ihre Hand jedoch schon weggeschoben. Vier Orangenspalten waren eine unglaubliche Menge für mich. Nur um meiner Mutter eine Freude zu machen, schaffte ich es, so viel zu essen.

Von der Ungeduld, die ich an meiner Mutter sonst kannte, war während dieser Besuche nichts zu spüren. Nie hatte ich das Gefühl, dass sie in Eile oder auf dem Sprung nach Hause war. Ich zählte die Stunden, bis sie wiederkam. Nachdem so drei Monaten vergangen waren, sich mein Zustand nicht gebessert hatte und die Diagnose noch immer ausstand, bat ich sie eines Nachmittags, entweder ganz bei mir zu bleiben oder mich mit nach Hause zu nehmen. Mutter ging zur Oberschwester und teilte ihr mit, dass sie mich mit nach Hause nehmen würde. Die darauffolgende Auseinandersetzung am Gang zwischen den beiden wild entschlossenen Frauen war heftig. Die Oberschwester argumentierte damit, dass es lebensbedrohlich für mich sein könnte, wenn man mich fortbrächte. Meine Mutter hielt fest, dass es noch immer keine Diagnose gäbe, ich schrecklich unglücklich wäre und zu Hause mehr Anregung hätte. Meine Mutter musste einen Revers unterschreiben und die Oberschwester bestand noch darauf, einen Arzt zu informieren, bevor ich das Krankenhaus verließe.

Bettina war damit einverstanden. Plötzlich hatte sie es eilig. Sie warf meine Sachen ins Auto, hielt sich nicht damit auf, mich anzukleiden, sondern nahm mich einfach auf den Arm und ging, ehe sie der Mut verließ.

Zu Hause ging es mir zumindest seelisch besser, ich aß ein bisschen mehr, las Dawn Bücher vor und sammelte langsam ein bisschen Kraft. Dawn hatte in der Zwischenzeit die meisten von meinen Aufgaben auf der Farm übernommen. Sie war nun Vaters kleine Helferin und er ermutigte sie, indem er sie über die Maßen lobte. Ich war nicht eifersüchtig, kam mir aber irgendwie nutzlos vor. Wenn mir meine Beine sehr wehtaten, war mir jedoch auch das ziemlich egal.

Mein Zustand verbesserte sich nicht. Eitrige Wunden zeigten sich auf meinen geschwollenen Gelenken. Schließlich fuhren wir alle nach Sydney, um einen Spezialisten aufzusuchen. Er war davon überzeugt, dass ich an einer Entzündung des Knochenmarks litt, die Abszesse und Knochenabbau verursachte. Offenbar war das damals keine seltene Erkrankung unter Kindern. Meine Knie und mein rechter Ellbogen waren davon betroffen. Offene, nässende Abszesse, die pulsierten und sich immer wieder entleerten, gaben keinerlei Hinweis auf Heilung aus eigener Kraft.

Schließlich wurden die Wunden im Verlauf einer Operation gereinigt und sterilisiert. Der Arzt, der mich in dem kleinen privaten Spital operierte, war nicht mehr ganz jung und sehr behutsam. Während der gesamten Operation nahm ich alles ganz bewusst wahr: seine ruhige Stimme, seine Erläuterungen, seine kühlen Hände und den wiederholten Augenkontakt. Ich fühlte mich völlig sicher. Mein Vater stand neben meinem Bett und hielt mich fest. Ich spürte, dass wir beide zusammenarbeiteten an dem Projekt, »mich wieder in Ordnung zu bringen«, und ich wusste, dass es funktionieren würde.

Dad verließ mein Krankenzimmer und ging mit dem Arzt auf die Veranda. Ich beobachtete die Art, wie sie einander die Hand schüttelten, und sah in ihren Gesichtern ein tiefes gegenseitiges Vertrauen, eine starke Verbundenheit und Wesensverwandtschaft. Das hat mein Gefühl von Sicherheit noch verstärkt.

Jahre später wurde die Diagnose von damals bestätigt. Die Ärzte staunten über meine Widerstandskraft, die ich gegenüber der Krankheit entwickelt hatte, noch lange bevor es hochentwickelte Antibiotika gab. Im neuen Jahr ging ich wieder zur Schule und allmählich nahm ich auch einige meiner früheren häuslichen Arbeiten wieder auf – allerdings nie mehr mit derselben Sicherheit. Ich war dünn, zerbrechlich und arbeitsuntauglich geworden. Das, was mein Leben bisher ausgemacht hatte, lag in Scherben. Weder konnte ich mehr meine Eltern so unterstützen wie früher, noch Dawn beschützen. Auch meine Burgen und Schlösser konnte ich nicht mehr bauen, geschweige denn Baumstämme spalten oder Pferde einfangen. Ich war ein verletzliches, kleines Mädchen geworden, in einer sehr großen und fremden Welt.

4

WIR FAHREN GEMEINSAM INS MÄRCHENLAND

Sechs Wochen nach der Operation waren die Abszesse verheilt und ich aß wieder freiwillig. Ich bewegte mich noch immer sehr vorsichtig, da die geschädigten Knochen Zeit brauchten, um wieder ganz zu werden. Es gab Tage, an denen ich noch Schmerzen hatte, jedoch die Wunden verheilten.

Gegen Ende des Jahres schmiedete Bettina neue Pläne. Sie war unglaublich aufgeregt. Da sie nicht noch einmal allein nach Österreich fahren wollte, sollten wir sie alle begleiten: Wir sollten mit ihr zusammen in das Märchenland fahren. Bettina beantragte Pässe für uns. Mit den Unterlagen meines Vaters gab es jedoch Probleme, da es keinen Nachweis für seine Geburt zu geben schien. Er sagte, das käme im Busch öfter vor. Beglaubigte Erklärungen wurden unterschrieben, aber das reichte nicht aus. Die Zeit verging. Meine Mutter klapperte die Familie meines Vaters ab und suchte nach weiteren Informationen. Tante Tess, die stets sehr überlegt handelte, fragte meine Mutter, welche Nachforschungen sie über welche Zeit bisher angestellt hatte. »Du wirst nach 1890 nichts finden – versuche es mit der Zeit, zu der ich geboren wurde – in den 1880er-Jahren.«

Mutter war erstaunt: »So alt kann er doch nicht sein! Dann wäre er ja siebzig! Bist du sicher?« – Tess lächelte: »Ich habe schon immer vermutet, dass er dich ein bisschen auf den Arm genommen hat. Wenn es wer ganz sicher weiß, dann bin ich es: Joe ist mein Zwillingsbruder, obwohl wir nicht am selben Tag geboren worden sind. Er hat am 31. Juli 1881 Geburtstag und ich am 1. August.« – Die Unterlagen haben die Wahrheit ihrer Aussage bestätigt.

Wir planten, mit dem Schiff nach Europa zu fahren – mit einem riesigen Passagierschiff mit richtigen Betten, weißem Anstrich und einem Schornstein. Es hieß *Oceania* und gehörte zu der eleganten, italienischen Kreuzfahrtlinie Lloyd Triestino. Wir würden von Sydney nach Genua aufbrechen. Mutter erzählte uns von ihren früheren Abenteuern an Bord von Schiffen und über die Weltreise, die sie

1937 gemacht hatte. Sie wäre zuerst mit dem Zug von Wien nach London gefahren. Otto Schönthal hätte sie zum Bahnhof begleitet und ihr zum Abschied eine Medaille vom heiligen Christophorus in die Hand gedrückt, der sie auf der Reise beschützen sollte.

Bettina und Baby wären damals in Southampton an Bord gegangen und mit einem Frachter durch das Mittelmeer geschippert, den Suezkanal und die afrikanische Küste entlang Richtung Süden. Sie erklärte uns, dass auf einem Passagierschiff die Passagiere die *Fracht* wären – auf einem Frachtschiff hingegen wären die Passagiere … *Passagiere!* Sie und Baby wären aufmerksam von einer Crew von Spezialisten versorgt worden, die darin geübt war, Reisende mit exotischen Gerichten zu verwöhnen. Eingekauft hätten sie auf den lokalen Märkten, sodass die Mahlzeiten stets frisch und abwechslungsreich gewesen wären, während das Schiff die Küste hinuntergeglitten sei – von Aden nach Mombasa, nach Durban und zu anderen Häfen dazwischen.

Der Frachter hätte überall maschinell erzeugte Waren wie Kleidung, Bücher und Whisky abgeliefert und dafür andere Güter wie Sisal-Ballen, Kupferbarren, Kaffee und Elfenbein an Bord genommen.

Meine Mutter wäre an Deck gesessen und hätte Skizzen von den Arbeitern in den Schiffsräumen, den lokalen Märkten und den Händlern im Hafen gezeichnet. Wenn der Austausch der Ladung über einen Zeitraum von mehreren Tagen veranschlagt gewesen wäre, hätten die Passagiere Autos gemietet, Ausflüge in die Umgebung unternommen und in Dörfern übernachtet. Manche dieser Fahrten wären wie eine Safari organisiert gewesen und Mitglieder der Crew wären mitgekommen, um sicherzugehen, dass alles reibungslos verlief.

Meine Mutter war eine begeisterte und zugleich auch eine begabte Malerin. Eine kleine Sammlung von Aquarellen erinnert noch heute an diese Reise.

Über die zweite Reise, die sie 1938 unternommen hatte, bewahrte Bettina Stillschweigen. Ja sie weigerte sich sogar, darüber zu sprechen. Damals hatte sie den Ozean überquert, um Neuseeland zu erreichen, und dann, unter prekären Umständen, Australien.

Jetzt, als wir im Begriff waren, unsere eigene Reise anzutreten, schilderte uns Bettina in allen Einzelheiten das große Haus, in dem wir wohnen würden: die Villa Mendl mit ihrem weitläufigen Garten, den 18 Hektar Wiesengrund mit den Obstgärten, den Gemüsebeeten, den Stallungen und Nebengebäuden – alles im Herzen von Wien. Sie erzählte uns von Weingütern und großen Waldbesitzungen in den Bergen, vom Schnee und von den Konzerten in Palästen, die von Lustern aus reinem Kristallglas erleuchtet wurden.

Mein Vater fühlte sich wieder stärker und er war glücklich. Ich fühlte, wie erleichtert er darüber war, dass wir nicht wieder getrennt werden würden. Meine Eltern lebten damals in beständiger Angst, dass Bettina womöglich wieder nach Wien fahren musste, um ihren Forderungen auf Restitution persönlich Nachdruck zu verleihen oder andernfalls ihre Ansprüche zu verlieren.

Die Angst vor einer möglichen Trennung war nun durch die erwartungsvolle Vorfreude auf unser gemeinsames Abenteuer ersetzt worden. Die enthusiastischen Momente von damals blitzen heute noch in meiner Erinnerung auf. Mein Vater traf Vorbereitungen für die Farm. Andere würden sich um die Tiere kümmern, einige Tiere wurden auch verkauft, die Stuten wurden befohlt und die Zäune wurden gesichert. Dawn und ich – wir waren inzwischen sieben und neun Jahre alt – wurden nach Sydney geschickt. Hier sollten wir für die Reise ausstaffiert werden.

Wie durch Zauberhand verwandelten sich zwei scheue Kinder in Märchenprinzessinnen. Wir bekamen Kleider, die zu tragen sich ungewohnt anfühlte und die sich uns um die Beine legten. Bisher hatten wir Overalls und abgeschnittene Jeans getragen, was um einiges praktischer war für das Leben auf der Farm. Nun besaßen wir mit einem Mal rot karierte oder geblümte Sommerkleider mit Rüschen an den kurzen Ärmeln, weiche Schürzenkleider aus flaschengrünem Samt mit Spitzenblusen und Hosenanzüge aus grauem Wollstoff mit dazu passenden Jacken, die mit Seide gefüttert waren. All das wurde in Mariannes Haushalt entworfen, kombiniert und genäht. Auch unser Wortschatz wuchs stetig um Begriffe wie Organdy, Tüll, Viyella, Tweed, Brokat, Taft, Chantilly-Spitze …

Das Herzstück unserer Märchenland-Garderobe waren unsere Abendkleider für festliche Anlässe. Zwei Stück für jede von uns. Ich erinnere mich an jede Einzelheit an ihnen, ganz so, als ob ich sie selbst genäht hätte. Lizzie hat sie mit viel Liebe entworfen. Sie war ein Genie im Umgang mit Farben und Stoffen. Unsere Organdy-Kleider waren beinahe identisch – weiß, mit riesigen Puff-Ärmeln, eng anliegenden Oberteilen und weiten, knöchellangen Röcken. Meines hatte am Rocksaum noch große, blaue, handgemalte Wasserlilien und in der Taille eine Schärpe aus blauem Taft, die am Rücken zu einer Schleife gebunden wurde und deren Enden bis zum Saum herabhingen. Dazu trug ich blaue Ballerinas.

Bei Dawns Kleid waren die Wasserlilien rosa, mit rosa Ballerinas dazu. Knöchellang waren die Kleider, damit wir uns beim Stiegensteigen freier bewegen konnten und nicht auf unsere Röcke traten.

Auch ein Brokat-Kleid besaßen wir nun, ein elegantes, langes Abendkleid mit hoch angesetzter Taille und »josephinischem« Ausschnitt, das bis zum Boden reichte. Meines schimmerte in Blau und Silber, Dawns Kleid war hellrosa und mit Gold durchwirkt. Natürlich hatten wir auch dazu passende Schuhe. Diese Kleider durften wir nur zu ganz besonders feierlichen Anlässen tragen, etwa bei den Diners am Tisch des Kapitäns an Bord der *Oceania* auf ihrer Fahrt nach Genua.

Unsere Cousinen fanden bald heraus, dass wir beim Tragen solcher Kleider gänzlich unerfahren waren. Unter ihrer rigorosen Anleitung lernten Dawn und ich, wie man sich in Lackschuhen mit rutschigen Sohlen auf spiegelglattem Parkett fortbewegte. Die gebohnerten und gewachsten Böden forderten höchste Aufmerksamkeit, Grazie und Gleichgewicht. Die ungewohnten Röcke streiften fortwährend an unsere Beine und verkürzten unsere Schrittfolge.

Anstatt auf Felsen zu klettern, nach entlaufenen Kälbern zu jagen und über Baumstämme und Brennnesselfelder zu springen, gewöhnten wir uns allmählich an die ruhigeren Anforderungen häuslicher Beschäftigungen. Unsere Cousinen brachten uns auch bei, uns aufrecht zu halten – den Kopf erhoben, als trügen wir eine Krone, die Schultern gerade und unsere runden Bäuchlein eingezogen. Wir umklammerten mit der linken Hand einen imaginären Blumenstrauß, während wir mit der rechten unseren langen Rock hoben, um die Treppe hinaufzusteigen. »Linke Hand, rechter Fuß, nicht zu Boden schauen, Augen hoch, lächeln!« – Das alles wurde sorgfältig geübt und kritisch beäugt.

Wir mussten auch lernen, einen Knicks nach allen Regeln der Kunst zu machen. Wir übten mit Inbrunst und Begeisterung. Einen Fauxpas konnten wir uns nicht leisten. Unsere größte Angst bestand darin, irgendwo hängen zu bleiben, uns zu verheddern oder beim Knicksen auf dem Boden zu landen.

Unser Training lief unter dem Motto: »Wir lernen, eine Prinzessin zu sein«. So war es auch nicht überraschend, dass es Erfolg zeitigte. Viel später habe ich herausgefunden, dass meine Tante Marianne die Kreativ-Assistentin der berühmten österreichischen Tänzerin Grete Wiesenthal gewesen war. Großvater Fritz Mendl hatte ein Tanzstudio im Garten der Villa Mendl errichten lassen. Dort hatte die »große Wiesenthal« Marianne unterrichtet und Marianne die jüngeren Schülerinnen – und um vieles später ihre Nichten.

Dawn und ich waren begeisterte Schülerinnen und trugen zum Unterricht mit vielen eigenen Ideen bei. So bastelten wir bei jeder Gelegenheit »Juwelen« aus Silberpapier, erfanden komplizierte Titel und entwarfen für alle möglichen Gelegenheiten große Reden. Wir eigneten uns damals sehr schnell eine Fähigkeit an, die uns ein Leben lang nicht mehr verließ: uns in jeder Situation angemessen zu benehmen. Was und ob das »normal« war, konnten wir nicht beurteilen. Wir hatten damals keine Möglichkeit, unsere Erfahrungen mit denjenigen unserer Altersgenossen zu vergleichen. Solange wir uns im Kreis der Familie bewegten, waren wir glücklich und fühlten uns sicher. Man behandelte uns zuvorkommend und wir wussten wiederum genau, was in den unterschiedlichen Situationen von uns erwartet wurde. In Wahrheit gab es ja auch keinen großen Unterschied zwischen dem Halten von einem Blumenstrauß und dem von Eiern, die man zum Haus hinaufbringen sollte – beides muss man vorsichtig tragen.

Als Dawns und meine Verwandlung so gut wie vollzogen war, kamen meine Eltern auf einen Besuch von der Farm in die Stadt. Das Einkaufen begann von Neuem. Bisher hatten wir Joe immer nur in Arbeitskleidung und Jeans oder in seiner einzigen guten Flanellhose gesehen. Jetzt stolzierte er herum und gab mit seinen neuen, eleganten Anzügen, den cremefarbenen Smokings und den Seidenkrawatten an. Zu unserem Amüsement watschelte er vergnügt auf und ab und schlenkerte mit den Pinguin-Schwänzen seines Fracks in der Gegend herum.

Es stellte sich heraus, dass er ein Gespür für Mode hatte. Er fühlte sich in jedem Outfit so zu Hause, als hätte er nie etwas anderes getragen. Eine Herausforderung war jedoch die schwarze Fliege für die festlichen Anlässe. Wenn Mutter gerade ihren Nagellack trocknen ließ, durfte ich sie binden. Sowohl Bettina als auch Marianne und manchmal sogar mein lieber Onkel Gustav gaben mir dabei Anweisungen. Ich stand auf einem Stuhl und befestigte die Fliege mit einer Reihe von todsicheren Handgriffen. Ich entwickelte darin eine Fertigkeit, die ich damals wichtiger nahm, als darüber Bescheid zu wissen, wohin das gesprenkelte Huhn daheim auf der Farm seine Eier legte. Wertigkeiten ändern sich eben.

Marianne schenkte uns einen großen schwarzen Lederkoffer, der Handgriffe aus glänzendem Messing hatte und mit Seide gefüttert war. Auf einer Seite hatte er eine Reihe von kleinen Schubladen. Langsam füllte er sich mit Mutters Kleidern: funkelnden Wolken in Creme und Silber, Abendrot-Motiven in Seide und unzähligen Roben in schwarzem Crêpe. Auf der Rückseite von einem ihrer Abendkleider war ein mit Pailletten bestickter, dezent schillernder Drache. Ich horte es noch immer unter meinen Schätzen. Es ist zerknittert und stumpf, aber ich kann es einfach nicht hergeben: Zu viele Erinnerungen an meine Mutter sind in den Stoff miteingewebt.

Während dieser letzten Wochen der Vorbereitung nützten Joe und Bettina die Gelegenheit, um auszugehen. Beide liebten das Kino, waren aber außerordentlich wählerisch, was die Filme anging. Sie informierten sich über die Themen, die Schauspieler und den Regisseur, und erst wenn das Ergebnis ihrer Recherche zufriedenstellend war, brachen sie erwartungsfroh auf.

Bettinas Interesse am Kino kam nicht von ungefähr. Viele Jahre später erfuhr ich, wie es dazu gekommen war.

1931 war Otto Schönthal mit einer bildschönen jungen Jüdin namens Hedwig Kiesler befreundet gewesen. Sie war Model und eine angehende Filmschauspielerin gewesen. Angesichts des zunehmenden Antisemitismus hatte sich Hedwig – oder Hedy, wie sie genannt wurde – verzweifelt darum bemüht, in Amerika Fuß zu fassen. Sie hatte Rat bei Otto gesucht, der damals schon als ein raffinierter Kontaktmann in der Wiener Wirtschaftsszene gegolten hatte. Er verabscheute – genauso wie Bettina übrigens – die europäische Politik und war bereit gewesen, jedem, der jüdischen Hintergrund hatte und aus Europa emigrieren wollte, zu helfen. Hedy hatte Europa jedoch nicht ohne ein paar gute Kontakte in Amerika verlassen wollen. Die paar Filme, die sie hier gedreht hatte, waren bei Weitem nicht so bedeutend gewesen, als dass sie ihr eine Karriere in den Staaten garantiert hätten. Sie hätte in Amerika bestenfalls als eine unbekannte Außenseiterin gegolten, also brauchte sie eine Strategie, um wenn möglich sofort bekannt zu werden. Schönthal hatte eine Lösung parat: »Mach etwas Schockierendes! Lass die Hüllen fallen – auf der Leinwand!« Nach einigem Hin und Her hatte Hedy zugegeben, dass ihr das tatsächlich die notwendige Aufmerksamkeit verschaffen könnte.

Dann war es an die Umsetzung des Plans gegangen. Wer sollte den Film drehen und wer sollte ihn produzieren? Schließlich war man auf den tschechischen Regisseur Gustav Machatý gekommen. Er hatte erst vor Kurzem einen recht gewagten Film, »Erotikon«, herausgebracht. Nun beauftragte man ihn also damit, Hedys Mittel zur Flucht zu schreiben und darüber Regie zu führen. Finanziert wurde der Film aus einem Kredit aus dem Werbebudget von Ankerbrot. Bettina hatte das veranlasst. Alle hofften natürlich, dass der Film Erfolg haben würde, damit man mit den Einnahmen den Kredit zurückzahlen konnte und keine Fragen gestellt wurden. Sollte das nicht gelingen, durfte nichts über die Produktion und die Finanzierung bekannt werden.

Das sorgfältig geplante Projekt wurde ein riesengroßer Erfolg. Der Film »Ekstase« kam 1933 heraus und ging als der erste Film, der hüllenlose Nacktheit auf die Leinwand brachte, in die Geschichte ein. Selbst heute noch anerkennt man seinen künstlerischen Wert und er wird immer noch bei Filmfestspielen gezeigt. 1933 polarisierte er. Die Reaktionen reichten von tiefer Empörung bis zu aufrechter Bewunderung. Niemand kam jedoch umhin, in ihm einen Meilenstein der Filmgeschichte zu erkennen.

Obwohl der Film in Amerika verboten worden war und die strenge Zensur die Besucherzahl und damit die Einnahmen gemindert hatte, konnten die Schulden zurückgezahlt werden. Und was noch wichtiger war – der Skandal hatte Hedy den Grad an Berühmtheit verschafft, den sie benötigte, um die Aufmerksamkeit von Hollywood auf sich zu ziehen. Als Louis B. Meyer nach Erscheinen des Films London besuchte, nahm er die (von Schönthal eingefädelte) Gelegenheit wahr, um die Schauspielerin zu treffen. Bevor Meyer Europa wieder verließ, hatte Hedy einen Vertrag für Hollywood in der Tasche. Dort wurde sie als Hedy Lamarr zu einem gefeierten Star.

Endlich war die Vorbereitung für unser großes Abenteuer abgeschlossen. Die Verwandten meines Vaters wurden noch besucht, man sagte einander Lebwohl. Dann bahnten wir uns einen Weg durch die Menschenmassen hin zu dem riesigen weißen Schiff, spazierten über den verhältnismäßig fragilen Steg hinauf und standen schließlich an der Reling. Die bunten Papierbänder, die wir in der Hand hielten, verbanden uns noch mit unseren Cousinen am Kai. Lucies ältester Sohn, Richard, war auch da. Ihn hatte ich während meiner mitunter doch längeren Aufenthalte in Sydney in den letzten beiden Jahren näher kennengelernt. Er war von Neuseeland nach Sydney gekommen, wo er beim Snowy River Staudammprojekt zu arbeiten begonnen hatte. Natürlich besuchte er Onkel Gustav und Tante Marianne des Öfteren in seinen Arbeitspausen. Er war dreiundzwanzig Jahre alt und damit ungefähr im selben Alter wie unsere drei Cousinen.

Bei seinen Besuchen hatte er sich immer auch Zeit für mich genommen, um mich aufzumuntern und mir Mut zuzusprechen. Er hatte auch meine Bilder sehr gelobt und mir von seiner Arbeit als

Ingenieur erzählt, die mich damals ein wenig an meine eigenen Bauprojekte auf unserer Farm erinnert hatte. Auch auf Ausflüge hatte er mich mitgenommen. Jetzt hielt ich die bunten Papierbänder in meiner einen schweißnassen Hand, mit der anderen presste ich ein Geburtstagsgeschenk, das ich von Richard bekommen hatte, an mich: ein zweiundsiebzigteiliges Lakeland Buntstift-Set und ein Buch über die Abenteuer des legendären Cowboys Tom Mix.

Dann legte das Schiff vom Kai ab. Die bunten Bänder zerrissen, Richard und unsere Cousinen winkten, wurden immer kleiner und verschwanden dann ganz.

Das Leben an Bord der *Oceania* folgte einer beglückenden Routine. Es gab zwar nur sehr wenige Kinder an Bord, aber daran waren Dawn und ich ja gewöhnt. Zwei blonde amerikanische Burschen, die ungefähr in unserem Alter waren und sich anfänglich über unsere vorsichtigen Annäherungsversuche gefreut hatten, wurden von ihren Eltern zurückgepfiffen. Bettina erklärte uns schließlich, dass sie vermutlich nicht mit uns spielen durften, weil wir dunkle Haare hatten. Offenbar hielten die Eltern uns für Aborigines oder Zigeuner. Jedenfalls wollten sie keine »Kontamination« riskieren. Vater konterte darauf in seinem breitesten irischen Dialekt: »Klar, ich werde ihnen lieber nichts von meiner Mutter in der alten Heimat erzählen, sie könnten vor Angst glatt über Bord springen!« – Wir brüllten vor Lachen. Die zwei Jungs waren in ihrem Aktionsradius zudem stark von einer Person eingeschränkt, die sie »Nanny« nannten. Wir fanden das äußerst seltsam und bedauerten die Kinder, die bei unseren Abenteuern nicht mitmachen konnten.

Meine Eltern freundeten sich jedoch bald mit einem mitreisenden Ehepaar an, Irene und John Vincent, die praktischerweise drei Töchter in ungefähr demselben Alter hatten wie Dawn und ich. Sie waren auch blond – wie die beiden Amerikaner –, sahen aber ansonsten ganz anders aus. Irene und John reisten viel und lebten in vielen Teilen der Welt. Sie arbeiteten dort bei den Eingeborenen. Sie forschten, schrieben Bücher und hielten Vorträge über sie. Unsere Ausbildung an Bord des Schiffes veränderte sich, als wir von ihren Erlebnissen, Erfahrungen und Ansichten hörten.

Es gab ein lockeres Übereinkommen, wonach wir fünf Kinder uns jeden Morgen um zehn Uhr auf dem Deck versammeln sollten. Wenigstens ein Elternteil sollte zumindest für zwei Stunden anwesend sein und uns unterrichten. Bettinas Beitrag war die Geschichte des Habsburgerreiches, von dem wir bisher in keiner einzigen Geschichtsstunde in der Schule etwas gehört hatten. Sie erzählte uns auch detailreich vom Wiener Gesellschaftsleben und vom Leben berühmter Künstler, Komponisten und Philosophen. Wir schrieben mit, malten, sahen uns Fotos an und unterhielten uns über das, was wir gerade gelernt hatten. Wir erfuhren, dass es unterschiedliche Währungen und so etwas wie Handelsabkommen gab, und hörten den Erwachsenen zu, wenn sie uns ihre Reiseerlebnisse schilderten.

Mein Vater erzählte uns Märchen und Sagen aus dem Busch, gab uns sein Wissen über das Leben der Aborigines weiter und erklärte uns, wie wichtig sie für ein gesundes Ökosystem des Landes seien. Er wusste um den Rückgang des Weidelandes aufgrund der zu großen Herden in den Gebieten mit wenig Niederschlag und er machte sich Sorgen um den Wasser-Missbrauch. Die Aborigines hatten ihre Wasserstellen, die für sie heilig waren, freigegeben und den Weißen den Zutritt für ihre Herden gewährt – auch für Kängurus, die sich daraufhin zu einer wahren Landplage entwickelt hatten.

Wir breiteten Landkarten und Tabellen vor uns aus, experimentierten mit Lyrik in vielen verschiedenen Sprachen, inszenierten Schlachten und verhandelten über Verträge. Wir waren total begeistert von dieser neuen Form des Unterrichts und warteten jeden Tag begierig auf die nächste Einheit. Manchmal verbrachten wir den Nachmittag damit, eigene Präsentationen für unser Publikum, das uns ja nicht entkommen konnte, vorzubereiten. Das schloss Singen und Tanzen, Stammesrituale, Gerichtsprozesse und was es sonst noch gab, mit ein.

Unsere Eltern profitierten gegenseitig von den unterschiedlichen Erfahrungen der jeweils anderen und nahmen selbst mit der größten Begeisterung an dem Unterricht teil.

Die Nachmittage verbrachten wir relativ unbeaufsichtigt. Wir standen an der Reling und sahen den Wellen zu und lasen Bücher aus der kleinen Reisebibliothek, die wir mitgebracht hatten. Wir tauschten die Bücher untereinander aus und lernten so viel Neues kennen. Ich erinnere mich noch lebhaft an Titel wie »Die Brücke von San Luis Rey«, »Entführt« und »Robinson Crusoe«. Wir spielten Karten und Schach nach unseren eigenen Regeln, damit unsere Jüngste im Bunde, die kaum sechs Jahre alt war, mithalten konnte.

Täglich um sechzehn Uhr stießen wir zu den Erwachsenen, die sich in der riesigen gläsernen Cocktail Lounge aufhielten, von der aus man einen ausgezeichneten Blick über den vorderen Teil des Schiffes hatte. Hier wurden Platten mit köstlichen italienischen Süßigkeiten serviert – »*dolci*«. Bettina versuchte vergeblich, unseren Konsum einzuschränken, mit dem Argument, dass wir nach vier oder fünf solcher *dolci* unmöglich noch Hunger für das Abendessen haben könnten. Mit engelsgleichem Lächeln versicherten wir jedem, dass wir ohnehin nur noch ein einziges Stück davon essen würden. Die *dolci* waren einfach unwiderstehlich.

Um es kurz zu machen: Meine Mutter verbot uns schlussendlich, in die Cocktail Lounge zu kommen. Das hielt sie einen ganzen Tag durch. Mein Vater argumentierte damit, dass niemand auf uns sehen würde, während er in der Cocktail Lounge schlemmte. Zur Verteidigung unserer Völlerei wies er darauf hin, dass er uns noch nie mit einem so gesegneten Appetit hätte essen gesehen. Die Sorge um meine Gesundheit quälte meine Eltern immer noch und schließlich einigten sie sich darauf, dass es wesentlich besser wäre, mich eine Platte *dolci* essen zu sehen, als wieder um jeden kleinen Bissen betteln zu müssen, den ich zu mir nehmen sollte. – Trotz der *dolci* waren wir alle bis zum Abendessen wieder hungrig und verschlangen das köstliche italienische Essen, das uns serviert wurde.

Diese Abendessen am Schiff verliefen äußerst formell. Meine Mutter trug ihre traumhaften Abendkleider und brauchte viel Zeit, um sich fertig zu machen. Unsere Kleider wurden uns vom Bordpersonal bereitgelegt. Damit sie nicht schmutzig oder verdrückt wurden, zogen wir sie erst in der letzten Minute an und präsentierten uns damit unseren Eltern zur Inspektion, gerade rechtzeitig, damit ich noch Joes Fliege binden konnte.

Wir saßen am Tisch des Kapitäns und das bereitete meiner Mutter einigen Kummer, weil sie es in diesem Umfeld schwierig fand, die Tischmanieren meines Vaters zu akzeptieren. Sein ganzes Leben lang war er am Kopf des Tisches gesessen, jedoch weder gerade noch im rechten Winkel zum Tisch, wie sie es hier passend gefunden hätte, sondern mit seinen langen Beinen bequem auf der Seite. Außerdem hatte er seinen Tee immer aus einer Untertasse getrunken – da wurde er schneller kühl – und nicht aus einer zierlichen Porzellantasse, die viel zu klein für seine großen Hände war.

Wenn er sich zu einer Mahlzeit setzte, erwartete er, dass ihm der Tee sofort serviert würde, denn für ihn waren zwei oder drei Tassen mit starkem Tee bei Weitem das Wichtigste nach getaner Arbeit. Geduldig erklärte er den italienischen Kellnern, dass er sich den Tee als Erstes wünschte.

Bettina wies ihn darauf hin, dass Tee hier erst am Ende der Mahlzeit serviert würde und er sich gedulden müsste.

»Und bis dahin kommt man hier um vor Hitze!«, fauchte er. Die italienischen Kellner verbeugten sich, nickten und brachten ihm ein merkwürdiges Sortiment von Schüsseln, Untertassen, Tellern und Tassen, die er schließlich so zusammenstellte, wie es ihm gefiel. Elegant aus einer Untertasse schlürfend, gab er sich seiner eigenen, ganz speziellen Teezeremonie hin.

Der Kapitän, an Raffinessen gewöhnt, beobachtete die Gewohnheiten meines Vaters und folgte seinem Beispiel. Er setzte sich seitlich an den Tisch und trank seinen Tee auch aus einer Untertasse. Meine Mutter konnte das kaum mitansehen. Sie bat meinen Vater inständig, sich anzupassen, jedoch nahmen nun immer mehr Männer am Tisch des Kapitäns die seitliche Sitzposition ein und bestellten ihren Tee zu Beginn der Mahlzeit – mit zwei Untertassen. Ich bin nie dahintergekommen, ob sie sich mit meinem Vater abgesprochen hatten oder es sich um ein stillschweigendes Komplott handelte.

Als die *Oceania* durch den Suezkanal fuhr, wurden wir geweckt, damit wir an die Reling gelehnt beobachten konnten, wie die Schleusen sich hinter uns schlossen und das Schiff langsam auf die nächste Stufe gehoben wurde. Natürlich hatten wir im Verlauf unseres »Unterrichts« schon von dieser technischen Meisterleistung gehört, sie selbst so hautnah zu erleben, war jedoch etwas ganz anderes. Wir waren begeistert.

Wir unternahmen einen Tagesausflug nach Kairo. Die Damen kauften Seidenstoffe und exotische Parfums, während mein Vater uns zu einer Bauchtanz-Vorstellung mitnahm.

Unsere eigenen Bauchtanzversuche raubten uns für die nächsten Monate sämtliche Energie. Mangels kompetenter Anleitung beherrschten wir die verschiedenen Techniken natürlich nicht. Dad fand unsere Bemühungen zum Schreien komisch, und wenn wir das Interesse zu verlieren begannen, ermutigte er uns immer wieder aufs Neue dazu. Er führte uns selbst – ohne eine Miene zu verziehen – ein paar Tanzbewegungen vor. Er wand sich dabei in exotischen Schlangenbewegungen, was meine Mutter, die darum bemüht war, Sitte und Anstand aufrechtzuerhalten, dazu veranlasste, ihm ein warnendes »Joe!« zuzurufen, worauf er dann antwortete: »Zeig *du* es uns doch, Mum. Wie geht das noch einmal?« Lachend tat sie ihm dann den Gefallen und führte uns einen anständigen Bauchtanz vor.

Dad beobachtete sie dabei und sagte dann oft schelmisch grinsend: »Du scheinst nicht den richtigen Dreh raus zu haben, Betty. Dein spanischer Tanz gefällt mir besser, der mit den Tüchern und den Kastagnetten.« – Zweifellos gehörte der zu ihren besten Darbietungen, er war jedoch auch nicht ganz ungefährlich in engen Räumen. Auf unserer Farm hat Mutter uns oft eine Kostprobe davon gegeben. Sie hat dann zumeist eine graue Armeedecke oder ein kariertes Tischtuch durch die Luft gewirbelt, war selbst in wilden Drehungen über den Boden gewirbelt und hatte mit ihren nackten Füßen zum Klappern der Kastagnetten in den roten Staub gestampft. In der Glut der untergehenden Sonne hatte sie uns ein wenig von der Welt der Zigeuner ins Haus gebracht.

Eines Abends klopfte es an unsere Kabinentür. Mein Vater öffnete einem Bekannten, mit dem er sich auf dem Schiff angefreundet hatte. »Komm herein, komm herein, die Ladies üben gerade Bauchtanz!«, sagte er. Hastig zog sich der Herr zurück. Dad zwinkerte Mutter zu und holte Hut und Sakko für die nachmittäglichen Spiele an Deck, zu denen mittlerweile auch Unterricht im Stepptanz gehörte – mit meinem Vater als Lehrer.

Während jener »Konzert«-Nachmittage auf der Farm hatte Vater uns oft mit seinem Fred-Astaire-Programm unterhalten. Wir hatten den Vincent-Mädchen davon erzählt und auf unsere Bitte hin hatte Dad ihnen eine kleine Demonstration gegeben. Davon erfuhren wiederum die Eltern der Mädchen, die zuerst nur zusahen, dann aber ebenfalls am Unterricht teilnahmen. Bald gab es regelmäßig Tanzstunden an Deck. Während dieser ganz speziellen Lloyd-Triestino-Reise haben die Damen der Gesellschaft und ihre würdigen Partner äußerst extravagante Tänze aufs Parkett gelegt, die unterschiedlichen Kulturen und der Vorstellungskraft meines Vaters entsprungen waren und Elemente von Stepptanz und Irish Jig enthielten.

Je näher das Schiff jedoch an Europa kam, desto mehr besann sich meine Mutter auf ihre gesellschaftlichen Verpflichtungen. Es wurde vereinbart, dass der Wiener Walzer exklusiv für den Ballsaal des Schiffes reserviert war, und zwar für die Zeit nach dem Abendessen, wenn Dawn und ich unsere Organdies mit den wirbelnden Röcken trugen.

Als wir an der Reling standen, um zuzusehen, wie die *Oceania* den Suezkanal verließ, erzählte uns Bettina davon, wie sie in Kairo ihren Bruder Otto zum letzten Mal gesehen hatte. Das war vor dem Krieg im Jahr 1937. Von ihren Geschwistern war er derjenige gewesen, der ihr in der Kindheit am nächsten gestanden war. Sie hatten sich das Kinderzimmer und Abby, ihre geliebte Kinderfrau, geteilt. Während ihrer dunkelsten Tage in Cheltenham hatte Otto sie besucht. Er war es auch gewesen, der sie beim Tod ihrer Mutter, ihres Vaters und ihres Bruders getröstet hatte. Otto war ein Rebell gewesen, der es gewagt hatte, die Autorität ihres Vaters infrage zu stellen. Er war ein tollkühner Pilot und ein genialer Ingenieur gewesen. Er war ihr Held gewesen, ihr älterer Bruder und Freund.

Bei einem gesellschaftlichen Anlass mitten in einem überfüllten Raum hatten ihre Blicke einander ganz unerwartet getroffen. Ihres

Wissens nach war er nach Berlin gezogen, nun hatte sie ihn aber in Kairo getroffen. Lachend war er auf sie zugekommen.

»Hast du Geld?«, hatte er gefragt.

»Wofür?«

»Ich brauche Benzin zum Fliegen.«

»Für welche Seite fliegst du?«, hatte Bettina wissen wollen.

»Für die andere.«

»Es tut mir leid, ich habe gerade kein Bargeld dabei«, hatte sie geantwortet.

Sie haben einander nie wiedergesehen.

»Wo ist er jetzt?«, riefen wir im Chor. Wir hatten viele Male gehört, dass er »vermisst« war. Aber Dinge, die man vermisste, tauchten mitunter ja auch wieder auf. Jetzt waren wir ganz in der Nähe von dem Ort, an dem ihn Mutter zum letzten Mal gesehen hatte. Vielleicht würde er ja plötzlich vom Himmel fallen oder aus der Wüste auftauchen und mit seinem Motorrad das Kanalufer entlangrasen. In unserer Fantasie sahen wir ihn lachen und Bettina – und uns – zuwinken. Aber meine Mutter hob ihren Arm nicht zum Winken. Sie rückte einen Schritt näher an meinen Vater heran. Mit leiser, trauriger Stimme wiederholte sie das Wort »vermisst«. Das war die Antwort auf unsere Frage.

In unserer Aufregung bohrten wir weiter. »Wie kann ein Erwachsener einfach verloren gehen? Irgendjemand muss ihn in der Zwischenzeit doch schon gefunden haben!« Bettina versuchte, es uns zu erklären: »In Kriegen gehen viele Menschen verloren – manche findet man nie wieder.« – Wie so etwas passieren konnte, war uns ein Rätsel.

Eines unserer letzten Abenteuer mit den Vincent-Mädchen war unser Ausflug nach Pompeji. Es gibt verblasste Fotos von uns, wie wir in den Trümmern herumklettern, und Aufnahmen von unseren Eltern, die an Ruinen lehnen. Mein Vater hat einen kleinen weißen Marmorsplitter als Erinnerungsstück von dort mitgenommen. Er bewahrte ihn in der Tasche seines Sport-Sakkos auf, manchmal holte er ihn hervor und betrachtete ihn, ganz so, als wollte er die Geschichte, die er zu erzählen hatte, aus der Textur seiner Oberfläche lesen. »Stell dir nur vor«, murmelte er, während er den Kiesel hin- und herdrehte, »stell dir vor, wie sie gelebt haben!«

Baby, die wir auf Bettinas Weisung hin mit »Tante Maria« ansprechen sollten, war den weiten Weg von Wien nach Genua gekommen, um uns abzuholen. Sie war mit einem Auto und einem Chauffeur, der Juraske hieß, angereist. Sie und meine Mutter hatten einander schon vor zwei Jahren wiedergesehen. Im Fokus des zweiten Wiedersehens stand nun das Bekanntmachen mit meinem Vater und mit uns Kindern. Maria von Kozaryn war groß, geradlinig und Ehrfurcht gebietend. Ihr langes, dünnes Haar war zu einem Knoten aufgesteckt. Den Spitznamen »Baby« hatte ihr Bettina verpasst. Er war in jeder Hinsicht unpassend. Baby sprach fließend Deutsch und Französisch, wir fanden bald heraus, dass sie auch sehr gut Englisch konnte. Mühelos unterhielt sie sich mit meinem Vater. Mutter hatte bestimmt, dass Dawn und ich hier in Europa – außer mit unseren Eltern – nur entweder Deutsch oder Französisch reden durften. Daher mussten wir uns bei diesem ersten Besuch darauf beschränken, freundlich zu lächeln. Baby kehrte mit dem Zug nach Wien zurück, um unsere gewaltige Menge Gepäck zu beaufsichtigen. Wir fuhren mit dem Auto weiter und nahmen nur das mit, was wir auf unserer letzten Reiseetappe brauchten.

Wir schlängelten uns durch die Alpen, die sich über uns auftürmten wie Papiermaschee-Berge mit glitzernden, verschneiten Spitzen. Wir fuhren durch winzige Dörfer, die eine fremdartige Bauweise aufwiesen. Die Nächte verbrachten wir in urigen Gasthäusern. Wir konnten unsere Augen nicht abwenden von all dem. Wir waren fasziniert von diesem fremden grünen Märchenland. Es gab dunkle Wälder und Burgen an Berghängen. Jeden Moment konnte ein Drache erscheinen.

Am Ende einer langen Fahrt erreichten wir endlich die Außenbezirke von Wien. Mutter machte uns auf die Meilensteine ihres alten

Lebens aufmerksam. Es waren zu viele, als dass wir ihr hätten folgen können. Schließlich bog der Wagen in eine breite Einfahrt mit Kopfsteinpflaster und überhängenden Bäumen ein. Das Haus am Ende der Auffahrt war drei Stockwerke hoch und hatte kunstvoll verziertes Schmiedeeisen an den unteren Fenstern. Eine Statue des heiligen Leopold, in Ritterrüstung und mit gezogenem Schwert, bewachte die Einfahrt. Wir blieben stehen. Juraske, der Chauffeur, hielt uns die Türen auf und wir kletterten aus dem Auto. Staunend glotzten wir auf die oberen Fenster, hinter denen Zimmer auf uns zu warten schienen.

Meine Mutter holte tief Atem. »So!«, sagte sie. »Wir sind da.«

5
LEBEN IN DER VILLA MENDL

Nach der langen Schiffsreise sausten Dawn und ich im Garten und um die Villa Mendl herum wie Hunde, die man gerade von der Leine gelassen hat. Wir stöberten und schnüffelten in jedem Winkel herum, erforschten, durchsuchten und prüften alles. Dann nahmen wir unser Territorium in Besitz. Das Haus war in zwei große Wohnungen unterteilt worden. Tante Mimi, die Frau von Mutters Bruder Otto, und ihre zwei Kinder, Hans und Eva, wohnten in der einen, während die andere für uns bestimmt war.

Baby hatte hart gearbeitet, um unsere Seite des Hauses herzurichten. Sie hatte ein paar Renovierungsarbeiten durchführen lassen und die Reste der alten Einrichtung zusammengetragen – vom Speicher und von den Besitzungen auf dem Land. Die großen Räume waren dennoch wenig möbliert, aber wunderschön, mit honigfarbenen Parkettböden, hohen Decken, Flügeltüren, großen Fenstern und Wandpaneelen, in denen Einbauschränke versteckt waren. Die Badezimmer waren ein Abenteuer für sich. Es gab drei davon. Eines war als Kohlenlager benutzt worden – entsprechende Entschuldigungen wurden vorgebracht. Dawn und ich staunten über die Größe, die noblen schwarz-weißen Marmorkacheln, die Stufen hinein in die Wanne und die verzierten Hähne und Schläuche – die nicht mehr funktionierten. Es war eine ganze Menge Kohle darin gelagert worden!

Das Badezimmer, das wir benutzten, zweigte vom Schlafzimmer unserer Eltern ab. Es hatte zwei Badewannen, zwei Waschbecken und viel Platz zum Walzertanzen.

Im Erdgeschoß befanden sich die Empfangsräume, das Foyer, die Garderobe, die Toiletten, Mutters großes Büro, das früher ihrem Vater gehört hatte, und der Ballsaal, an dessen langer Wand es französische Fenster und Glastüren, die auf den Balkon hinausführten, gab. Vom Balkon führten Stufen hinunter in den Garten, der für die »Herrschaft« bestimmt war, den »Herrengarten«. Das waren die

Räume, in denen die größten Schätze der Kunstsammlung ausgestellt gewesen waren, bevor die Nazis hier eingezogen waren.

Als wir 1952 hier ankamen, war viel von der alten Aura des Hauses wiederhergestellt. Die Wohnzimmer der Familie befanden sich auf der mittleren Ebene. Hier war meine Mutter, als sie von Cheltenham zurückgekommen war, mit der Geige in der Hand herumgewandert auf der vergeblichen Suche nach ihrer Mutter. Elegant geschwungene Stiegen mit einem verlockend glatt polierten Treppengeländer führten von dem weitläufigen Foyer herauf. Mehrere Küchen, Speisezimmer, Wohnzimmer und Bibliotheken bildeten eine Art Labyrinth, das geradezu danach schrie, von uns erforscht zu werden.

Das oberste Stockwerk beherbergte Kinderzimmer, Personalunterkünfte und Abstellräume. Große Teile des Hauses waren gesperrt, weil Kriegsschäden sie in einem gefährlichen Zustand hinterlassen hatten. Für uns waren sie ein verbotenes Territorium.

Bald kehrte Routine in unserem Leben ein. Bettina musste fast jeden Tag an geschäftlichen Sitzungen teilnehmen. Dawn und ich hatten Lehrer, die versuchten, unseren Mangel an Schulbildung zu beheben. Wir lernten Deutsch, sprachen mit Baby Französisch und führten Tagebücher in französischer Sprache, die sie jeden Tag korrigierte. Um mir die doch mühsame Arbeit zu ersparen, behauptete ich beharrlich, dass es nichts zu berichten gab – zumindest nicht auf Französisch. Unser Mathematiklehrer hatte einen Schnurrbart und eine Vorliebe für das Dezimalsystem, in dem wir keinen Sinn sahen. Wir sahen keine Vorteile in der Umstellung auf das metrische Maßsystem.

Trotz der Versuche, unser Leben in normale Bahnen zu lenken, waren wir meistens im Garten. Als es kühler wurde, wurde der Ballsaal zu unserem bevorzugten Spielplatz. Hier erfanden wir aufwendige Zeremonien für die Krönung von Elisabeth II., die in diesem Jahr stattfinden sollte. Wir hüllten uns in alte, modrige Vorhänge, entwarfen uns Kronen, schrieben endlose Reden, erfanden Rituale und Zeremonien und teilten die vielen Rollen, die dieses ernste Ereignis erforderte, untereinander auf. Jedem, der gerade vorbeikam und ein wenig Zeit hatte, teilten wir eine Statistenrolle zu. Bei diesen

Spielen lernte ich – ganz nebenbei – mehr über die gekrönten Häupter Europas als in sämtlichen Geschichtsstunden.

Begeistert waren wir, als es zu schneien begann. Wir bauten Schneemänner im Garten und warteten ungeduldig auf unser erstes weißes Weihnachten.

Meine Mutter hatte uns die kleine Pfarrkirche schon beschrieben, in der die Familie Mendl jeden Sonntag die Messe besucht hatte und wo sie und Otto ihre Erstkommunion empfangen hatten. Bald nach unserer Ankunft in Wien nahm sie uns dorthin mit, um uns dem Priester vorzustellen und mit ihm über unseren Erstkommunionsunterricht zu sprechen. Ich erinnere mich, wie ich die schmalen Gassen entlangging, von Baby oder meinem Vater begleitet, und an die langweiligen Diskussionen in holprigem Englisch und verwirrendem Deutsch, wenn der Priester uns die Sakramente erklärte und das, was wir zu tun hatten.

In Australien waren Dawn und ich kaum je in die Kirche gegangen – überhaupt waren wir nur sehr selten in der Stadt gewesen. Jedoch selbst wenn wir mit dem in Australien praktizierten Katholizismus vertraut gewesen wären, hätten wir ihn hier nicht wiedererkannt. In Österreich war die Messe eher so etwas wie eine große Theateraufführung mit Musik, Weihrauch und prunkvollen Priestergewändern. Man konnte die ganze Stunde damit verbringen, die wunderbaren Bilder auf den großen Glasfenstern zu betrachten, die ganze Geschichten erzählten. Statuen gab es hier, ein Kirchenschiff und ein Taufbecken. Sämtliche Oberflächen waren mit rituellen Symbolen bedeckt. Sogar die wenigen schmucklosen Steine waren altehrwürdig, manche stammten aus römischer Zeit.

Die Messe war eine hervorragende Quelle, um aus ihr Ideen für unsere Krönungsspiele zu schöpfen. Gott schien uns gewogen zu sein. Wir genossen die Vorbereitungszeit zur Erstkommunion und empfingen sie mit größter Ernsthaftigkeit.

Von Zeit zu Zeit verließen wir Wien, um den anderen Besitzungen meiner Mutter einen Besuch abzustatten. Zum Beispiel fuhren wir zu dem Gutshof in Velm, südlich von Wien, und lebten eine Weile im Bergdorf Veitsch in der Steiermark, wo es eine Molkerei, Waldbesitz und Jagdhütten gab, die alle gewisse Management-Entscheidungen benötigten, die Bettina treffen musste. Für mich und Dawn waren es traumhafte Spielplätze.

Im Sommer und Herbst verbrachten wir Wochenenden und kurze Urlaube in einer mittelalterlichen Burg – Schloss Itter in Tirol –, die auch meiner Mutter gehörte. Diese Festung stand hoch oben auf einem Felsen. Von ihr aus konnte man jede feindliche Offensive in der engen Schlucht tief unten im Tal kontrollieren. Einer bewährten Tradition folgend, war der Zugangsweg äußerst eng und steil und außerdem durch ein Fallgitter blockiert. Die eisernen Gitterstäbe mit ihren gefährlichen Spitzen wirkten bedrohlich auf uns, als wir hindurchgingen. Wir hatten ein ähnliches Fallgitter in einem Film – »Robin Hood« – gesehen und waren begeistert, hier unser eigenes zu haben. Wir hatten das Gefühl, dass die Burg innen leer, kalt und ungemütlich war. Das, was wir als guten Schlafplatz ansahen, gab es hier nicht, dafür aber viel Platz zum Spielen.

Die Burg wurde damals gerade renoviert und zu einem Luxushotel umfunktioniert. Es war dann auch gut gebucht, Bettina beklagte sich später jedoch oft darüber, dass gerade die reichen, berühmten Gäste gelegentlich vergaßen, ihre Rechnungen zu bezahlen. Das großzügige und aufwendige Unternehmen erwies sich letztlich als wirtschaftliche Katastrophe.

Jetzt, da wir in Österreich waren, wurde meiner Mutter schlagartig bewusst, wie ahnungslos Dawn und ich waren, was unsere österreichische Familie und vor allem die Verdienste unseres Großvaters anging, auf die Bettina stets sehr stolz gewesen war. Dazu war sie schließlich auch erzogen worden. So nutzte sie nun jede Gelegenheit, um die Familiengeschichte, die wir bis dato nur sehr vage gekannt hatten, um interessante Details zu ergänzen.

Mein Großvater sei als junger Mann bei der Armee gewesen, hätte sich dort aber nicht gut benommen, erzählte uns meine Mutter. Er hatte Gitarre gespielt und Lieder komponiert – und die Texte waren nicht gerade schmeichelhaft für hochrangige Offiziere gewesen. So war er nach Ungarn versetzt worden, wo es weniger wahrscheinlich war, dass jemand seine deutsche Lyrik verstehen würde.

Einer seiner Freunde war Ingenieur gewesen. Er war von der Regierung damit beauftragt worden, die Gefahren zu untersuchen, denen die Arbeiter aufgrund von neuen Maschinentypen ausgesetzt waren – Maschinen, die immer mehr zum festen Bestandteil der modernen Industrie geworden waren. Dieser Freund hatte meinem Großvater von den fürchterlichen Bedingungen erzählt, unter denen damals Brot erzeugt wurde. »Du würdest es nicht essen, wenn du das wüsstest«, hatte er ihm versichert.

Die Bäcker würden in langen Schichten arbeiten und oft während der Arbeit vor Erschöpfung auf Mehlsäcken einschlafen. Sie pissten gelegentlich auch hinter die aufgestapelten Mehlsäcke und kämen zum Teigkneten zurück, ohne sich vorher die Hände gewaschen zu haben. Sie hätten ihre Hände viele Stunden lang in dem feuchten Hefeteig und trügen Hautinfektionen davon. Krusten bildeten sich, die sich ablösten und in den Teig mischten. Überall seien Ratten. Das fertige Brot würde auf offenen Pferdewagen ausgeliefert und lange vor den Häusern der Kunden auf der Straße stehen gelassen, gänzlich ungeschützt vor dem Straßenstaub und etwaigen Bakterien.

Mein Großvater hatte eine Entscheidung getroffen. Er wollte einen neuen, gesünderen Weg einschlagen, um Brot herzustellen. Er hatte beschlossen, eine kleine Bäckerei in Wien zu kaufen, und war zu seinen Eltern gegangen, um sie um etwas Geld zu bitten. Seine Eltern hatten ihm aber keines gegeben, weil er bislang sehr unverlässlich gewesen war. Sie hatten Angst gehabt, er würde es wieder verschwenden.

Jedoch hatte damals gerade ein Freund meines Großvaters ein großes Vermögen geerbt. Er war Bühnenschriftsteller und hatte keine unmittelbare Verwendung für seinen unverhofften Reichtum gehabt. So hatte er meinem Großvater angeboten, ihm so viel zu leihen, wie er benötigte. Die Eltern meines Großvaters waren jedoch bei dem Gedanken an einen möglichen Skandal, falls das Unternehmen keinen Erfolg haben sollte und mein Großvater das Geld nicht zurückgeben könnte, erschrocken und hatten ihm schlussendlich doch das benötigte Kapital zur Verfügung gestellt. Mit seinem Bruder Heinrich hatte er nun die kleine Bäckerei gekauft, die heute noch immer unter dem Firmennamen arbeitet, den er dem Unternehmen gegeben hat – Ankerbrot.

Nachdem er das Backen erlernt und Organische Chemie studiert hatte, hatte er ein Labor eingerichtet, Brot erzeugt und sogar die Brotwagen und Öfen für die Bäckerei entworfen – seine Entwürfe benützt man heute noch. Damals hatten die Leute, wie gesagt, noch keine Vorstellung von Hygiene gehabt. Mein Großvater hatte von der Bäckerei getrennte Nachtquartiere für die Arbeiter einrichten lassen und Badezimmer und Duschen für sie installiert.

Die Bäckerei hatte nur sechs Öfen gehabt und auf Hochtouren in drei Schichten pro Tag gearbeitet. Sie war so gut gegangen, dass mein Großvater schließlich die Großbäckerei hatte gründen können. Die Herausforderung war dabei gewesen, ein so enorm großes Dach zu bauen, das in der Lage sein musste, sich unter der Hitze der Öfen noch auszudehnen. Er hatte eigens dafür ein Betondach mit einem Scharniergelenk in der Mitte erfunden, das diesen Anforderungen gerecht geworden war. Die neue Fabrik war zu einem großen Erfolg geworden. Nirgends auf der Welt hatte es auch nur etwas Ähnliches gegeben. Die Leute kamen von weit her – sogar aus Russland –, um sie zu besichtigen.

In der Fabrik hatte es die Tradition gegeben, zu Weihnachten und zu Ostern ein spezielles Brot für die Arbeiter zu backen. Jeder einzelne hatte einen großen, dicken Brotlaib bekommen, oft war es jedoch vorgekommen, dass die Arbeiter das Brot verkauften, anstatt es nach Hause zu bringen. Vor der Fabrik hatten Menschen mit kleineren Wertgegenständen gewartet, die sie gegen einen Laib dieses köstlichen Brotes eintauschen wollten. Mein Großvater hatte daraufhin beschlossen, dieses besondere Brot auch für den Verkauf zu produzieren. Er hatte auch »Kra-Kies«, ein stangenförmiges Vollkorn-Trockengebäck produziert, ferner Semmeln, Rosinenbrötchen, Zwieback und Hefegebäck. Später hatte Ankerbrot auch Kuchen hergestellt.

Mein Großvater hatte auch, um die Arbeitsbedingungen zu verbessern, den Hügel hinter der Fabrik gekauft und jedem Arbeiter einen kleinen Garten von zirka 200 Quadratmetern zur Verfügung gestellt, in dem er Obst und Gemüse anbauen konnte. Der Gärtner der Villa Mendl, Anton Eipeldauer, hatte den Arbeitern Unterricht im Gartenbau gegeben und sie mit Setzlingen aus den Gärten der Villa versorgt.

Mutter erzählte uns, dass die Sozialdemokraten meinen Großvater dafür gehasst hätten. Er hatte ihnen den Wind aus den Segeln genommen, wenngleich sein Agieren auch nicht politisch motiviert gewesen war. Er hatte eben eine Notwendigkeit zur Veränderung gesehen und seine Arbeiter wirklich geliebt.

Dawn und ich verstanden nichts von Politik, aber wir hörten höflich zu.

Während des Ersten Weltkrieges hatten Ungarn und Böhmen kein Getreide mehr nach Österreich geliefert. Sie hätten ihre Schweine mit Weizen gefüttert, während sie hier am Verhungern gewesen wären, erzählte meine Mutter weiter. Eine Regierungsabordnung war nach Budapest entsandt worden, um mit dem ungarischen Ministerpräsidenten zu sprechen. Dieser schlaue, durchtriebene Mann hatte – elegant plaudernd – den Abgeordneten beim Abschied versprochen, in Zukunft etwas mehr Getreide zu liefern.

Obwohl mein Großvater keine offizielle Regierungsposition innegehabt hatte, war ihm damals die Verantwortung für die Lebensmittelverteilung in Wien übertragen worden. Als er gesehen hatte, dass die offizielle Abordnung keinen Erfolg gehabt hatte, war er in sein Auto gestiegen und selbst nach Budapest gefahren. Er hatte Graf István Tisza, den ungarischen Ministerpräsidenten, getroffen und mit ihm um einen Güterzug voll Getreide gefeilscht. Dann hatte er in Österreich alle verfügbaren Waggons samt Lokomotive aufgetrieben, Arbeiter eingestellt, um den Zug zu beladen, und Silos organisiert, um das Getreide unterzubringen.

Als eine Geste der Wertschätzung hatte der Kaiser ihm einen Titel angeboten, mein Großvater hatte jedoch abgelehnt – er sei der Ansicht gewesen, dass eine Person ihren Wert durch das bewies, was sie tat, nicht durch die Titel und Abzeichen, die sie trug. Stattdessen hatte der Kaiser ihm dann eine Miniatur – die Nachbildung des alten Habsburger Ordens vom Goldenen Vlies – überreicht.

Auch nachdem der Krieg vorbei gewesen war, waren die Lebensmittel äußerst knapp. Die Familie Mendl hatte getan, was in ihrer Macht stand, um zumindest alle Kinder im Bezirk zu versorgen. Sie waren mit ihren Tellern und Löffeln gekommen und hatten so viel Suppe und Brot erhalten, wie sie nur essen konnten. Für manche war das die einzige Mahlzeit am Tag. Die Kinder hatten sich in den Hof gesetzt und der Koch hatte einen enorm großen Topf auf Rädern herausgerollt und das Essen mit einem riesigen Schöpflöffel ausgeteilt. Weder ein Tropfen Suppe noch ein Krümel Brot waren verschwendet worden.

Meine Mutter und ihre Geschwister hatten nicht mehr essen dürfen als all die anderen Kinder. Obwohl mein Großvater für die Lebensmittelversorgung der Stadt verantwortlich gewesen war, hatte sein Sinn für Gerechtigkeit verlangt, dass seine Familie keine Extraration erhielt. Sie hatten wie alle anderen mit einem kleinen Sack Brot auskommen müssen. Alle zwei Wochen hatte es einmal Zucker gegeben. Gelegentlich hatten die Dienstboten zusätzliches Essen bekommen und etwas davon zu meiner Mutter und ihren Geschwistern geschmuggelt. Jedoch an den meisten Abenden waren sie hungrig zu Bett gegangen. Mutter seufzte, wenn sie sich an den Hunger ihrer Kindheit erinnerte: »Ich bin wirklich verkümmert, im Wachstum zurückgeblieben. Ich bin kleiner als andere Leute – großer Kopf, großer Bauch.«

Eines Tages war ein Abgeordneter zum österreichischen Reichstag, Jodok Fink, der Leiter des Amtes für Volksernährung, gekommen, um meinen Großvater zu besuchen, ein gut aussehender Mann mit weißem Haar und blauen Augen, schlank und sehr, sehr lebhaft. Er hatte gesehen, wie unterernährt die Kinder des Hauses waren. Bei seinem nächsten Besuch hatte sein Chauffeur einen Käselaib, groß wie ein Autoreifen, aus seinem schwarzen Wagen in den Innenhof der Villa Mendl gerollt. Herr Fink hatte meinem Großvater eingeschärft, dass der Käse für seine Kinder bestimmt sei, und zwar nur für seine. »Oh, wie wir alle diesen Käse genossen haben!«, erinnerte sich meine Mutter.

Sie beschrieb auch ihre Schulzeit in der Villa Mendl. Lucie und Marianne waren von Gouvernanten unterrichtet worden. Für meine Mutter hatte meine Großmutter jedoch schon eine Privatschule im Garten der Villa Mendl errichten lassen, eine moderne Schule. Sie hatte ein paar junge Lehrer ausgewählt und sie unter die Leitung eines Mannes, der Yoden hieß, gestellt. Er war ein herausragender Lehrer gewesen, der Onkel von Konrad Lorenz, der später den

Nobelpreis bekommen hatte. Er und seine Frau hatten ebenfalls an der Schule unterrichtet. Es war ein fabelhafter Ort zum Lernen gewesen. Nach den Erzählungen meiner Mutter seien viele Kinder, die aus dieser Schule hervorgegangen sind, später weltberühmt geworden.

Als Kind war ich hin- und hergerissen zwischen Beschämung und Unglauben, wenn ich meiner Mutter beim Erzählen zuhörte. Insgeheim beschuldigte ich sie der geradezu geschmacklosen, dramatischen Übertreibung oder ich unterstellte ihr, die Geschichten frei erfunden zu haben. Aufgrund unumstößlicher Beweise, die gelegentlich auftauchten, stellte sich jedoch oft heraus, dass sie mitunter sogar untertrieben hatte. Oft wollte ich ihre Erinnerungen nicht teilen. Ich fühlte mich, als ob ich über ihr Leben richten müsste. Ich wollte nur die klaren, für uns nachvollziehbaren Passagen ihrer Geschichte akzeptieren.

Meine Mutter erzählte uns, ihr Vater hätte geplant, die Familiendynastie durch seinen ältesten, gleichnamigen Sohn auszubauen. Der junge Fritz war sieben Jahre älter als Bettina und war sorgfältig auf seine Rolle vorbereitet worden, was seinen Neigungen alles andere als entsprochen hatte. Er war groß gewachsen gewesen und dünn, mit feinen, sensiblen Gesichtszügen, und hatte viel lieber Maler werden wollen. Meine Mutter erzählte uns, dass er bei Kokoschka studiert und Kokoschka ihn für äußerst begabt gehalten hätte. Seine Bilder waren von einem Salon in Paris angenommen und unter einem Pseudonym ausgestellt worden. – Fritz war nicht annähernd so ehrgeizig wie sein Vater gewesen. Ihn hatten die Politik und die subversiven Taktiken, die die Entwicklung von Ankerbrot immer wieder behinderten, eher verwirrt als alles andere.

Die Geschichten, die Mutter uns in Wien erzählte, wurden um die Kommentare von Mucki und Agathe ergänzt. Agathe war in jenen Zeiten eine Seelenverwandte des jungen Fritz gewesen. Oft schienen die Einwürfe der Erwachsenen den Geschichten meiner Mutter eine zusätzliche Dimension zu verleihen, dann erinnerte man sich aber daran, dass wir anwesend waren, tauschte nach einem »*Aber* – das ist jetzt genug!« vielsagende Blicke und beschränkte sich beim Weitererzählen wieder auf die Version, die für uns Kinder passend erschien. Manchmal wurden wir auch fortgeschickt, unter dem Vorwand, dass wir irgendeine Hausarbeit erledigen sollten, damit das aufgeworfene Thema offen ausdiskutiert werden konnte. Wir nutzten diese Unterbrechungen dazu, den allzu komplexen und für uns langweiligen Geschichten über Politik und andere Dramen zu entgehen. Sie interessierten uns gar nicht.

Mein Großvater Fritz war – was seinen Sohn anging – enttäuscht und voll der Kritik gewesen. Statt dass die beiden einander in diesen schwierigen Zeiten unterstützt hätten, hatten Vater und Sohn einander angeklagt, sich gegenseitig mit Beschuldigungen das Leben schwer gemacht und schließlich jeden Kontakt vermieden. Für beide war meine Mutter eine verlässliche Vertraute geworden. Sie hatten sie beide geliebt. Bettina hatte die unterschiedlichen Sichtweisen verstehen können, war aber nicht in der Lage gewesen, den Bruch zwischen Vater und Bruder zu kitten. Die wachsende Spannung nach dem Tod ihrer Mutter hatte bei dem jungen Fritz schließlich zu einem schweren Nervenzusammenbruch geführt. Meine Mutter hatte sich in die Behandlung eingemischt, weil sie gesehen hatte, dass sein Zustand sich verschlechtert hatte. Sie hatte ihn nach Hause gebracht, um ihn zu pflegen. Nun hatte er sich zur Gänze darauf verlassen müssen, dass sie ihn vor der grausamen Missachtung ihres Vaters schützte.

Fritz senior war zunehmend frustriert gewesen, weil er weder in der Lage gewesen war, seine Arbeit effektiv fortzusetzen, noch seinen ältesten Sohn dazu zu bringen, die Verantwortung für Familie und Firma zu übernehmen. Knapp zwei Jahre nach dem frühen Tod seiner Frau im Jahr 1928 war er an einem Herzanfall gestorben. Sein Erbe, Fritz, der nach außen hin angesehen gewesen war und als verantwortungsvoll gegolten hatte, hatte sich hinter dieser Fassade fast gänzlich auf Bettinas Unterstützung verlassen. In schlaflosen Nächten war er oft auf der Suche nach ihr durch das Haus gewandert, war zu ihr ins Zimmer gekommen und hatte sie entweder aufgeweckt oder war nur still neben ihr gesessen und hatte sie beim Schlafen beobachtet. Bettina hatte diese Übergriffe beängstigend gefunden. Fritz hatte stets wissen wollen, wo sie sich befand, und er hatte an Panikattacken gelitten, wenn sie nicht bei ihm war. Er war zusehends eifersüchtiger auf ihre Freunde geworden und hatte ihre sozialen Kontakte eingeschränkt, so gut er konnte. Wenngleich meine Mutter auch Verständnis für diese Symptome gehabt und mit einer engelsgleichen Geduld auf Besserung gehofft hatte, war sie doch eine Gefangene der innerfamiliären Umstände gewesen.

Als sich die Situation endlich zu entspannen schien, war es zu einer tragischen Wendung gekommen. 1931 hatte Bettina Fritz dazu ermutigt, mit ein paar Freunden für eine Woche zum Skifahren in die Berge zu fahren. Sie hatte sich eine weitere Besserung seines Zustands davon erhofft. Fritz war ein exzellenter Skiläufer gewesen und auch das Wetter schien perfekt. Er hatte wieder etwas von seiner alten Verwegenheit zurückgewonnen und die Herausforderung zu einem Abfahrtsrennen angenommen. Irgendetwas war jedoch schiefgegangen, Fritz war schwer gestürzt und mit der Rettung nach Wien gebracht worden. Von inneren Verletzungen war da die Rede gewesen, von einer Entzündung – dann war er, nur acht Monate nach seinem Vater, gestorben.

Otto Mendl, Bettinas jüngerer Bruder, hatte als das schwarze Schaf der Familie gegolten. Er hatte Fritz zwar ähnlich gesehen, war aber wesentlich aufsässiger und auch belastbarer. Frühe Fotografien zeigen seine Züge, manchmal von Humor gemildert, dann wieder von Selbstvertrauen gestärkt. Otto war ein brillanter Ingenieur und Flugzeugbauer gewesen, jedoch hatten lebensanschauliche Differenzen mit seinem Vater ihn dazu gezwungen, das Haus noch sehr jung zu verlassen.

Im ersten Jahr seines Ingenieursstudiums hatte er den obligatorischen perfekten Würfel gefeilt und damit den klassischen Test für sein technisches Können bestanden. Stolz hatte er seinem Vater den Würfel präsentiert und ihn ihm zum Geschenk gemacht. Fritz Mendl hatte daraufhin den Würfel vermessen und festgestellt, dass er um Haaresbreite von dem perfekten Maß abwich. Diese Ungenauigkeit hatte ihn auf die Palme gebracht: »Du musst entweder ein Lügner oder ein Narr sein, mir einen solchen Mist anzubieten! Weder dich noch ihn möchte ich in meinem Haus haben!« – Ein heftiger Streit war entflammt und völlig außer Kontrolle geraten, bis Otto das Haus schließlich verließ. »Wir waren alle sprachlos, fassungslos, wie betäubt«, erzählte uns meine Mutter. »Otto hat das Haus ohne ein Wort verlassen. Er hatte so hart gearbeitet und das war das Ergebnis. Wir waren völlig verzweifelt und aufgelöst, aber wir wussten auch, dass man mit meinem Vater nicht gut reden konnte. Otto hatte nicht den Mut, etwas zu sagen. Er hat meinen Vater nie wiedergesehen. Als mein Vater im Sterben lag, war Otto im Nebenraum. Mein Vater fragte nach Otto und wir versuchten, Otto zu ihm ins Zimmer zu bringen, er wollte jedoch nicht zu ihm. Es war schrecklich – sie litten beide Todesqualen.«

Otto hatte sein Studium abgeschlossen, dennoch hatte Fritz Mendl seine Liebesheirat im Alter von einundzwanzig Jahren als den endgültigen Beweis für Ottos hoffnungslose Dekadenz angesehen. In aufrichtiger Sorge um Bettinas Wohlergehen hatte er ihr jeden weiteren Kontakt zu Otto verboten. Hin- und hergerissen von ihrer Verbundenheit zu beiden hatte sie dieses Verbot nicht halten können und Otto und Mimi – von Schuldgefühlen geplagt – besucht oder heimliche Treffen an Straßenecken mit ihrem Bruder vereinbart, ganz so wie damals im Internat. Als persönliche Rechtfertigung hatte sie sich zurechtgelegt, dass sie versuchen musste, das familiäre Zerwürfnis zu heilen, und dass es ihre Aufgabe war, die Mendl-Verbindungen für Ottos und Mimis bezauberndes Baby Hans aufrechtzuerhalten. Er war immerhin Fritz seniors erster Enkelsohn.

In dieser entscheidenden Zeit ihres Lebens war Bettinas Verhältnis zu ihrem Vater und zu ihrem Bruder durch Intrigen und Lügen getrübt worden. Es war ein Leichtes gewesen, Mimi daran die Schuld zu geben, die sie aus ihrer Rolle als Ottos Vertrauensperson verdrängt hatte und sich in ihrer neuen Position wohlzufühlen schien.

Ungefähr 1932 war Otto mit seiner schönen blonden Mimi nach Berlin übersiedelt, in eine Stadt, die ihm damals mehr Möglichkeiten hinsichtlich seiner Leidenschaft fürs Fliegen und für die Konstruktion von Flugzeugen geboten hatte – und damit ein Einkommen, das seine kleine Familie ernährte. Für Otto war nämlich nur der Pflichtteil des Mendl-Vermögens übriggeblieben, der letztendlich an seine

Kinder überging. Fritz senior hatte Bettina jeden Kontakt mit Otto verboten. Sie vermisste ihn für den Rest ihres Lebens schrecklich.

Der Tod ihres Bruders Fritz war die letzte Tragödie gewesen, die Bettina zur Haupterbin der Familie gemacht hatte. Mit zweiundzwanzig hatte sie die volle Verantwortung für das Unternehmen – und gigantische Erbschaftssteuern zu zahlen. Sie war allein gewesen, ohne irgendwelche Erfahrungen in der Führung eines so riesigen Unternehmens, und hatte ganz deutlich eine starke Verpflichtung ihren beiden verheirateten Schwestern Lucie und Marianne gegenüber gefühlt. Sie waren beide dem allumfassenden Ehrgeiz ihres Vaters entkommen, indem sie Männer geheiratet hatten, die er als »riskante Verbindungen« betrachtet hatte. Wie Otto hatten sie nur einen kleinen Teil des Vermögens ihres Vaters in Form von Ankerbrot-Aktien erhalten. Die Dividende hing von Bettinas Fähigkeiten ab.

Bettina hatte sich auch Otto, dem treuen Gefährten ihrer Kindheit, der sie regelmäßig in England besucht hatte und ihr engster Vertrauter in ihrer Not dort gewesen war, gegenüber verpflichtet gefühlt. Unglücklicherweise war Bettina eifersüchtig auf Mimi gewesen. Und es war ihr wohl bewusst, was es bedeutete, im Berlin der Dreißigerjahre Flugzeugingenieur zu sein. Das hieß, für Hitlers Luftwaffe zu arbeiten. Vielleicht hatte sie sich das nicht eingestehen wollen.

Um keine Langeweile bei meinem Vater aufkommen zu lassen, während meine Mutter bei ihren Ankerbrot-Sitzungen war, organisierte sie ihm einen Golftrainer. Er gab sich Mühe, das notwendige Interesse aufzubringen, übte fleißig, um meiner Mutter eine Freude zu machen, um seine Muskeln zu trainieren und ein bisschen Bewegung zu haben.

Sein Coach berichtete, dass er gut spielte, mein Vater hörte jedoch wieder damit auf. Er war nie mit dem Herzen dabei gewesen. Er erzählte meiner Mutter, dass er keinen Sinn darin sehen könnte, einen kleinen Ball quer über das ganze Spielfeld zu schießen und dann meilenweit herumzuwandern, um ihn wiederzufinden. Er fand etwas anderes in Wien, das ihn mehr faszinierte: Trabrennen. Er kaufte ein Pferd, eine magere, kleine Stute, in die er sich bei einer Versteigerung beim Pferdeabdecker verliebt hatte. Sie war schmal und unterernährt und Dad hob seine Hand, um zu bieten – und fand sich als ihr Besitzer wieder. Er nannte sie »Felsenquelle« nach dem kleinen Bach in Tarpoly, der aus einer Felsenquelle gespeist wurde.

Bald ging mein Vater jeden Tag vor Tagesanbruch zur Trabrennbahn. Er trainierte und pflegte das Pferd und fuhr mit dem Sulky. Er fand einen Weg, sich mit anderen Trainern und Besuchern zu unterhalten. Seit der Besetzung Wiens durch die Alliierten und der Notwendigkeit, mit britischen und amerikanischen Behörden zu kommunizieren, sprachen die meisten Einheimischen ein bisschen Englisch. Mein Vater hatte sich selbst ein paar Grundlagen in Deutsch beigebracht und war imstande, sich über Strategien auszutauschen und Seemannsgarn zu erzählen. Ich erinnere mich nicht daran, dass »Felsenquelle« im Unterschied zu anderen Pferden von ihm viele Rennen gewonnen hätte, dennoch blieb sie immer der Liebling meines Vaters und machte ihm mehr Freude als viele andere Pferde, die einen eindrucksvollen Stammbaum aufwiesen.

Nachmittags kam Vater heim und spielte mit Dawn und mir Kricket, weil er das Gefühl hatte, dass wir ein bisschen Erholung bräuchten. Trotz seines Unterrichts konnten wir den Ball noch immer nicht auch nur halbwegs geschickt schlagen und werfen. »Das macht nichts – ihr lernt es schon «, versicherte er uns. Weil die Muskulatur in meinen Beinen noch immer degeneriert war, musste ich Fahrradfahren lernen. Dad übte mit mir auf den Wegen, die sich durch den Herrengarten schlängelten. Dawn war die bei Weitem bessere Fahrerin, sie machte Hochtempo-Runden, hatte wundervolle, athletische Beine und mein Vater schwärmte: »Sie sollte für die Olympischen Spiele trainieren!« – Das sagte er immer zu uns, wenn es an der Zeit war, die Räder abzustellen.

Am Abend gingen meine Eltern oft aus. Sie kamen in ihren eleganten Abendroben zu uns ins Zimmer, um uns einen Gutenachtkuss zu geben, und sahen aus wie Mitglieder königlicher Familien – ganz wie die Figuren in unseren Krönungszeremonien.

Dawn und ich fühlten uns geborgen in der Obhut von Tante Maria. Wir schliefen in demselben Raum, den meine Mutter vor vielen Jahren mit ihrem Bruder Otto geteilt hatte. Während wir langsam in den Schlaf glitten, war es leicht, daran zu glauben, dass es Kräfte gab, so sicher und unfehlbar wie die Schwerkraft, die die Welt zurück ins Gleichgewicht bringen würden – sogar nach einem Krieg.

Das Wien von 1952, in das meine Mutter uns gebracht hatte, erholte sich langsam von den Folgen des Krieges. Zweifellos waren bereits enorme Fortschritte in Bezug auf Wiederaufbau und Reparaturen gemacht worden, für uns jedoch, die wir nicht an Bilder von Zerstörung und Verwüstung gewöhnt waren, waren die Schäden überall zu erkennen. Es gab kaum ein Gebäude, an dem es nicht Spuren von Bombeneinschlägen gab, und zwischen den Häusern, die stehen geblieben waren, gab es häufig klaffende Löcher, wie Zahnlücken, manchmal mit Holzplanken abgedeckt, um die Leute vor den versteckten Gruben und Tümpeln zu schützen, die darauf warteten, repariert zu werden.

Wien stand unter der Verwaltung der vier alliierten Streitmächte: England, Frankreich, Amerika und Russland. Die Stadt war in vier Zonen unterteilt worden, jede wurde von einer anderen Streitmacht regiert. Diese Zonen waren wie nationale Grenzen markiert. Bei jeder Ein- und Ausreise musste man seinen Ausweis vorzeigen. Jeder der Alliierten verlangte entsprechend eigener interner Regeln andere Papiere. Ein einfacher Ausflug quer durch die Stadt erforderte daher mindestens vier separate Sätze von Ausweispapieren. Für die Einreise in die russische Zone brauchte man ein Dokument, das als »Graue Karte« bezeichnet wurde. Die russischen Grenzbeamten veranstalteten die strengsten Durchsuchungen und Verhöre. Wir hörten viele Geschichten von Leuten, die aus dem Auto aussteigen mussten, verhört, gefangen genommen oder geschlagen wurden. Manche sind einfach verschwunden und man hat sie nie wiedergesehen. Wir vermieden die russische Zone, wann immer wir konnten, Ankerbrot lag jedoch in der russischen Zone und meine Mutter musste fast täglich dorthin in ihr Büro.

Bei einer solchen Gelegenheit, als wir alle in die russische Zone einreisten, holte unser Chauffeur, Herr Juraske, unsere Grauen Karten heraus und gab sie uns, als wir uns dem Schlagbaum näherten. Jeder von uns hatte seine eigene Karte, für den Fall, dass wir getrennt werden sollten. Was immer geschehen mochte, wir waren dazu angehalten, still und höflich zu bleiben und keinesfalls zu streiten oder zu schreien. Schweigend pflegten wir dem Wachposten unsere Karten zu überreichen, wenn er zu uns ans Fenster trat, dann wurden wir durchgewinkt. Während ich darauf wartete, dass der Beamte meine Karte prüfte, war sein Gesicht oft nur einen Meter von meinem entfernt und ich konnte den derben Stoff seiner Uniform und sein rosiges Gesicht sehen – mit Augen, die manchmal eine fast kindliche Freundlichkeit offenbarten, die Stimmen waren jedoch immer grob und unwirsch.

»Sie sind ein bisschen wie Kinder. Glaubst du, dass sie jemals Lesen gelernt haben?«, meinte mein Vater.

Bei einer Gelegenheit, als wir wieder einmal den russischen Sektor verlassen wollten, sagte Juraske nach dem üblichen Grauen-Karten-Zeremoniell mit ruhiger, tonloser Stimme: »Geht in Deckung. Das könnte gefährlich werden!«

Meine Mutter, die vorne saß, fuhr herum und drückte unsere Köpfe nach unten. Ich konnte gerade noch einen Fahrradfahrer erkennen, der von hinten auf uns zukam, sich sehr nahe neben mich stellte und offensichtlich auf eine Chance wartete, um zu fliehen. Als unser Auto sich in Bewegung setzte und auf das Tor zurollte, das sich vor uns öffnete, begann der Mann, wie wild in die Pedale zu treten. Unser Auto war zwischen ihm und dem Wachposten. Juraske ließ sich Zeit. Der Radfahrer war jetzt auf gleicher Höhe wie wir und hielt mit uns Schritt. Ich war sicher, dass er sich an einem Teil des Wagens festhielt, um die Geschwindigkeit halten zu können. Mir schien es, als ob wir die fünfzig Meter über den offenen Platz kriechen würden, der zwischen dem russischen Schranken und dem nächsten Grenzposten lag, der in das Territorium der anderen Alliierten führte. Dann fiel ein Schuss von hinten. Ich hob den Kopf und sah das Gesicht des Radfahrers blass werden, dann fiel er zurück, stürzte vom Rad und lag der Länge nach ausgestreckt quer über dem Kopfsteinpflaster. Wir glitten zum nächsten Checkpoint. Mein Vater griff nach vorne und legte seine Hand auf Juraskes Schulter. Es wurde kein Wort gesprochen.

Der Krieg hinterließ auch andere Narben. Ich erinnere mich an ein Gespräch zwischen meiner Mutter und Mucki, das ich zufällig aufgeschnappt habe. Meine Mutter weigerte sich, eine Einladung von einem alten Freund der Familie anzunehmen.

Mucki sagte gerade: »Aber sicher, Bettina, du könntest ein bisschen nachgiebiger sein. Er wünscht sich so verzweifelt, dich wiederzusehen.«

»Er kann es sich ja wünschen«, antwortete meine Mutter verbittert.

»Aber warum nicht?«, plädierte Mucki mit ihrer süßesten Stimme. Niemand sonst hätte es gewagt, eine Begründung von meiner Mutter zu verlangen.

»Er war ein Erz-Nazi«, antwortete Bettina. »Ich will keinen Kontakt mit ihm haben.«

Mucki wagte das Unvorstellbare noch einmal, in schmeichelndem Ton bohrte sie weiter: »Könntest du dich nicht irren? Es ist für mich so schwer zu glauben. Er war ein so enger Freund der Familie – natürlich war ich damals viel jünger als du und habe wahrscheinlich nicht alles verstanden. «

Bettina antwortete mit einer Geduld, die sie nur für Mucki reserviert hatte, jedoch mit unerbittlicher Klarheit: »Ich irre mich nicht. Ich war dabei, ich habe gesehen, wie er Menschen in Lastwagen gestoßen hat. Und er weiß, dass ich ihn gesehen habe, weil er mir zugelächelt hat – er braucht sich nicht einzubilden, dass er jetzt meine Absolution bekommt.«

Mucki schlug ihre Augen nieder und murmelte: »Es tut mir so leid, Bettina. Das war mir nicht klar.«

Nachdem im Frühling von 1953 die vordringlichsten geschäftlichen Angelegenheiten geregelt worden waren, hatte meine Mutter mehr Zeit. Um Interessen mit meinem Vater zu teilen, fuhr sie Traber bei vielen Damenrennen. Zu seiner größten Freude gewann sie den »European Ladies' Driving Championship«. Sie frischte auch ihren Kontakt mit Oberst Alois Podhajsky, dem Leiter der berühmten Spanischen Hofreitschule in Wien, wieder auf.

Podhajsky war in den Jahren vor dem Krieg einer ihrer Kollegen bei Reitturnieren gewesen. Beide respektierten die Kompetenz und das Können des jeweils anderen. Sie hatten auch den gesellschaftlichen Trubel der damaligen Reitszene miteinander geteilt.

Lachend erzählte mir Podhajsky eines Tages, wie Baby einmal eine ganze Reitertruppe mit einem königlichen Wink ihres Armes bezwungen hatte. Nach einem Fest hatten Podhajsky und eine Gruppe von befreundeten Kavallerieoffizieren mit ihren Tanzpartnerinnen meine Mutter nach Hause begleitet, um nach dem Ball bei ihr zu frühstücken. Sie hatten ihre zeremoniellen Schwerter abgelegt und auf einem Tisch im Foyer deponiert. Während des improvisierten Frühstücks war Maria von Kozaryn-Okulicz in ihrer »Morgenrobe« erschienen. Sie war schockiert über ein derart würdeloses Benehmen gewesen. Ihrer Ansicht nach war ein Offizier entweder bekleidet – mit seinem Schwert *an* – oder unbekleidet! Darüber gab es nicht einmal eine Diskussion. Sie hatte eine eindrucksvolle Rede über Anstand und korrekte Bekleidung gehalten und die Besucher nach Hause geschickt.

Während der Bombardierung von Wien hatten die Reiter und Pferde der Spanischen Hofreitschule in Wels Zuflucht gefunden. 1953 operierten sie noch immer von dort aus. Um ihr Können aufzufrischen, schrieb meine Mutter sich als Dressur-Studentin in der Schule ein, die nur internationale Spitzenreiter als Privatschüler aufnahm. Ich wollte ebenfalls reiten, aber ich begriff schnell, dass es hier nicht nur darum ging, auf eines unserer Arbeitspferde zu klettern. Mir wurde schlagartig klar, dass Pferde in Europa einem anderen Zweck dienten. Sie waren sehr teuer und in der Freizeit zum Vergnügen zu reiten, war ein extremer Luxus.

Ich wurde in einer Wiener Reitschule eingeschrieben und nahm an den lokalen Turnieren teil. Nicht viele Kinder meines Alters hatten während des Krieges die Gelegenheit zum Reiten gehabt, also fiel ich sofort auf. Nach den vielen Stunden, die ich auf der Farm im Sattel gesessen war, agierte ich souverän und selbstsicher. Ich war über Bäche und Baumstämme galoppiert und deshalb stellten die paar sorgfältig gesetzten Sprünge hier keine wirkliche Herausforderung für mich dar. Schon bald galt ich als brillante Nachwuchsreiterin.

Eines Tages fragte Podhajsky meine Mutter, weshalb sie mich in so einer kleinen Reitschule versauern ließe, wenn ich doch auch im Rahmen einer offiziellen Ausbildung in der Spanischen Hofreitschule das Dressurreiten erlernen könnte. Sie erklärte ihm, dass sie es nicht gewagt hätte, ihn zu bitten, ein Kind aufzunehmen, das keinerlei Erfahrung auf internationaler Ebene besaß. Der Oberst erklärte ihr, dass man dabei sei, diesen Mangel zu beheben. Von da an fing ich an, ernsthaft zu trainieren. Ich übte drei Stunden pro Tag mit drei verschiedenen Reitlehrern, allesamt Oberbereiter der Spanischen Hofreitschule.

Als Ausgleich zum Dressurtraining verbrachten wir im Sommer einige Zeit in Deutschland, in Verden, wo wir uns zum Training im Zentrum für Reittraining des Deutschen Nationalgestüts anmeldeten. Obwohl wir uns auf Querfeldein- und Springreiten konzentrierten, wurde jeder Aspekt des Reit-Managements abgedeckt. Im Studienfach Hufschmiede wurde verlangt, dass wir ein komplettes Set von Hufeisen herstellten, einschließlich der Nägel, die wir aus rohen Eisenstäben formen mussten. Wir beschlugen die uns anvertrauten Pferde mit unseren Hufeisen und mussten danach die Reittests mit diesen Pferden bestehen.

Obwohl die deutschen Pferde sehr groß waren und ich sehr klein, machte mir der Test keine Probleme. Seit ich zwei Jahre alt war, hatte ich meinem Vater die Hufnägel zum Beschlagen zugereicht. Ich kannte alle Methoden und Kniffe. Ich konnte mühelos mit Zangen und der Schmiede umgehen. Ich hatte meinem Vater ein paar Hufnägel in Reserve gemacht, in Baumwolle gewickelt und in eine Zigarettenschachtel gepackt. Er trug sie in der ausgebeulten Tasche seiner Sportjacke, zusammen mit seinen anderen Schätzen.

Bettina, Dawn und ich genossen das beste internationale Training und mein Vater unterstützte uns mit seiner Begeisterung.

Ich erinnere mich an Teile eines Gesprächs, in dem es um eine mögliche Berlinreise ging. Bettina schien sich zu dieser Stadt hingezogen zu fühlen, sie fühlte sich offenbar zugleich aber auch von ihr abgestoßen. Sie hatte Berlin vor dem Krieg oft besucht. Otto war nach dem Tod von Fritz senior und Fritz junior nach Berlin übersiedelt und zum letzten Mal kurz vor Kriegsende dort gesehen worden. Ein paar Wochen, bevor er endgültig verschwunden war, hatte er es geschafft, nach Hause nach Wien zu kommen. Er hatte einen der treuen Gärtner vom Gutshof gefunden und ihm eine Botschaft für Bettina anvertraut. Dieser Gärtner hatte den Krieg überlebt. Bei Bettinas erstem Besuch in der Villa Mendl im Jahr 1950 hatte er darum gebeten, sie sprechen zu dürfen. Er hatte ihr getreulich die Nachricht von Otto in exakt seinen Worten überbracht: »Mach dir keine Sorgen, es reicht mir, ich steige aus.« – Diese Worte hatten sie seit damals verfolgt. Jetzt redete sie davon, nach Berlin zu fahren. Wollte sie versuchen, Otto zu finden?

Als die Spannungen in Berlin zugenommen hatten, hatte Ottos Frau, Tante Mimi, Hans in einem katholischen Waisenhaus untergebracht und die Stadt mit Eva verlassen, um Zuflucht bei Verwandten auf dem Land zu finden. In den letzten Kriegsmonaten war sie mit Eva zur Villa Mendl zurückgekehrt, nachdem sie die Nachricht erhalten hatte, dass Hans es geschafft hatte, nach Hause zu flüchten. Otto war bei der SS unter Verdacht geraten. Gerüchte bezichtigten ihn der Verbindung zu einem feindlichen Geheimdienst. Er war überprüft worden – und dann war er – vermutlich auf der Flucht – spurlos verschwunden. War es das, was er mit »ich steige aus« gemeint hatte?

Die Villa in Wien war geplündert und von Bomben beschädigt worden, aber sie bot ein gewisses Maß an Schutz. Das alte Wiener

Netzwerk hatte die Nachricht verbreitet, dass meine Mutter, die rechtmäßige Erbin der Villa, einen Australier geheiratet hätte. Das machte sie zu einer britischen Staatsbürgerin. Sie war also per Heirat dazu berechtigt, einen britischen Reisepass zu führen und den besonderen Segen des vollen diplomatischen Schutzes zu genießen.

In den ersten Tagen, als die Alliierten die Herrschaft über Wien übernommen hatten, hatte sich Mimi an das britische Hauptquartier gewandt. Die Familienlegende erzählt, dass sie drei Tage lang Schlange gestanden ist, um ihren Fall vorzutragen, nämlich dass das Anwesen Eigentum einer britischen Staatsbürgerin sei und dass sie um militärischen Schutz durch die Briten ersuche. Innerhalb von vierundzwanzig Stunden war die britische Militärpolizei vor der Tür gestanden und hatte das Haus rund um die Uhr bewacht.

Die Villa Mendl wurde so ein sicherer Hafen für Menschen, die Schutz vor plündernden Horden und Besatzungssoldaten suchten. Die Ankerbrot-Fabrik konnte ein bisschen Nahrung liefern, aber unregelmäßig und illegal. Der Name meines Vaters auf den Dokumenten schien geradezu magische Kräfte zu besitzen. Aus Bettina Mendl war Mrs. Joseph Thomas McDuff geworden, eine britische Staatsbürgerin. Ihr Eigentum konnte den Schutz der Krone in Anspruch zu nehmen.

Obwohl meine Mutter Mimi und ihren Kindern ein sicheres Zuhause in der Villa Mendl gegeben hatte und trotz all der Schwierigkeiten, mit denen Mimi konfrontiert gewesen war, machte meine Mutter sie noch immer für den Bruch zwischen ihrem Bruder und ihr selbst verantwortlich. Das Verhältnis zwischen den beiden Frauen war äußerst kühl. Meine Mutter wandte selten das Wort an Mimi. Bettina hätte natürlich sehr gut allein nach Berlin fahren können, dennoch fuhren wir schließlich alle zusammen. Sie wollte Joe bei sich haben.

Ich sah die Stadt in Ruinen, die zerstörten Fassaden und Mauern und die leeren Räume dazwischen, wo die Bomben eingeschlagen hatten. Ich versuchte, mir vorzustellen, wie es gewesen sein musste, die tägliche Hölle des Krieges zu erleben. Ich bekam Bruchstücke von Gesprächen mit, die zu schauerlich waren, als dass ich sie verstehen hätte wollen. Meine Mutter war nervös und wirkte abwesend. Mein Vater war traurig. Wir verließen Berlin mit dem Gefühl eines »unbefriedigenden Ergebnisses«. Vielleicht waren die Nachforschungen meiner Mutter vergeblich gewesen.

Eine Zeitlang lebten wir in Italien in Begleitung unserer üblichen Entourage: Kinderfrau, Chauffeur und Tante Maria. Den Winter über blieben wir in Vipiteno in Südtirol, südlich des Brenners. Wir lernten Eislaufen und Skifahren und gingen für kurze Zeit in die lokale Dorfschule, wo wir Italienisch sprachen. Wir wohnten in einem Chalet im typischen Tiroler Stil, das sich eng an den Berg schmiegte, mit einem steilen Giebeldach, honigfarbenem Holz im Obergeschoß und solidem Felsengestein, mit dem das Erdgeschoß umkleidet war. Innen war es warm und gemütlich. Draußen lagen Berge von Schnee, die manchmal höher als die Eingangstüre waren. Oft kamen Besucher. Sie waren hungrig und erschöpft. Sie überquerten die Grenze zu Fuß. Manchmal wurden wir früh ins Bett gesteckt und hörten, wie die Erwachsenen bis tief in die Nacht hinein redeten. Dabei wurden die Stimmen sorgfältig gesenkt, damit wir die Worte nicht verstehen konnten. Aber die Gesprächsmuster vermittelten mir ein Gefühl von Dringlichkeit. Niemand erklärte uns, wer jene Besucher waren.

Eines Abends ging ich die Stiege hinunter, stieß die Tür in die Stube auf und sah meinen Vater, der mit zwei jungen Burschen bei Tisch saß. Ihre dunklen Haare fielen über Schüsseln voll mit dampfendem Gulasch. Mein Vater schaute mich eindringlich an und gab mir ein Zeichen zu verschwinden. Ich zog mich nach oben zurück und suchte Tante Maria.

Am nächsten Morgen beim Frühstück fragte ich meinen Vater, wer diese zwei jungen Männer gewesen seien. Bevor er noch hatte antworten können, warf Mutter ihm einen Blick zu, der jede Widerrede im Ansatz erstickte und sagte: »Niemand, es war niemand hier!« – Angesichts der Intensität ihres Blickes war ich beinahe selbst davon überzeugt, bis ich später am Tag meinen Vater sagen hörte: »Sie waren hungrig – arme, hungrige, junge Kerle!« – Da wusste ich, dass ich die Szene nicht geträumt hatte. Dad war bis zum nächsten Schneefall ein paar Tage später ruhelos. Er beobachtete, wie sich die Schneewolken zusammenballten. Er stand am Fenster und sah den Schneeflocken zu, wie sie vom Himmel fielen. Ich erkannte instinktiv, weshalb er das tat. Frischer Schnee deckt alle Spuren zu.

Für eine kleine Weile übersiedelten wir nach Mailand in ein großes Hotel. Hier ging Mutter wieder zu Sitzungen und sie und mein Vater nahmen an gesellschaftlichen Ereignissen teil. Eines Abends besuchten sie einen Maskenball – vielleicht war es Silvester 1953. Sie beugten sich über uns, um uns einen Gutenachtkuss zu geben, sie in einem cremefarbenen Abendkleid, das mit Silber bestickt war, und einem schwingenden Rock zum Tanzen. Mein Vater trug einen Frack. Er sah aus wie ein König. Wir erwarteten nicht, sie vor dem Mittagessen am nächsten Tag wiederzusehen. Wie Dawn schlief ich sofort ein.

Viel später hörte ich Lärm aus der Halle, ein heftiges Stimmengewirr. Draußen war es noch dunkel. Ich kroch ins angrenzende Zimmer. Durch die Verbindungstür lauschte ich dem Tumult. Als ich durch den Türspalt spähte, erblickte ich meine Eltern – und Polizisten in Uniform. Tante Maria erschien im Schlafrock. Ich konnte drei Sprachen unterscheiden: Italienisch, Deutsch und gebrochenes Englisch.

»Würden Sie Ihre Aussage noch einmal durchlesen, Madame?« – »Bitte unterschreiben Sie jetzt das Dokument.«

Höfliche Verabschiedungen. Türen knallten. Mein Vater sagte bestimmt: »Setz dich zu mir her, Mum. Die haben uns einen verdammt guten Abend verdorben. Ich kann nicht erkennen, worum es bei der ganzen Aufregung überhaupt gegangen ist! Warum haben sie so ein Theater gemacht?!«

Und Mutter sagte leise und verwundert: »Ich weiß es nicht. Ich weiß es nicht. Ich weiß es nicht.«

Dann hörte ich, wie Tante Maria sie tröstete. Bald darauf ging ich zurück ins Bett und kuschelte mich unter die Decke.

Am nächsten Morgen fragte ich ganz harmlos – von meiner eigenen Gerissenheit fasziniert – meinen Vater: »Wie war es denn auf dem Ball?«

Er blickte von der *New York Times* auf und sah mich an. »Nicht viel – früh zu Hause – Polizei hat alles durcheinander gebracht – komische Sache passiert. Jemand hat deine Mutter zum Tanzen aufgefordert. Er trug eine Uniform – mit einer Maske wie wir alle. Sie tanzten ein paar Schritte und dann tauchte die Polizei auf – links und rechts neben ihm und führten ihn ab. Es scheint ein Verbrechen zu sein, sich als Polizist zu verkleiden. Und nachher wollte die wirkliche Polizei alles über ihn wissen. Aber wie sollten wir etwas wissen? Er muss eine Einladung gehabt haben, um hineinzukommen. Ich habe ihn nicht nach seinem Stammbaum gefragt! Er war ein sehr guter Tänzer. Deine Mutter dachte, es hätte vielleicht ihr Bruder Otto sein können, der, der verschwunden ist. Sie hat sich furchtbar aufgeregt und ist ihm nachgelaufen, als sie ihn abgeführt haben, aber sie hat keine Gelegenheit bekommen, mit ihm zu sprechen. Und dann dachte sie, sie könnte ihn in Gefahr bringen, falls er wirklich versucht haben sollte, sich ihr in einer Art Verkleidung zu nähern. Die Polizei hat uns angewiesen, nach Hause zu fahren – sie schienen zu denken, dass es vielleicht eine Art Gefahr für uns gab. Sie haben uns den Abend verdorben. Wir hätten bleiben sollen, aber deine Mutter war zu aufgeregt – wirklich kein nennenswerter Ball.«

Er schlug die Zeitung auf, blätterte sie durch und verbannte meine Fragen aus seinem Denken.

Die romantische Vorstellung von dem »verschwundenen« Otto, der plötzlich auf einem Ball auftauchte, um mit meiner Mutter zu tanzen, gefiel mir, doch trotz der Erklärungen meines Vaters konnte ich nicht verstehen, was das mit der Polizei zu tun hatte oder warum meine Mutter ihn nicht einfach identifiziert und zu uns nach Hause gebracht hatte. Dawn und ich waren der Meinung, dass bei der Geschichte etwas Wichtiges fehlte.

Wir waren fast zwei Jahre lang weg gewesen und wir sehnten uns danach, nach Hause zurückzukommen. Trotz all der Unterhaltung vermissten wir unsere Farm, unsere Tiere, all das, was unser Leben im Eigentlichen ausmachte. Wir erhielten regelmäßige Berichte über die Farm und die Tiere. Sie beruhigten uns nicht, sie machten uns nur noch ungeduldiger und wir sehnten uns danach, wieder dort zu sein.

Die vielen rechtlichen Schritte und Verfahren, die das Eigentum meiner Mutter betrafen, waren entweder abgeschlossen oder aus anderen Gründen zum Stillstand gekommen. Schließlich fuhren wir nach Norden, nach Bremerhaven, wo wir an Bord des schwedischen Frachters *Tarn* gingen. Er hatte Platz für vierzehn Passagiere und mit dem Gefühl, ein großes Abenteuer zu einem guten Abschluss gebracht zu haben, bezogen wir unsere Kabinen und begaben uns auf die lange Reise nach Hause.

6

EINE GUTE ERZIEHUNG ERHALTEN

Wir gingen in Sydney von Bord. Unsere Kisten und Koffer wurden zur Bahn überstellt, mit der sie heim nach Tarpoly gebracht werden sollten. In der Zwischenzeit blieben wir bei Tante Marianne und Onkel Gustav. Ich wurde bald zwölf. Bis jetzt war die Schulbildung, die ich genossen hatte, mehr oder weniger ohne Plan verlaufen. Auch während unserer Europareise hatte der Unterricht nicht kontinuierlich stattgefunden. Wir hatten gelernt, Währungen umzurechnen, mehrere Sprachen schlecht zu sprechen und einen Knicks zu machen. Wir hatten faszinierende Einblicke in Geschichte und Politik erhalten und eine Menge Eindrücke gesammelt, aber es hatte keinen festen Lehrplan gegeben. Das sollte jetzt anders werden.

Meine Mutter war gegen ein Internat, mein Vater hielt sich aus der Diskussion heraus. Er war nicht in der Lage, die Einsicht, dass ich irgendeine Art von Ausbildung brauchte, mit dem Bewusstsein, dass das Trennung bedeutete, in Einklang zu bringen. Dawn, die damals neun Jahre alt war, erklärte ruhig und beharrlich, sie wollte in Tarpoly zur Schule gehen. Das wurde von den Erwachsenen zwar mit einem Gefühl von Erleichterung aufgenommen, nicht aber als Option für mich betrachtet. Schließlich kam man überein, dass ich nach Sydney zurückkehren, bei Marianne und Google wohnen und dort eine Tagesschule besuchen sollte. Obwohl das Schuljahr bereits begonnen hatte, sollte ich, bevor ich mit der Schule anfing, zuerst zumindest für kurze Zeit nach Hause auf die Farm kommen.

In unserer Abwesenheit hatte man Veränderungen am Haus vorgenommen. Es gab ein paar Zimmer mehr und die alte Küche aus Wellblech war abgerissen worden. An ihrer Stelle war ein Teil des ursprünglichen Gebäudes in eine Farmküche mit Einbauschränken und Laminex-Bänken umgewandelt worden. Es gab sogar Platz für einen robusten Küchentisch in der Mitte.

Ein Teil des Materials war wiederverwendet worden, um einen großen Schuppen hinter dem Haus zu errichten. Dort waren neue

Regenwassertanks, ein Betonboden, brauchbare Kuh-Verschläge, ein Futterraum für die Pferde und ein geräumiger Dachboden mit Pflöcken zum Aufhängen für das Pferdegeschirr der Traber. Es gab eine Falltüre über der obersten Sprosse der Leiter, die auf den Speicher führte.

Trotz der Neuerungen waren das nach dem Luxus, an den wir inzwischen gewöhnt waren, einfache Wohnverhältnisse. Uns fiel es nicht auf, wir waren selig, zu Hause zu sein und unsere geliebten Tiere wieder um uns zu haben.

Tante Marianne nahm die lange Reise zur Farm auf sich, um mich abzuholen und mit dem Zug zurück nach Sydney zu bringen. Am Nachmittag sollten wir fahren. Dad war unterwegs, um nach den Zäunen zu sehen, doch als unsere Abfahrtszeit näher rückte, war er noch nicht zurück. Ich streifte unruhig herum und wartete mich wachsender Ungeduld. Ich hatte Angst, keine Gelegenheit mehr zu haben, ihm Lebewohl zu sagen. Die Erwachsenen schienen meinen Fragen aus dem Weg zu gehen. Vaters Abneigung dagegen, mich in eine Schule nach Sydney fortzuschicken, war nicht ausgesprochen worden, sie hing jedoch wie eine dunkle Wolke über uns.

Schließlich konnte ich die wachsende Spannung nicht mehr ertragen und lief ihm entgegen. Ich wusste genau, wo er war. Ich sprang über Felsen und Baumstämme und dicke Grasbüschel. Ich ließ die Ebene hinter mir und flog über den Hügel hinunter zu den Eisenbahngleisen und rannte durch die Eisenbahnschlucht, die uns zwar strengstens verboten, aber eine gute Abkürzung war. Er war ein Fleck in der Ferne, auf dem Weg nach Hause, seine Brechstange und Axt auf der Schulter. Ich rannte, so schnell ich konnte.

»Ich dachte, du kommst zu spät«, keuchte ich, als ich ihm an den Hals flog. »Ich dachte, du schaffst es vielleicht nicht rechtzeitig nach Hause, um mich zur Bahn zu bringen. Wie kann ich in die Schule wegfahren, wenn du mich nicht hinbringst?«

Er legte mir seine Hand auf den Kopf. »Ich werde dieses Mal nicht zum Bahnhof mitkommen, Mädchen. Du kannst mit deiner Tante fahren. Es wird alles gut werden. Mum und Dawn werden da sein, um dir zu winken. Du wirst mich nicht brauchen.«

Ich wollte nicht streiten. Wir wanderten im Gleichschritt die Gleise entlang. Das Licht verblasste und ich wusste, dass uns die Zeit davonlief. Ich fühlte Dads Hand auf meinem Rücken.

»Geh jetzt«, sagte er. »Lauf! Zeig mir, wie schnell du rennen kannst.«

Ich fuhr herum und griff nach seiner Taille, um ihn fest zu umarmen. Er rubbelte kurz meine Schultern und sagte: »Du bist ein liebes Mädchen. Sei nicht traurig.« Und dann: »Geh«, und er gab mir einen sanften Stoß. »Lauf!«

Und ich lief. Ich rannte den ganzen Weg bis nach Hause. Ich hielt nicht an, ich drehte mich nicht um, um zu winken. Ich zeigte ihm, wie schnell ich laufen konnte. Meine Rippen taten weh, meine Beine schmerzten und mein Herz tat mir weh, obwohl ich nicht wusste, dass ich ihn nie mehr wiedersehen sollte.

Ich hatte zwar eine Uniform und alle meine Schulbücher, doch das neue Schuljahr hatte bereits vor sechs Wochen angefangen. Ich war ein Außenseiter, ein »komischer Vogel«, die »Neue«, die zu spät gekommen war. Ich saß in der letzten Reihe. Der Unterricht hatte mit einer Mathematikstunde begonnen. Es ging um Geldbeträge – australisches Geld, damals Pfund, Shilling und Pence. Ich kannte mich im Dezimalsystem aus, konnte viele Währungen umrechnen, aber das war mir neu. Das hatte ich nie gelernt. Ich studierte die Beispiele an der Tafel. Für mich ergaben sie keinen Sinn, sie waren mit dem Dezimalsystem nicht in Einklang zu bringen. Panik stieg in mir auf. Ohne Hilfe konnte ich das nicht ausrechnen. Verzweifelt zischte ich dem Mädchen, das am nächsten saß, zu: »Was ist die Antwort beim ersten Beispiel?«

»Zwei und sechs«, flüsterte sie zurück, um mir zu helfen. Sie meinte »zwei Shilling und Sixpence«, was ich natürlich nicht begriff. Mit dem Gefühl großer Erleichterung schrieb ich »8« in mein Heft, gerade bevor der Lehrer aufmerksam auf mich geworden war.

»Das neue Mädchen ganz hinten, das offenbar so viel zu sagen hat – wie lautet deine Antwort?«

»Acht«, erwiderte ich zuversichtlich.

»Acht was?«, fragte der Lehrer. Ich hatte keine Ahnung, was er von mir wollte.

Ich fand die Schule sehr schwer. Es gab nicht viel, was mich mit dem normalen Leben eines Vorstadtmädchens in Sydney verband. Im Zeichenunterricht stellte man uns etwa die Aufgabe, eine Frau zu malen, die sich die Haare wusch. In Anlehnung an meine Kenntnisse, die ich in europäischen Kunstgalerien gesammelt hatte, malte ich eine nackte Frau. Ich war so in meine Malerei vertieft, dass ich gar nicht bemerkte, dass die anderen Kinder ihre Damen in geblümte Morgenmäntel gehüllt hatten. Man wollte eine Erklärung von mir. Ich meinte, es sei schwierig, die Haare zu waschen, wenn man ein Kleid anhatte, weil alles nass würde. Daraufhin wurde ich wegen frechen Verhaltens zur Direktorin geschickt. Ich erinnerte mich an das Bild von der Hölle, das meine Mutter im Cheltenham Ladies College gemalt und das auch wenig Akzeptanz gefunden hatte.

Tante Maria war ich unendlich dankbar für ihre Anstrengungen, uns ihr elegantes Französisch beizubringen. Meine neue Französisch-Lehrerin schien mich zu mögen und ich machte beachtliche Fortschritte, wenngleich ihre Aussprache ganz anders war. Sie war Schottin und hatte eine ganz eigene Art zu intonieren. Ich reüssierte, weil ich die schriftliche Version wiedererkannte. Englisch konnte ich kaum schreiben – niemand hatte es uns je beigebracht.

Onkel Google erkundigte sich jeden Abend nach meinen schulischen Fortschritten. Welche Gegenstände waren an diesem Tag durchgenommen worden? Was für ein Stoff genau? Welche Hausaufgaben hatte ich auf? Er bemerkte meine Ausflüchte und erkannte die Schwierigkeiten, die ich hatte, schnell. Er erklärte mir freundlich, dass er versuchen wollte, mir zu helfen und den Stoff aufzuholen. Er würde Nachhilfelehrer für mich organisieren. Das war nicht als Bestrafung gedacht, sondern sollte auf lange Sicht meine Probleme lösen und alles besser machen. Ich war skeptisch. Onkel Google stellte mir zur Belohnung für meine Lernerfolge Theaterkarten und vieles andere in Aussicht: Konzertbesuche wie in Wien, die Eis-Revue oder Eislaufen mit meiner Cousine. All das trug aber nichts dazu bei, mich den anderen elfjährigen Mädchen näherzubringen, mit denen ich in der Schule zusammensaß. Für sie war und blieb ich eigenartig.

Mitten in dieser Phase der Umstrukturierung meines Lebens, einen Monat, nachdem ich mit der Schule begonnen hatte, kam ein Anruf von meiner Mutter. Dad hatte einen Unfall gehabt. Ich sollte nach Hause kommen. Vielleicht war er in diesem Moment noch am Leben gewesen, doch schon lange, bevor wir den Zug erreicht hatten, war er tot, tot, tot. Ich zog das als Möglichkeit gar nicht in Betracht. Bei einem Unfall musste man sich mit irgendwelchen Mitteln einreiben. Dazu brauchte man nicht einmal einen Arzt. Ich hatte nie von jemandem gehört, der an einem Unfall gestorben wäre. Das Wort »*tot*« ging nicht in meinen Kopf hinein. Sogar, als ich den Sarg sah, sogar dann, als sie mit der Schaufel Erde hinunter warfen, sogar, als alle zu weinen anfingen, konnte ich mir nicht vorstellen, dass Daddy tot war. Am Tag vor dem Begräbnis fragte ich Dawn noch, wo er denn sei, weil er doch nicht zu Hause war. »Er ist in Ordnung. Es geht ihm sehr gut«, sagte sie. Jahre später stellte ich sie deswegen zur Rede.

»Warum hast du das gesagt?«

»Ich weiß es wirklich nicht«, meinte sie. »Ich konnte nicht begreifen, was da vor sich ging. Jemand hat gesagt, dass er bei Gott wäre. Ich dachte, das bedeutet, dass es ihm gut ging. Ich konnte ihn mir nicht *tot* vorstellen.«

Wie es schien, hatte mein Vater das Ledergeschirr der Traber eingefettet und es in der neuen Scheune aufgehängt. Bettina war in die Küche gegangen, um eine Kanne Tee zu machen, und hatte ihn gerufen, als der Tee fertig gewesen war. Mein Vater war zur Leiter gegangen. Ist er ausgerutscht? Hat sich die Leiter bewegt? Später hat man Sprossen gefunden, die lose waren. Hat er nach der Kante der schweren Falltür gegriffen, um Halt zu finden, bevor er auf den Betonboden gestürzt war? – Meine Mutter fand ihn bewusstlos in einer Lache von Blut, das aus einer klaffenden Kopfwunde floss.

Das Telefon war noch nicht angeschlossen. Ein Pferd stand wartend in der Nähe des Hofes. Es war Jinnys Fohlen, der »Champion«. Meine Mutter hielt sich nicht mit Satteln auf. Sie sprang auf seinen Rücken und galoppierte zu den Nachbarn, jeden Zaun auf dem Weg überspringend.

Vor meinem geistigen Auge sehe ich es klar vor mir: ihren verzweifelten Sprung auf den Rücken des Pferdes, ihre bloßen Füße, die gegen seine Rippen stoßen, bis sie das richtige Gleichgewicht gefunden hat, wie sie hinunter zum Bach stürmt, die Abkürzung nimmt, die enge, steinige Schneise rund um den Hügel, dann das Zögern am Schleusentor, das auf den Nachbargrund führt. Der Zaun ist niedrig und schwach. Champion ist schon so viele Male hier durchgeführt worden. Er weigert sich hartnäckig, sie treibt ihn jedoch an. Er überwindet ihn mit einem kleinen Sprung. Jetzt reitet sie hart, stößt ihn gefährlich auf den engen, heimtückischen Pfad, auf dem die Steine unter seinen Hufen wegspritzen. Noch härter treibt sie ihn auf der anderen Seite des Hügels an, wo es wieder bergab geht, bis sie das Tor mit dem Vorhängeschloss erreichen, das sie normalerweise ganz leicht öffnen kann, ohne auch nur vom Pferd abzusteigen – außer in diesem Moment, weil dieses einzige Mal das Vorhängeschloss versperrt ist. Sie sitzt in der Falle, aufgehalten von einem dichten Drahtzaun, der sich zu beiden Seiten ohne die geringste Schwachstelle vor ihr ausdehnt. Zurückreiten und einen anderen Weg suchen, dauert zu lange und ist gefährlich. Sie sucht links und rechts nach einer Lücke im Zaun, nach irgendeiner Gelegenheit, um durchzukommen.

Nicht weit weg ist ein Ast auf den Zaun gefallen. Er kann als Markierung dienen, um einem untrainierten Pferd ein Zeichen zum Absprung zu geben. Verzweifelt reißt sie, als sie an einem Gummibaum vorbeikommt, einen starken, grünen Zweig ab, um ihn als Peitsche zu benützen – ein Waddie der Aborigines.

Sie stürmt den Hügel hinunter zum Zaun. Das Pferd schert aus, sträubt sich und scheut, aber ihr Arm ist drohend zum Schlag erhoben. Sie lässt den Stock einmal, zweimal hinunter auf seinen Rumpf sausen, liegt ihm dabei flach im Nacken und brüllt »Go!« in seine zurückgelegten Ohren.

Dann sind sie für einen Sekundenbruchteil in der Luft, sie an seinen Körper gepresst, an seiner Mähne hängend, sich mit den Knien festhaltend … Sie weiß, die Landung wird hart und gefährlich – ein leise gesprochenes Gebet, um ihn anzutreiben, und noch ein Schritt, bis er mit seinen Hinterbeinen landet und Halt findet. Er ist jetzt ruhiger und sie sind noch immer eins, im Galopp jagen sie über die Ebene. Der Rhythmus wird von den quer liegenden Baumstämmen und Wasserrinnen vorgegeben, und – »lieber Gott im Himmel, bitte keine Kaninchenlöcher!«

Zwei lange Meilen weiter – er wird müde – und noch ein Sprung über ein altes, hölzernes Tor. Sie hebt das Waddie, aber es ist nicht mehr nötig. Er ist besiegt und gefügig. Er bündelt die Beine und springt, schwankt ein bisschen, hält aber die Richtung hin zu dem Haus mit der Hecke und der gepflegten Gartentür.

Meine Mutter rutscht vom Pferd, fliegt die Stiegen zur Veranda hinauf und wirft ihr ganzes Gewicht gegen die Tür, die nur von einem alten, eisernen Schnapper gehalten wird. Die Tür gibt den Weg frei und den Blick auf den kühlen, dunklen Korridor und auf Mrs. George Raffan in ihrem hübschen, geblümten Sonntagskleid, die gerade auf der Veranda Getränke serviert. Meine Mutter schluchzt, ringt nach Luft, ihre Rippen schmerzen, Tränen strömen. Sie bringt nur ein paar Worte heraus: »Doktor – Joe – anrufen! Oh bitte, rufen Sie an!«

Mit lähmender Präzision stellt Mrs. Raffan das Tablett ab und geht zu dem Telefon, das an der Wand hängt. Sie dreht an der Kurbel, um die örtliche Telefonvermittlung zu erreichen.

Bettina lehnt an der Wand und schaut ihr mit angsterfüllten, bittenden Augen zu. Mrs. Raffan ruft nochmals an – keine Antwort – es ist Sonntag, außerhalb der Dienstzeit. Über ihre Schulter ruft sie »George!« und immer wieder »George!«, bis er mit einem fragenden Blick aus einem der hinteren Zimmer kommt. Durch die offene Tür kann er das Pferd sehen, zitternd vor Schmerzen, schweißüberströmt, den Kopf gesenkt, und meine Mutter im schattigen Gang. Dann hört er sie flüstern: »*Joe*«.

Hastige Erklärungen folgen.

»Nimm das Auto!«

»Nein, wir dürfen ihn nicht bewegen!«

»Fahr in die Stadt!«

»Hol einen Arzt!«

»Ruf an! Versuch es noch einmal. Ruf immer wieder an!«

Sie machen eilige, konfuse Pläne. George nimmt das Auto und meine Mutter muss darauf vertrauen, dass ihre schärfste Gegnerin am Tennisplatz weiter am Telefon bleibt. Sie steigt die Stufen von der Veranda herunter hinaus in das grelle Sonnenlicht und findet das Pferd, wie es mit letzter Kraft taumelnd versucht, vor ihr zu fliehen. Es wird von Colleen nach Hause geführt, Hillys Enkelin, der Colleen aus meinen ersten Schultagen. Sie hat große Angst vor Pferden. Hilly gibt ihr Anweisungen. »Halt ihn in Bewegung, führ ihn herum! Lass ihn nicht stehen! Braves Mädchen. Ich bin gleich bei dir.«

Dann taucht er auf, kommt hinter der Ecke des Hauses hervor und führt ein anderes Pferd zu meiner Mutter, die nach den Zügeln greift. »Ich habe Ihnen ein besseres Pferd gesattelt«, sagt er zu ihr. Mutters grimmiger Blick weist ihn auf seinen Irrtum hin. Es gibt kein besseres Pferd als Jinnys Fohlen.

»Dieses hier ist ausgeruht, aber Sie müssen mit ihm durch die Tore gehen. Und Missus – lassen Sie es gleichmäßig traben – um der Mädchen willen!« – Als meine Mutter das Pferd antreibt und in Trab fallen lässt, tippt Hilly zum Abschied an seinen Hut.

Dawn hat neben unserem Vater gewartet. Sie hat unsere Mutter beobachtet, wie sie weggeritten ist, und ist gekommen, um den Grund herausfinden. Sie sitzt da zusammen mit unserem Hund, sieht die wachsende Blutlache und flüstert »*Daddy?*«, dann legt sie sich neben ihn, um auf seinen Atem zu lauschen und auf Mum zu warten, auf Mum, die vorsichtig heimreitet, gemäß Hillys ominöser Anweisung »um der Mädchen willen!«

Telefonanrufe bei den Nachbarn, Stunden später ein Rettungswagen, das Spital, ein wenig Hoffnung. Joe verließ uns in dieser Nacht.

Er hatte nicht darauf gewartet, bis er im Alter lahm und kraftlos werden würde, nicht darauf, uns die Farm verlassen zu sehen, er hatte nicht darauf gewartet, für alle zur Last zu werden. Ich wusste immer schon, dass er den Zeitpunkt gewählt hatte – mit derselben ruhigen Ehrlichkeit, die er sein ganzes Leben hindurch praktiziert hatte. Die Welt hatte sich verändert und wir uns mit ihr. Dinge standen uns bevor, die er nicht mit uns teilen konnte. So war er gegangen.

Irgendwann in der Woche nach dem Begräbnis bat Mutter mich, ein Pferd zu nehmen und nach den Schafen in der hinteren Koppel zu schauen. Andy Regan, das Lieblingspferd meines Vaters, ein schrulliges altes Stock Horse*, war zum Hof heraufgekommen, um Wasser zu trinken. Ich band ihn dicht an den Zaun, um ihn am Beißen zu hindern, während ich ihn sattelte. Ich hob den schweren Sattel vom selben Pflock herunter, an dem mein Vater ihn aufgehängt hatte, und hievte ihn auf Andys mageren Rücken. Dabei packte ich die Sattelgurt-Schlaufen mit meinen Zähnen, um sie festzuziehen. Es schien mir wichtig, das ohne Hilfe zu tun.

Ich prüfte die Zäune, die Schleusentore und die Talsperre. Das Wasser ging zurück und es gab Mutterschafe und Lämmer, die am schlammigen Ufer Zutritt suchten und trinken wollten. Die Muttertiere hatten halb erwachsene Lämmer zu säugen und waren geschwächt. Ihre Wolle wurde länger, sie waren verletzlich und oft dem grausamen Zugriff des Morasts ausgeliefert.

Ich entschied, dass die Talsperre für sie zu riskant war. Ich stieg vom Pferd und schaffte es mit Mühe, das Gatter aus Draht zu schließen, um die Tiere von diesem tückischen Wasser fernzuhalten und wegzusperren. Ich war nicht stark genug, aber ich wusste, wie man einen harten, alten Zweig als Hebel benutzte. Ich bekam es zu. Dann öffnete ich das Tor zum Bach, der noch immer über die Steine rieselte und sicheren Zugang zu sauberem Wasser bot. Ich band die Türe mit Draht fest, damit sie nicht zurückschwingen und den Zugang ver-

---

* Australische Pferderasse, beliebte Gebrauchspferde

schließen konnte – die Tiere würden verdursten, wenn niemand die Tür überprüfte.

Ich hatte das Gefühl, meine Sache gut gemacht zu haben.

Als ich mich dem Haus näherte, rief meine Mutter: »Phyllis, hast du das Tor geschlossen?«

»Nein – ich habe es offen gelassen.«

»Geh zurück und mach es zu.«

Ich war noch nicht richtig auf Hörweite. Ich wollte es erklären, wenn ich näher kam.

»Wirst du das verdammte Tor schließen!«, brüllte sie.

»Nein, ich habe es offen gelassen und mit Draht befestigt.«

»Ich will es geschlossen haben!«

»Ich habe es offen gelassen, damit die Mutterschafe zum Wasser können.«

»Daddy hat es geschlossen.«

»Das war vor einer Woche. Das Wasser in der Talsperre ist zurückgegangen und ich habe den Zugang dorthin versperrt.«

Ich war vom Pferd abgestiegen, wir standen da und starrten einander wütend an. Sie konnte nicht nachgeben. Das hier hatte nichts mit Gras oder Schafen oder Wasser zu tun. Hier ging es um blinden Gehorsam, den ich nicht leisten wollte.

Sie bestand darauf und sagte drohend: »Phyllis, reite zurück und schließ diese Tür!«

»Nein – wir würden dort Schafe verlieren. Wenn du sie unbedingt zusperren willst, dann mach es doch selber!«, schrie ich gehässig zurück.

Sie drehte sich um und ging ins Haus.

Leider bestimmten solche Gespräche unser Verhältnis über viele Jahre hinweg. Ich fand, dass sie keine Ahnung hatte von dem, was sie tat. Sie hielt mich für gemein, frech und aufsässig. Sie hatte recht.

Zurück in der Schule in Sydney wurde ich ersucht, eine Entschuldigung vorzulegen. Ich sollte eine Erklärung von zu Hause mitbringen, warum ich gefehlt hatte. Ich vergaß immer wieder darauf. Schließlich wurde ich im Büro der Direktorin nach dem Grund meiner Abwesenheit gefragt. Ich stammelte herum, blickte auf meine Füße und murmelte undeutlich: »Ich weiß nicht, wir sind weggefahren, ich glaube, mein Vater ist gestorben.«

Die Direktorin glaubte mir nicht. Sie behauptete, wenn mein Vater gestorben wäre, dann wäre sie darüber informiert worden. Ich musste in der Schule bleiben und nachsitzen, das ganze Trimester lang, wegen Lügen und Begriffsstutzigkeit.

Dadurch sah ich mich gezwungen, nach der Schule mit einer späteren Straßenbahn zu fahren. Tante Marianne wollte wissen, warum ich später kam als erwartet, und nahm mir das Versprechen ab, die erste Straßenbahn nach Schulschluss zu nehmen. Ich trödelte ja nicht herum, daher musste ich eine Ausrede erfinden. So erklärte ich ihr, dass wir nicht mehr rechtzeitig aus der Schule herauskamen, um die frühere Straßenbahn zu erreichen. Ich habe sie nie um eine Entschuldigung für die Schule gebeten. Ich wollte nicht schwarz auf weiß haben, dass mein Vater gestorben war.

7

GEFANGEN IN EINEM WIRBELWIND

In den Monaten nach dem Tod meines Vaters kämpfte Bettina darum, ihrem Leben wieder einen Sinn zu geben. Sie wollte in Tarpoly bleiben, fand die Einsamkeit jedoch auf Dauer unerträglich. Unmittelbar nach dem Tod meines Vaters war die Familie zu Besuch gekommen, doch als sie fort war, blieb Bettina mit Dawn alleine zurück. Was einmal ein gesegnetes Rückzugsgebiet und ein gemütliches Zuhause gewesen war, war nun wie abgeschnitten von der Welt und den Menschen. An meinem ersten Abend daheim – ich hatte Ferien – deckte ich den Tisch für drei. Der Tisch sah zum Herzzerreißen leer aus. Der Raum wirkte wie ausgestorben, die Hausarbeit machte keinen Sinn mehr, bedrohliche Stille lastete auf uns.

Nur wenige Monate später entschloss sich Dawn, zu Tante Lucie nach Neuseeland zu ziehen. Meine Mutter kehrte nach Europa zurück und zog in Erwägung, sich dort dauerhaft niederzulassen. Dawn und ich hatten keine Möglichkeit zur Wahl. Wir wünschten uns nichts sehnlicher, als dass die Dinge wieder »normal« würden. Wir sehnten uns nach Sicherheit. Wir wollten Vater zurück.

In diesem Jahr verbrachten Bettina, Dawn und ich Weihnachten in Neuseeland. Mutter war von Österreich zurückgekehrt. Sie hatte die Entscheidung gefasst, in Australien zu bleiben, es wieder zu ihrer Heimat zu machen und die Landwirtschaft mit einigen Abstrichen alleine weiterzuführen.

Sie kaufte ein wunderschönes altes Haus in Tamworth nahe bei der Schule. Hier lebten wir nun unter der Woche, an den Wochenenden fuhren wir »heim« nach Tarpoly. Ein Verwalter war dort in unser Haus eingezogen, wir waren die Wochenendgäste. Dawn und ich gingen beide in Tamworth zur Schule und bemühten uns, die Lücken in unserer unregelmäßigen, ständig wechselnden Schulbildung zu überbrücken.

Um unsere existenzielle Überlebensfähigkeit zu sichern, erwarb meine Mutter weitere Grundstücke. Die Planung und Entwicklung dieser Vorhaben nahm sie zeitlich stark in Anspruch und so bekamen wir sie nur selten zu Gesicht.

Bevor diese Arrangements noch in die Tat umgesetzt worden waren, kam es zu heftigen Auseinandersetzungen zwischen meiner Mutter, Tante Marianne und Onkel Google. Ich bin sicher, dass die beiden gegen den Plan meiner Mutter, meine Ausbildung, die sie so sorgfältig für mich ausgewählt hatten, zu unterbrechen, protestiert hatten. Bettina wurde wütend, wenn man ihre Autorität infrage stellte. Ich kann mir die unschönen gegenseitigen Anschuldigungen vorstellen – sie schlugen Wunden, die nie mehr heilten. Mutter verbot uns daraufhin jeden Kontakt mit der »Sydney-Familie«. Besonders ich vermisste ihre liebevolle Freundlichkeit und die Geborgenheit, die sie mir geschenkt hatten, ich wagte es jedoch nicht, gegen das Verbot meiner Mutter zu verstoßen. Jahre später nahm ich einmal meinen Mut zusammen und wählte die Mosman-Nummer. Ich hörte Tante Mariannes Stimme und ihre vertrauten Koseworte: »Herzblatt, ich bin so glücklich, dich zu hören, aber ich weiß, dass deine Mutter es nicht wünscht. Ich kann dich nicht ermutigen, gegen ihren Willen zu handeln. Du darfst nicht mehr anrufen.«

Trotz aller Bemühungen konnte Mutter nicht zur Ruhe finden. Oder waren es ihre europäischen Geschäfte, die sie zwangen, so oft hinüberzufliegen? Es gab kein einziges Schuljahr, das Dawn und ich zusammen mit unseren Freunden anfangen und vollenden konnten. Wir wurden Spezialisten im Packen, im Suchen von Dokumenten und im Durchwühlen von Kisten und machten Späße über verrückte Situationen in fremden Ländern.

Ganz typisch dafür war folgende Situation, als meine Mutter eines nachmittags – ich war gerade vierzehn Jahre alt – zur Tür hereinplatzte: »Phyllis, pack unsere Unterwäsche!«

»*Was? Wie bitte??*«

»Pack unsere Unterwäsche in den roten Koffer, sodass wir sie finden können!«

»Warum?«

»Weil wir gleich wegfahren. Das Taxi zum Flughafen kommt in einer halben Stunde. Schnell, sonst versäumen wir den Flug! Dawn und ich packen alles andere. Beeil dich! Steh nicht mit offenem Mund herum!«

Ich folgte ihren Anweisungen – sie waren einfach genug –, stopfte den Inhalt von drei Schubladen mit Unterwäsche in den roten Koffer und stellte ihn mitten auf die oberste Stufe der Treppe, die von der vorderen Veranda durch den Garten zur Straße führte. Bald kam das Taxi zum hinteren Tor. Wir warfen das Gepäck ins Auto und erreichten den Flug gerade noch. Wenig später stiegen wir auf einen internationalen Linienflug um. Nach einer Acht-Stunden-Etappe erreichten wir Jakarta auf dem Höhepunkt einer politischen Umwälzung, die uns volle drei Wochen lang im Airport-Hotel gefangen hielt, mitten im Niemandsland. Wie sich herausstellte, hatten wir kein einziges Stück Unterwäsche zum Wechseln dabei – die befand sich nämlich in dem roten Koffer, der bereit zur Abfahrt oben auf der Verandastiege zu Hause in Tamworth stand.

Meine Mutter nahm das als weiteren Beweis meines mentalen Verfalls. Sie verzweifelte an meiner Stupidität. Es schien, dass ich nicht einmal den simpelsten Anweisungen Folge leisten konnte, ohne eine Katastrophe heraufzubeschwören. Sie hatte mich einmal dabei beobachtet, wie ich ausgetrunkene Milchflaschen wieder zurück in den Kühlschrank gestellt hatte. Die gesamte Unterwäsche der Familie zu verlieren, war typisch für mich. Was würde ich wohl als Nächstes anstellen?

Ich hatte damals schon lange aufgegeben, mich zu verteidigen. Meine Strategie war, Deckung zu suchen, um zu überleben. Ich zog mich in Tagträume zurück. Wenn ich die Anschuldigungen meiner Mutter Revue passieren ließ, musste ich zugeben, dass die Fakten für sie sprachen. Ja, ich hatte wirklich einmal leere Milchflaschen in den Kühlschrank zurückgestellt und ja, ich hatte unsere Unterwäsche zu Hause vergessen. Bei fast allem, was sie mir vorhielt, musste ich ihr im Stillen recht geben und meine Schuld eingestehen. Ich sah keinen Sinn darin, mich zu verteidigen. Meine Argumente würden nicht standhalten und niemand würde sie anhören. Wenn sie mich mit ihrer Kritik zu sehr bedrängte, gab ich ihr schneidende, zynische

Bettina, herausgeputzt für einen offiziellen Anlass 1911. Von Kinderschuhen an und nicht zuletzt aufgrund der zahlreichen Wechselfälle ihres Lebens konnte Bettina Menschen für sich gewinnen.

Bettina im Alter von drei Jahren, dabei, etwas auszuhecken

ttina in Alter von drei Jahren im Garten der Villa Mendl, während sie ihrem Bruder Otto, r damals fünf Jahre alt war, Geheimnisse anvertraut und ihn auf die Wange küsst. Otto stand r in ihrer Kindheit von allen Geschwistern am nächsten.

Bettinas Vater (mein Großvater), Fritz Mendl, ein eleganter junger Offizier bei der Armee, der nicht ganz ungefährliche, aber sehr geistreiche Lieder gesungen und seinen Eltern große Sorgen bereitet hat mit seinen oft unrealistischen Geschäftsideen.

Bettina im Kreis ihrer Geschwister. Von links nach rechts: Fritz, Marianne, Otto und Lucie; davor: Mama Emily Mendl und eine barfüßige Bettina

Bettinas erstes Abenteuer auf dem Rücken eines Pferdes während der Sommerferien im Jahr 1914 zusammen mit ihrem Bruder Fritz

ettina mit ihrem Bruder Otto vor dem Gutshof in Velm nicht weit von Wien

Bettina und Otto mit ihrem geliebten Kindermädchen Abby. Wunderbare Sommertage auf dem Gutshof in Velm

Bettina und ihr Hund Gluck im Obstgarten. Bettina liebte ihre Hunde und hatte keine Ahnung davon, dass alle dazu erzogen worden waren, sie zu beschützen. Das fand sie erst heraus, als ihr Hund den Metzger anfiel, der den Raum mit einer Schürze und einem Messer betrat.

Bettina auf den Küchenstufen der Villa Mendl. Sie war gerne barfuß und von ihren Tieren umgeben.

Tante Maria von Kozaryn-Okulicz (Baby), Bettinas treue Begleiterin während ihrer Jugend, die Mutterstelle an ihr vertrat. Tante Maria war für Dawn und mich so etwas wie eine Großmutter.

ie Rückansicht der Villa Mendl, vom Garten aus gesehen. Emily liest ihren jüngeren Kindern ›tto und Bettina vor, das Kindermädchen schaut von der Veranda aus zu.

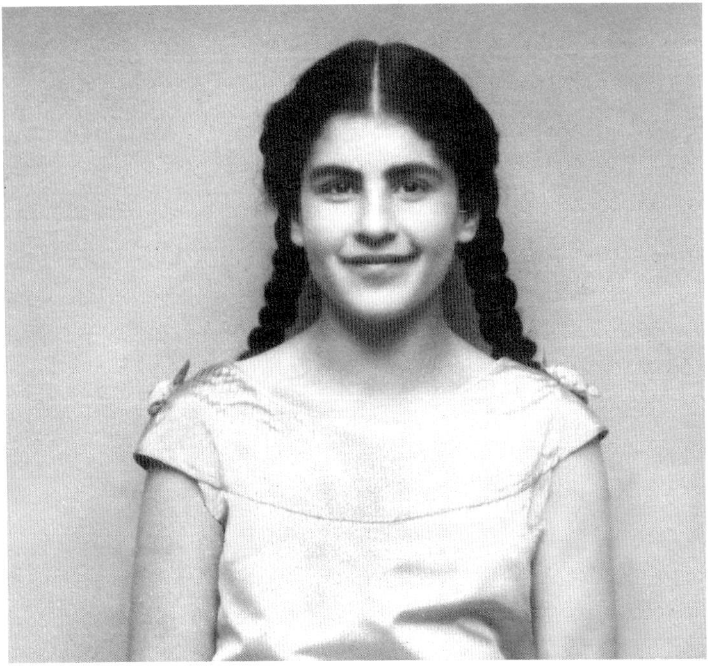

Bettinas erstes Passfoto, wahrscheinlich vor ihrer Reise nach England zusammen mit ihrer Mutter aufgenommen, um in das Cheltenham Ladies College eingeschrieben zu werden

Bettina um 1926

Mein Großvater Fritz im Garten der Villa Mendl am Ende seines Lebens

Bettina war eine Meisterschützin und mit vielen Arten von Schusswaffen vertraut. Sie liebte es, in ihren Besitzungen im Gebirge auf die Pirsch und die Jagd zu gehen und dafür zu sorgen, dass es Wild für die Mahlzeiten gab.

ettina kehrte nach Österreich zurück und kämpfte um die Rückgabe aller Familienbesitz-
ümer, die im Krieg von den Nationalsozialisten beschlagnahmt worden waren.

Der Anhänger, den Bettina trägt und den sie von ihrer Mutter geerbt hat, ist identisch mit einer Brosche, die die berühmte amerikanische Society-Lady Elsie de Wolfe getragen hat. Elsie de Wolfe war die Frau von Charles Mendl. Zwischen ihr und Bettina hat mit ziemlicher Sicherheit eine Verbindung bestanden.

ettina war seit den 1920er-Jahren eine herausragende internationale Reiterin und für die lympischen Spiele 1936 nominiert. Aufgrund der politischen Lage nahm sie jedoch nicht daran eil.

Mein Vater, Joe McDuff, auf seinem Lieblingspferd, Andy Regan, in Mostyn Vale, der Farm, die meine Eltern 1945 gekauft haben

Von links nach rechts: Meine Schwester Dawn, Bettina und ich, ungefähr zu der Zeit, als wir nach Mostyn Vale zogen

:h wollte als Kind Zirkusreiterin werden und übte ununterbrochen. Jedes Pferd in meiner
:ähe, unabhängig davon, ob es sich dafür eignete oder nicht, musste für meine Kunststücke
erhalten.

Der Blick auf die Villa Mendl von der Auffahrt her, die mir als Radweg diente, um meine schwachen Beine wieder zu kräftigen

Unmittelbar bevor Joe, Dawn und ich mit Bettina nach Europa aufbrachen, erzählte sie uns vo der Villa Mendl, in der wir in Wien leben sollten. Sie hat uns die großen Gärten beschrieben, di Wiesen, die Obstgärten und die Stallungen. Die Auffahrt zur Villa Mendl war breit, gepflaste und von Bäumen überschattet.

Meine Eltern Joe und Bettina um 1952/53, genau so, wie ich mich an sie erinnere

Dawn, Joe und ich bei unserem ersten Tiefschnee-Experiment in Vipiteno, in Italien, in der Nähe vom Brenner-Pass. Eine Zeit lang lebten wir in Italien, umgeben von unserer gewohnten Entourage: dem Kindermädchen, dem Chauffeur und Tante Maria. Wir lernten Eislaufen und Skifahren und gingen dort in die Dorfschule.

Bettina hielt es für notwendig, mich in die Gesellschaft einzuführen. »Gesellschaft« war für sie gleichbedeutend mit ihrem Wiener Kreis. Ich eröffnete mit 200 anderen Debütanten 1960 den Wiener Opernball nach einer langen Vorbereitungszeit, die mich dafür wappnen sollte, mich auch in Zukunft in jedem sozialen Umfeld zu bewähren.

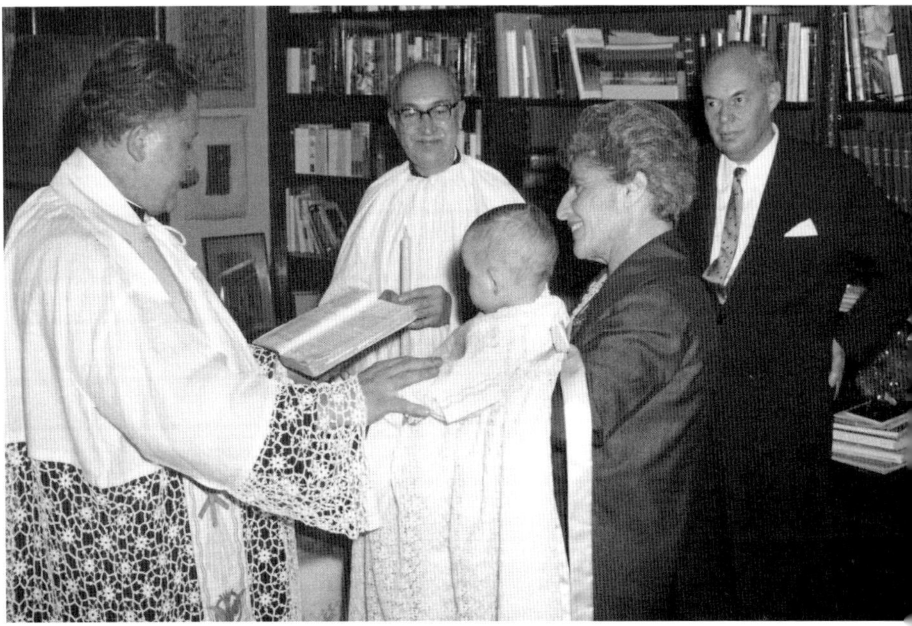

Bettina war die Taufpatin von Otto Schönthals Tochter. Otto beobachtet die Taufe vom rechten Bildrand aus. Er hat Bettina in den Zeiten schlimmster Verzweiflung zur Seite gestanden, war schon vor dem Krieg ihr Berater in wirtschaftlichen Belangen gewesen und hat sie dazu ermutigt, nach Wien zurückzukommen und ihr Eigentum zurückzuverlangen.

Die Burg meiner Träume, Schloss Itter in Tirol, wo Dawn und ich Ritterturniere abhielten und Prinzessinnen und galante Ritter von Geistern aus grauen Vorzeiten befreiten.

Bettina war weltweit eine der führenden Dressurreitlehrerinnen. Sie war berühmt und berüchtigt für ihre Leidenschaft und die hohen Anforderungen an Perfektion, die sie an ihre Schüler stellte.

Bettina in Australien, Mitte sechzig

Antworten, die die Distanz zwischen uns noch vergrößerten. Damit war ich eine Zeit lang sicher und außer Reichweite.

Bei diesem Ausflug waren wir nicht auf dem Weg nach Europa. Aufgrund eines plötzlichen Entschlusses meiner Mutter flogen wir nach Ägypten. Mutter hatte ein lebhaftes Interesse an Ägyptologie entwickelt. Ich erinnere mich, wie intensiv sie ein Buch mit dem Titel »Götter, Gräber und Gelehrte« studiert hat. Sie ist völlig darin versunken. Ich freute mich auf die Reise. Wir würden Tempel und Pyramiden sehen und das Museum in Kairo besuchen. Ich liebte die Geschichten über die Pharaonen. Ich hatte viel übers Einbalsamieren gelesen und darüber, dass man mit Barken den Nil flussabwärts segeln konnte. Besonders bewunderte ich die Funktionsweise der Schaduffs, der Vorrichtungen zum Wasserschöpfen, die es den Bauern ermöglichten, Wasser vom Nil in ihre Bewässerungskanäle zu leiten. Vielleicht konnte ich mich als Nofretete verkleiden. Ägypten war ein erfreulicher Lichtblick.

Mutter hielt ihr Versprechen. Wir verbrachten zwei Wochen in Kairo und unternahmen jeden Tag Ausflüge zu Gräbern und Pyramiden oder besuchten Museen. Die Besuchergruppen waren sehr klein. Manchmal waren wir drei die einzigen Gäste, was uns reichlich Gelegenheit gab, Fragen zu stellen und bei den interessantesten Objekten so lange zu verweilen, wie wir wollten. Bettina schien eine Menge über Gegenstände zu wissen, die in Museen außerhalb Ägyptens ausgestellt waren. Sie sagte oft Dinge wie: »Oh ja, ich habe das Stück im British Museum gesehen! Ein Skandal! Diebstahl!«, worauf der Touristen-Führer verlegen zu Boden sah, zu verwirrt, um zuzustimmen.

Nach unserem Aufenthalt in Kairo fuhren wir weiter nach Luxor. Wir reisten mit dem Zug und saßen mit gekreuzten Beinen auf dem Boden des Waggons, der, gefüllt mit Einheimischen und Haustieren, aus allen Nähten zu platzen schien. Wir kauten wie sie an Stücken von Zuckerrohr, während wir viele Kilometer durch endlose Sandwüsten tuckerten, vorbei an Bilderbuch-Oasen mit Palmen, die nur wenig Schatten vor der gleißenden Sonne boten.

In Luxor erkundeten wir weitere Tempel, bis sich die Geschichten in meinem Kopf vermischten und ich die Götter nicht mehr auseinanderhalten konnte. Mutter beklagte mein nachlassendes Interesse. Sie hielt mir Vorträge über versäumte Gelegenheiten und darüber, wie leid es mir eines Tages tun würde, dass ich nicht besser aufgepasst hätte. Ich bewundere noch heute Dawns Durchhaltevermögen. Sie war so viel jünger als ich und schaffte es dennoch, fröhlich zu bleiben, trotz all der Tage, an denen wir schon im Morgengrauen aufstehen mussten, der schier endlosen Wanderungen durch die Wüste, der stundenlangen Fahrten in stinkenden, überhitzten Autos und des eigenartigen Essens.

Am Ende der Reise fuhren wir nach Assuan, um den Staudamm, Karnak und die Ruinen des Alten Theben zu sehen. Hier beendete jenes seltsame Essen unsere Forschungen. Wir hatten den Markt besucht, wo Mutter eine große Tüte mit grünen Datteln gekauft hatte, die wir auf dem Weg zurück ins Hotel kauten. Am nächsten Tag war sie krank. Wir blieben im Hotel. Sie schlief den ganzen Tag und stand auch zum Abendessen nicht auf. Am nächsten Morgen ging es ihr noch schlechter. Wir konnten ihr nicht einmal klarmachen, dass der Führer auf uns wartete. Sie warf sich schweißüberströmt und laut stöhnend auf ihrem Bett herum. Dawn wollte einen Arzt holen. Wir wandten uns an die Rezeption und verlangten nach einem Arzt, der nach unserer Mutter sehen sollte.

Ein einheimischer Arzt kam, untersuchte meine Mutter oberflächlich und überreichte uns dann eine Tüte mit weißem Pulver, das in Zeitungspapier eingewickelt war. »Sehr gut«, sagte er, »das wird Madame guttun und sie gesund machen.« Wir zahlten, was er verlangte, und starrten dann auf das Pulver.

»Ich möchte wissen, was das ist«, sagte Dawn. »Es könnte giftig sein.«

»Wir müssen ihr etwas geben«, gab ich zu bedenken. »Es geht ihr noch immer nicht besser.«

Dawn hielt Mutters Kopf, während ich das weiße Pulver vorsichtig auf ihre Zunge schüttete. Bettina hustete, stöhnte und drehte sich zur Wand.

Am nächsten Morgen ging es ihr noch schlechter. Sie lag bewegungslos da, schwitzte stark, ihr Haar war glanzlos und sie roch übel. Mit ruhiger Bestimmtheit ging Dawn, die noch keine zwölf war, zur

Rezeption und verlangte, mit der britischen Botschaft in Kairo verbunden zu werden.

»Sind Sie ganz sicher, Fräulein?«, fragte der Rezeptionist zweifelnd. Dawn war sicher. In der Telefonleitung gab es Störungen und Nebengeräusche. Die Stimme, die wir am anderen Ende hörten, war nur schwach zu hören. Aber Dawn wiederholte immer und immer wieder: »Ich bin britische Staatsbürgerin, meine Mutter ist sehr krank. Sie müssen sofort ein Flugzeug schicken. Sie müssen sie in ein Spital einliefern oder nach Wien bringen.«

Es gab Zweifel, Unglauben, Argumente und Fragen. Aber Dawn war gnadenlos. Wie man es uns beigebracht hatte, gab sie die Nummer ihres englischen Passes an. Sie fragte nach Namen und Rang der Personen, mit denen sie sprach. Sie notierte Telefonnummern und Instruktionen und weigerte sich aufzulegen, bis ihr ein genauer Zeitpunkt genannt worden war, zu dem wir die Maschine erwarten konnten. »Ich warte hier, während Sie nachsehen«, erklärte sie.

Das Flugzeug kam binnen kürzester Zeit. Ein englischer Pilot holte uns mit dem Auto ab. Meine Mutter hatte inzwischen das Bewusstsein verloren. Sie wurde auf eine Bahre gelegt und von einheimischen Trägern zum Flugzeug getragen. In Kairo erhielt sie Injektionen und wir wurden auf einen internationalen Flug nach Österreich eingecheckt. Schließlich erreichten wir Wien und Mutter wurde ins Spital gebracht. Trotzdem hat sie nur knapp überlebt. Fast ein Jahr lang war sie sehr schwach und dünn. Die Ursache war eine extrem toxische tropische Lebensmittelvergiftung gewesen – und vermutlich Cholera.

Tante Maria quartierte uns drei in der Villa Mendl ein, wo sie sich – unterstützt von einer Pflegerin und Herrn Juraske – wunderbar um uns kümmerte. Ellen Müller-Preis war eine Freundin von Mutter aus der Zeit der Tennis-Partys in der Villa Mendl. Sie war ruhig, entschlossen und elegant und trug einen Helm aus glänzendem bronzefarbenen Haar. Sie hatten sich bei einem Fechtkurs kennengelernt, den Mutter bald aufgegeben hatte. Ellen hatte Weltmeistertitel errungen. Ihre Freundschaft hatte die Jahre überdauert. Im Juli, als es Mutter besser ging, lud Tante Maria uns auf eine lange Urlaubsreise nach Italien ein, in Begleitung von Ellens beiden Söhnen. Wir wohnten in einem Haus, das wir gemietet hatten, am Strand eines Sees, und verbrachten die Tage mit Bootsfahrten, Schwimmen und Lesen, während meine Mutter sich in Wien weiter erholte und Kraft sammelte. Am Ende des Monats ging es ihr wieder so gut, dass sie zu uns stoßen konnte, und wir unternahmen eine Fahrt durch Oberitalien, chauffiert von Herrn Juraske.

Wir erlebten wundervolle Tage in Venedig, streiften über den Markusplatz, bewunderten die Markuskirche, genossen den Zauber von Gondelfahrten und besuchten Palazzi und Galerien. Auf dem Rückweg fuhren wir über Florenz und die gewundenen Straßen der majestätischen Alpen, wo wir pro Tag nur eine kurze Strecke zurücklegten und die Nächte in anheimelnden, kleinen Dörfern verbrachten. Am Ende mussten die Söhne von Ellen wieder zurück in die Schule und wir kehrten in die Villa Mendl zurück. In die Schule gingen wir nicht.

Als die Tage kürzer wurden und der Winter näher kam, bot »Tante« Agathe, eine Freundin von Mutter, die uns vor Jahren viele Briefe nach Australien geschrieben hatte, an, uns zum Skifahren in die Berge mitzunehmen. Sie selbst war eine hervorragende Skifahrerin und brachte uns den Sport begeistert bei. Wir übersiedelten in ein Chalet hoch in den Bergen und trainierten unter Agathes Anleitung täglich Klettern, Wandern und Skifahren.

Vom ersten Tag an war ersichtlich, dass Dawn mehr Talent hatte als ich. Wenn Agathe ein Wettrennen vorschlug, lehnte ich ab und wählte den einfachsten Weg bergab. Dawn ergriff die Gelegenheit, sich zu verbessern, und unternahm Abfahrten über schwindelerregende Steilhänge in ebensolchen Geschwindigkeiten. Bald rief Agathe meine Mutter an, um ihre Erlaubnis einzuholen, einen Schilehrer zu engagieren, der Dawn richtig trainieren und fordern sollte. Alois Zopf wurde Dawns Personal Trainer und die beiden arbeiteten nun täglich zusammen. Nach unserer Rückkehr nach Wien setzten Agathe, Dawn und Herr Zopf ihre gemeinsamen Skiausflüge fort. Sie fuhren zu verschiedenen Abfahrten in der Umgebung. Am Ende der Saison hatte Dawn die meisten Junioren-Rennen gewonnen. Es schien, dass sie wirklich wunderbar begabte, athletische Beine besaß und sogar »gut genug für Olympia war«.

Als wir acht Monate später zurück nach Australien kamen, hatte ein neues Schuljahr begonnen. Diesmal wussten wir, dass wir in unser schönes, altes Haus in der Fitzroy Street in Tamworth zurückkehren würden – und in die vertrauten Schulen, die wir verlassen hatten. Wir nahmen die Herausforderung an, den Rückstand aufzuholen und den Wissensstand unserer Klassenkollegen zu erreichen.

Es gab andere, etwas kürzere Ausflüge nach Europa, die mit den Ferienzeiten der Schule vereinbar waren. Zu allen Reisen entschied sich meine Mutter jedoch mit der gleichen Spontaneität. Manchmal staunten wir, wie schnell eine »Geschäftskrise« in Österreich entstehen konnte, zumeist aber führten wir die Reisepläne auf Mutters Impulsivität zurück. Niemals schien es einen richtigen Plan, Zeit zum Packen oder zum Verabschieden zu geben. Wir hatten uns mit der Zeit an die seltsamen Muster in unserem Leben gewöhnt.

1957, als wir gerade in einem großen Haus am Stadtrand von Wien lebten, das wir gemietet hatten, läutete eines Nachts das Telefon. Ich hob ab. Eine freundliche männliche Stimme bat mich, mit meiner Mutter sprechen zu dürfen. Ich übergab ihr den Hörer und konnte dabei zusehen, wie sich die impulsiv und planlos handelnde Person, die ich kannte, plötzlich veränderte. Von einer Sekunde zur anderen war sie wie ausgewechselt, wie von einer anderen Energie erfüllt. Weiß wie die Wand, konzentriert und angespannt wiederholte sie die Instruktionen, die sie erhielt: »Sofort – allein – nicht parken, nur an der Kreuzung anhalten.« – Sie legte auf und wandte sich an mich: »Wir müssen wegfahren. Man hat von mir verlangt, dass ich allein kommen soll, aber ich kann euch ja nicht hier alleine lassen. Es ist nicht sicher genug. Hol Dawn, steigt ins Auto und legt euch hinten flach auf den Rücksitz. Was auch geschieht, macht kein Geräusch und setzt euch nicht auf, bevor ich es sage.«

»Wohin fahren wir?«

»Nicht weit weg. Ich muss jemanden treffen.«

Wir fuhren eine kurze Strecke und hielten an einer Ecke in der

Nähe einer hohen Steinmauer. Eine schwache Straßenlampe schien auf die Pflastersteine. Es regnete leicht. Aus dem Schatten der Mauer löste sich die Gestalt eines Mannes und kam auf uns zu. Sein Hut war tief ins Gesicht gezogen, der Kragen seines dunklen Mantels hochgestellt. Wir konnten keine Gesichtszüge erkennen. Drei lange Schritte bis zum Fahrerfenster, dann bückte er sich.

»Bettina – du bist nicht allein – wie schade!«

»Schnell, steige ein – steige ein! Wir müssen reden!«

Aber er trat zurück, machte ein paar Schritte rückwärts und flüsterte auf Deutsch ein einziges Wort, das sich im Geräusch des fallenden Regens verlor: *»Schade!«*

Mutter flüsterte: »Bitte!«

»*Leider* – es tut mir so leid.« – Er drehte sich um und verschwand in der Dunkelheit.

Bettina fuhr um die Ecke und hielt am Bordstein. Sie ließ sich vornüber mit dem Kopf auf ihre über dem Lenkrad gekreuzten Arme fallen.

»Soll ich zurückgehen?«, murmelte sie. »Nein, ich kann nicht, er wird nicht warten und ich darf keine Szene machen. Wenn ich heimfahre und zu Hause bleibe, ruft er vielleicht wieder an.«

Ich konnte mich nicht mehr zurückhalten. »Wer war das, Mum?«

»Ich weiß es nicht. Ich bin mir nicht sicher. Es ist so lange her, seit … Oh, ihr beide dürft euch jetzt aufsetzen. Es ist vorbei. Es hat nichts zu bedeuten. Es war nichts. Nur ein dummes Spiel. Vergesst, dass es jemals passiert ist.«

Wir fuhren nach Hause. Bettina verbrachte den Abend damit, sich schweigend in der Nähe des Telefons herumzutreiben. Ich habe nie den Schein der Laterne auf dem Kopfsteinpflaster vergessen, die Form seines Hutes, die langen Schritte und den Schmerz in seiner Stimme, als er *»Schade!«* geflüstert hatte.

Mir fiel der Zwischenfall auf dem Silvesterball 1954 in Mailand ein – der maskierte Polizist, der mit Bettina hatte tanzen wollen. Ich erinnerte mich an ihre schwache Stimme, als sie geflüstert hatte: »Ich weiß es nicht, ich weiß es nicht!« Sie hatte damals genauso reagiert wie heute. Ich fragte sie sanft: »Denkst du, es war dein Bruder Otto, Mum?«

Sie sah mich an, verbarg nicht mehr, dass auch sie verwundbar war, und seufzte. »Wie kann ich mir jemals sicher sein? Wie kann ich es nur herausfinden? Geh ins Bett. Vergiss das Ganze.« – Sie blieb in der Nähe des hartnäckig schweigenden Telefons.

Ich fühlte, dass auch Menschen, die direkt vor dir stehen, »verloren« gehen können. Alles hatte mit dem Krieg zu tun.

8

DIE KURZE HERRSCHAFT DES HÄSSLICHEN ENTLEINS

Ich wuchs heran und stellte unsere Art zu leben immer mehr infrage. Wir zogen aus dem alten Haus, das ich so liebte, aus und übersiedelten in ein nagelneues am Stadtrand. Ich wollte wissen, warum. Und warum gab es bei uns keine normalen Mahlzeiten und kein normales Essen? Der Haushalt meiner Mutter bestand darin, dafür zu sorgen, dass es eine Kiste mit frischem Obst gab, Steaks im Kühlschrank und frisches Brot im Kasten. Wir bedienten uns selbst und naschten in unbegrenzter Menge von den Früchten, die gerade reif waren, Äpfeln, Pfirsichen, Marillen und Grapefruits, und wenn uns danach zumute war, grillten wir uns ein Steak und aßen es zwischen zwei Scheiben Brot. Das war nicht normal.

Andere Mütter kochten. Andere Familien setzten sich regelmäßig gemeinsam zu Tisch und aßen zu festgesetzten Zeiten. Unsere Nachbarn von gegenüber zum Beispiel hörten beim Essen, das zeitlich genau darauf abgestimmt war, stets die Nachrichten. Ich hatte es selbst erlebt. *Das* war normal. Und warum fuhren wir zum Beispiel nicht jedes Jahr nach Port Macquarie auf Urlaub wie unsere Nachbarn? Warum hatte meine Mutter immer auf der Farm zu tun, statt wie andere Mütter Kuchen und Kekse für uns zu backen, auf die wir uns freuen konnten, wenn wir von der Schule nach Hause kamen? Warum fluchte und lachte, schimpfte und stritt sie ständig mit allen Leuten, mit denen sie zu tun hatte? Sie erklärte mir in aller Ruhe, dass sie immer schon »unmöglich« gewesen sei. Ich wollte wissen, warum.

Es hing mir beim Hals heraus, in der Schule als sonderbar betrachtet zu werden, und ich träumte davon, dass ich es, wenn meine Mutter sich ein bisschen darum bemühen würde, vielleicht schaffen konnte, uns wenigstens einen *Anstrich* von Normalität zu geben.

Mutter fuhr einen zerbeulten VW-Käfer, denselben, den sie mitgebracht hatte, als wir mit dem Frachtschiff 1954 aus Europa zurückgekommen waren. In Australien war der VW-Käfer damals noch unbekannt. Die Rückbank hatte sie entfernt, um die landwirtschaftlichen Geräte, die Ölfässer, die Futtersäcke und die Hunde besser unterbringen zu können. Wir saßen zuoberst auf der gemischten Ladung und vor dem Schultor, wo alle es sehen konnten, krochen wir unordentlich und zerzaust aus dem Laderaum. Normale Eltern fuhren einen Holden mit vier Türen.

Es gab auch das Problem mit der Sitzgarnitur. Wir hatten nämlich keine. Wir saßen auf diversen Korbstühlen vom »Eastern Emporium«-Warenhaus, das Mutter besonders liebte. Als ich vorschlug, eine richtige Polstergarnitur zu kaufen, wenn möglich eine wie die, welche die Nachbarn unlängst erworben hatten, sprangen meiner Mutter beinahe die Augen aus dem Kopf. »Was?«, brüllte sie. »Glaubst du, ich bin übergeschnappt? Was soll ich mit einer Sitzgarnitur?« – Als ich ihr erklärte, dass es sich genau genommen um eine braune, äußerst geschmackvolle Veloursleder-Garnitur handelte, fuhr sie zu Dawn herum und sagte: »Sie hat den Verstand verloren! Sie hat keine Ahnung … Wir sollten sie einsperren. Sie war schon immer ein bisschen schräg im Kopf.« Sie rollte die Augen und tippte sich an die Stirn, um mein Problem deutlich zu illustrieren. Je älter ich wurde, desto mehr brachte mich meine konservative Einstellung in Konflikt mit meiner Mutter. Weder tolerierte sie Fragen, noch gab sie mir Antworten, die ich akzeptieren konnte.

Die meiste Zeit verbrachten wir in Tamworth, wir fuhren aber auch jede Woche zu unserer neuen Farm bei Keepit Dam. Das Grundstück lag am Zusammenfluss des Peel mit dem Namoi River. Auf den ebenen Feldern entlang der Ufer wurde Luzerne – eine Futterpflanze – angebaut.

Ein Zwei-Zimmer-Häuschen aus Hartfaserplatten war am Wochenende in Keepit Dam unser Dach über dem Kopf. Es hatte zwar kein Bad, dafür hatten wir eine herrliche Aussicht über die Weizenfelder und die von Weiden gesäumten Ufer des breiten silbernen Flusses an unserer Grundstücksgrenze.

Die Küche bestand lediglich aus einem Spirituskocher auf einer wackeligen Kiste und einer Abwasch-Schüssel aus Blech, dafür konnten wir in den Flüssen schwimmen und angeln. Von Zeit zu Zeit traten sie über die Ufer und nahmen die Zäune und Pfosten, die an den Weiden befestigt waren, mit. In mühevoller Kleinarbeit mussten die Gitter dann wieder aufgerichtet und mit Drahtzangen repariert werden – es wäre teuer gewesen, sie zu ersetzen. Auf dem nahe gelegenen See, dem Lake Keepit, segelten wir und fuhren Wasserski.

Inzwischen warf wieder einmal das Problem unserer Schulbildung einige Fragen auf. Damals war ich es endgültig leid, immer hinter der Klasse nachzuhinken, ein Außenseiter zu sein und als dumm, faul, zurückgeblieben und seltsam bezeichnet zu werden – alles vertraute Ausdrücke, die man mir laufend nachsagte. Ich hatte es so satt, dass ich jeden Versuch aufgegeben hatte, zu kooperieren. Ich verbrachte Stunden damit, aus dem Fenster zu schauen, füllte sämtliche Notizblöcke mit Zeichnungen und Entwürfen für die Haute Couture und manchmal fand ich mich vor dem Büro des Schulleiters wieder, wo ich mir die Füße in den Bauch stand, während ich auf ein weiteres Verhör warten musste.

Trotz all der Sprachen und Reisen konnte ich nicht ein einziges Schulfach finden, das mich interessierte. Nichts, was ich je getan oder gesehen hatte, hatte irgendeinen Bezug zu den Fächern Geschichte und Geografie, wie sie in der Schule unterrichtet wurden. Die Musikstunden waren nichts als eine peinliche, schmerzhafte Kakofonie, ich konnte den Namen »Tschaikowsky« nicht buchstabieren und richtig singen konnte ich auch nicht.

Mathematik war zwar hochinteressant und wunderbar logisch, aber aufgrund meiner häufigen Abwesenheit hatte ich große Lücken, die mir auch in diesem Fach den Erfolg versagten. Ich liebte Geometrie und Lehrsätze, die ich lernen, verstehen und anwenden konnte. Das waren verlässliche, voneinander unabhängige Informationseinheiten, fast wie ein Gedicht, und zur Lyrik hatte ich mich immer schon stark hingezogen gefühlt. Lehrsätze und Gedichte konnte man im Kopf behalten und man musste sie nicht qualvoll aufschreiben – in einer ungelenken Kinderkralle mit bruchstückhaften Sätzen – und mit Worten, die vor Fehlern strotzten. Ein ganzer Chor von Erwachsenen schien um mich herum zu flüstern und zu betteln: »Streng dich an, Phyllis, versuch es doch wenigstens, Phyllis!« Meine stumme, widerwillige Antwort war immer die gleiche: »*Was soll ich versuchen?*«

Mit einem Gefühl von unbeschreiblicher Erleichterung, wenn nicht sogar von Glück, vernahm ich die mir mit strengen Worten mitgeteilte Neuigkeit, dass man mich in ein Internat schicken würde. Ein Engel in Gestalt der Ehefrau von Bettinas Anwalt kam mir zu Hilfe. Sie hatte sowohl den Kampf, den ich mit meiner Mutter focht, als auch den in der Schule schon längere Zeit beobachtet. Sie stellte Erkundigungen nach mir an und sprach mit meiner Mutter und mit meinen Lehrern. Bettina war völlig verzweifelt, weil sich alle ihre früheren Einwände gegen ein Internat in Luft aufzulösen schienen. Schließlich wurde ich nach Sydney ins Brigidine College, Randwick, geschickt – wo ich alles fand, was mir guttat: Frieden, eine Zufluchtsstätte und mentale Genesung – ich durfte Lyrik lesen, so viel ich wollte. Ich entdeckte alte und neue Geschichte für mich, ein Fach, das mich faszinierte und sehr wohl mit meinen eigenen Erlebnissen zu tun hatte, Französisch, das mir vertraut war, und, was fast noch wichtiger war, ich fand Tage und Wochen, die einem genau vorgegebenen, sich wiederholenden Muster folgten, gelegentlich ein freundliches Lächeln und Anerkennung – es war die reinste Glückseligkeit!

Dawn kam etwas später auch nach Brigidine, anfänglich blieb sie jedoch noch in Tamworth in der Schule und wohnte unter der Woche bei einer Familie in der Stadt.

Meine schulischen Leistungen in Brigidine verbesserten sich so deutlich, dass schließlich auch meine Mutter Hoffnung schöpfte. Ihre häufigen Reisen nach Europa weckten in ihr den Wunsch, mich »in die Gesellschaft« einzuführen. Die australische Gesellschaft umging sie mittels des Flughafens von Sydney. Wir wohnten nicht mehr in Sydney und wir hatten, wie sie erklärte, »keine Verbindungen«. Niemand betraute uns mit irgendwelchen öffentlichen Funktionen – und wenn, hätte Bettina sie nicht wahrgenommen. Da bin ich sicher. Für sie bedeutete »Gesellschaft« nur eines: Wien. Tante Maria, Agathe und Mucki waren der gleichen Meinung und erklärten, der einzig richtige Weg, »in die Gesellschaft einzutreten«, sei, als Debütantin den Wiener Opernball zu eröffnen.

Die temporäre Trennung von meiner Mutter durch das Internat und meine besseren schulischen Leistungen wirkten übrigens Wunder, was unsere Beziehung zueinander betraf. Beide waren wir bereit, die Kriegsbeile zu begraben und einen Neuanfang zu wagen. Mutter präsentierte mir voll Begeisterung das Opernball-Projekt und ich war glücklich und stimmte zu.

Ihre Begeisterung hatte mich angesteckt. Sie freute sich darauf, wieder etwas gemeinsam mit mir zu unternehmen, und sie vertraute darauf, dass ich »einen guten Eindruck« machen würde. Es war ein Vertrauensbeweis. Ich wollte sie nicht enttäuschen.

Brigidine hatte etwas in mir wiederhergestellt, was ich eigentlich früh schon auf der Tarpoly-Farm gelernt hatte: Wenn ich mich in Ruhe auf ein Projekt konzentrierte, konnte ich es erfolgreich zu einem Ende bringen. Das gab mir das Vertrauen, dass ich als Debütantin für die heurige Saison entsprechen würde. Zum Glück hatte ich bei unseren letzten Besuchen in Wien schon einige Freundschaften schließen können. Dass ich etwas anders war als die anderen, verzieh man mir hier. Man führte das darauf zurück, dass ich in Australien groß geworden war, zudem war ich die Tochter der verwitweten Bettina Mendl, der von allen bewunderten, schönen und reichen Eigentümerin eines riesigen Unternehmens. Ich wusste ja auch, dass Tante Maria, Mucki und Agathe um mich herum sein würden, die, sollte ich mit Mutter in Streit geraten, eine Lösung fänden. Auf einer rein pragmatischen Ebene fragte ich mich, wie ich eine solche Gelegenheit ausschlagen hätte sollen. Wie hätte ich »Nein« zu meiner Mutter sagen können?

Unseren Gewohnheiten entsprechend verließen Bettina und ich Australien eine Woche vor Schulschluss. Es war mein letztes Schuljahr und ich konnte nicht mehr zur Reifeprüfung in Englisch antreten, obwohl ich das ganze Jahr hart dafür gearbeitet und meine Lehrerin ein sehr gutes Ergebnis erwartet hatte. Das war dennoch leichter zu verkraften, als Bettinas traumhaftes Angebot auszuschlagen.

In Brigidine hatte mich die Geschichte der Alten Griechen und Römer zu faszinieren begonnen. Unser erster Zwischenaufenthalt in Athen gab mir Gelegenheit, den Spuren der Helden, die ich aus den Schulbüchern kannte, zu folgen, den alten Göttern Ehre zu erweisen und die prachtvollen Ausblicke von den mir heiligen Hügeln aus zu genießen. Meine Mutter war eng mit einem griechischen Bankier befreundet, den sie auf einer Reise nach Bad Gastein kennengelernt hatte, wo sie ein hübsches Haus besaß. Ich war darauf vorbereitet, ihn kennenzulernen, aber ich hatte nicht erwartet, dermaßen beeindruckt zu sein. Constantine Eftaxius hatte silbernes Haar, war groß, schlank, sehr elegant und äußerst charmant. An unserem ersten Abend in Athen wurden wir von ihm abgeholt und zum Essen ausgeführt. Nach einem entspannten Spaziergang durch die Altstadt kamen wir zu einem Restaurant, das im Hafen von Piräus über dem Wasser hing wie eine glitzernde Kugel aus Glas. Von unserem Tisch aus sahen wir über den Hafen, der von funkelnden Lichtern gesäumt vor uns lag.

In seinem perfekten Oxford-Englisch erläuterte mir Constantine die Kriegsstrategien der Alten Griechen, nannte uns die Namen berühmter Schiffe und erzählte uns Geschichten über die Anführer der Flotten, die vor mehr als tausend Jahren durch diese dunklen, geheimnisvollen Gewässer gesegelt waren. Ich verliebte mich hoffnungslos und bis über beide Ohren in Constantine, in Athen und ins Leben. Ich schickte den Nonnen in Brigidine leise Dankgebete, weil sie mir die Geschichte der Alten Griechen mit so viel Leidenschaft beigebracht und mich so gut für diese Konversation gerüstet hatten. Ich fühlte mich unglaublich wohl, locker und entspannt, bezaubert und bezaubernd.

Am nächsten Tag gingen wir Schuhe kaufen. Meine Mutter und ich teilten eine besondere Vorliebe für Schuhe. Beide liebten wir es, entweder barfuß zu laufen oder im Luxus der elegantesten Schuhe zu schwelgen. Dazu passte eines der ersten Gedichte, die ich in der Schule von Tarpoly gelernt hatte, lange bevor ich ein Paar »Stadt-Schuhe« besessen hatte – es ging wie folgt:

New shoes, new shoes –
red and pink and blue shoes.
Tell me, which would you choose –
if they let us buy?

Ich hatte immer davon geträumt, einmal in ein Schuhgeschäft zu gehen und mir ein Paar von jeder Sorte Schuhe zu kaufen. Ich glaube nicht, dass ich jemals darüber gesprochen habe, kannte jedoch die wenigen Geschäfte in Sydney, in denen man importierte Schuhe – obszön teure italienische etwa – kaufen konnte, in- und auswendig.

Hier in Athen gab es sie alle, aus weichem Leder, in allen Farben, mit Schnallen und Schleifen, gepunktet, gefaltet, gerafft, flach und mit hohen Absätzen. Das Angebot war einfach traumhaft!

»As cheap as chips – so billig wie Chips«, sagte Mutter. »Du wirst gute Schuhe brauchen. Denk daran, dass du kilometerweit laufen und die ganze Nacht tanzen wirst müssen. Was immer du anziehst, die Schuhe müssen passen.«

Noch unter dem Einfluss meines klösterlichen Internatslebens suchte ich mir ein Paar einfache marineblaue Pumps aus, die, wie ich meinte, praktisch und elegant waren. »Du suchst dir lieber noch ein paar Paare aus«, riet Mutter. Ich wählte ein beiges Modell. Ich wagte es nicht, mich den karminroten Sandalen zu nähern, oder den himmelblauen mit der dünnen Spitze, oder den silbernen Pumps mit dem Rheinkiesel im Absatz oder …

»Probiere doch ein Paar von ihnen an – nur, damit du siehst, ob du darin laufen kannst!«, meinte Mutter. Ich probierte sie, stolzierte auf und ab, drehte und balancierte auf zehn Zentimeter hohen Absätzen. Lizzys Training war doch nicht umsonst gewesen! Ich konnte in *jedem* Schuh tanzen! Es gab nur ein einziges Paar, bei dem ich an meine Grenzen kam. Der Stapel von Schachteln wuchs und mit ihm der Berg aus Seidenpapier. Die Schuhe lagen in einem weiten Kreis um uns herum verstreut auf dem Boden. Ich versuchte, eine Auswahl zu treffen. »Passen sie? Sind sie bequem?«, fragte Mutter. »Könntest du sie jeden Tag tragen? Drücken sie irgendwo?« – Nach diesen Kriterien wurden Paare aus dem Stapel entfernt, wir saßen jedoch noch immer in einem ganzen Meer von Schuhen. Schließlich sagte meine Mutter: »Wir nehmen sie.«

»Welche hat Madame gewählt?«, fragte die Verkäuferin.

»Die hier«, antwortete Mutter mit einer ausladenden kreisförmigen Geste, die sämtliche Schachteln in unserer Umgebung mit einschloss.

»*Alle?*«, fragte die Verkäuferin ungläubig und wiederholte Mutters Bewegung.

»Alle?«, echote ich.

»Wissen Sie, in Europa können Sie nirgendwo ohne Schuhe hingehen«, war Bettinas Erklärung.

Die Verkäuferin packte dreißig Paar Schuhe ein. Sie stapelte vier Türme von Schachteln übereinander und band sie mit Schnüren zusammen. Wir ergriffen die Türme mit den Fingern unter den Schnüren, die uns tief ins Fleisch schnitten, und verließen das Geschäft durch die weit geöffnete Tür, die uns das strahlend lächelnde Personal aufhielt.

Es war ein Schock, vom kühlen Geschäft hinaus ins Freie zu treten. Wir waren wie geblendet von dem strahlenden Sonnenlicht Athens um die Mittagszeit und flüchteten in eine schmale, schattige Allee links um die Ecke.

Am Ende der Straße bogen wir wieder nach rechts, zögerten und sahen einander fragend an. »Ich glaube, wir haben uns verirrt«, sagte Bettina.

Wir suchten die Straße nach Menschen ab, die wir nach dem Weg fragen konnten. Wir waren allein. Weit und breit war keine Menschenseele zu sehen. Alle Türen waren versperrt, sämtliche Fensterläden geschlossen. Wir liefen zurück zu dem Schuhgeschäft, das wir gerade verlassen hatten – nur, um es ebenfalls geschlossen vorzufinden. Sicher waren wir nicht. War es wirklich dasselbe Geschäft? Eine Jalousie verdeckte die Auslage. Mutter stellte die Schachteln ab, kramte in ihrer Tasche und prüfte die Rechnung. Ja, es war der Laden, in dem wir gewesen waren.

»Denk nach!«, drängte Bettina. »Denk nach! Wie sind wir vom Hotel aus hierhergekommen?«

Die Auswahl der Schuhe hatte meine ganze Aufmerksamkeit in Anspruch genommen. Ich hatte nicht die leiseste Ahnung. In dieser ungewohnten nördlichen Hemisphäre ohne die Schatten im Busch, an denen man sich orientieren konnte, konnte ich mich nicht zurechtfinden. Mein Hirn war wie leer gefegt.

Bettinas Stimme klang plötzlich nervös und verändert. »Hier stimmt etwas nicht. Da ist etwas passiert, sicher eine Revolution«, stellte sie fest.

»*Was?!*«, rief ich. Ich versuchte, mit ihr Schritt zu halten. War das am Ende die Folge des Einkaufs – weil wir *zu viele Schuhe* gekauft hatten?

»Die Menschen sind alle verschwunden, sie haben sich eingesperrt und verbarrikadiert. Irgendwo marschieren sicher Soldaten! Da ist eine Revolution im Gange!«

Mir blieb der Mund offen stehen. Ich konnte gar nichts mehr denken.

»Pssssst – höre genau hin! – versuche, herauszufinden, aus welcher Richtung sie kommen!«, flüsterte sie.

Ich lauschte sorgfältig in alle Richtungen, konnte aber nichts anderes hören als eine brütend heiße, bedrohliche Stille. In diesem Moment erblickte ich in der Ferne ein großes schwarzes Auto, das ein paar Blocks weiter langsam um eine Ecke glitt. »Mutter – lass uns ein Taxi nehmen«, schlug ich vor, aber mir wurde gleichzeitig klar, dass es weit und breit kein anderes Auto gab.

»Wir gehen zu Fuß – wir werden jemanden finden – zum Hotel muss es hier entlang gehen.« – Sie ging in die entgegengesetzte Richtung. An der ersten Kreuzung hielt sie kurz an, presste ihren Rücken gegen die Wand und spähte vorsichtig in die Straße, die sie überqueren wollte. Sie wartete auf mich. Als ich sie erreicht hatte, zischte sie: »Es scheint alles in Ordnung zu sein, beeil dich und bleib nicht zurück!« Wir liefen über die Straße und hasteten weiter, die Hauswand entlang, bis Mutter einen Haken schlug und die Richtung änderte. Die Türme aus Schuhschachteln schleiften über den Gehsteig, als Mutter sich unter ein Sims bückte und in geduckter Haltung unter der leeren Auslagenfront bis zur nächsten Ecke schlich. Sicherheitshalber machte ich es genauso.

Wir überquerten drei Straßen und vermieden es sorgfältig, an unbedeckten Fenstern vorüberzugehen, bis wir endlich die vertraute Schrift des Kinos zwei Häuser vor unserem Hotel erblickten. Erschöpft stießen wir die Drehtür des Hotels auf und versanken in den Lehnstühlen der Lobby, umgeben von einem Berg aus Schachteln. Die Schnüre hatten soeben ihren Geist aufgegeben, sodass nun die Deckel herunterfielen und die Schuhe sich über den Boden ergossen. Keuchend krochen wir auf dem Boden herum, um sie aufzuheben.

Im Raum herrschte bleierne Stille. Nicht weit von uns saßen drei Herren in Anzügen und lasen die Zeitung, über deren Rand sie diskret in unsere Richtung blickten. Der Portier beeilte sich, uns zu helfen. Ein Hotelboy wurde gerufen, um unsere Schachteln und Schuhe einzusammeln.

Schließlich baute sich meine Mutter kerzengerade vor dem Portier auf und fragte: »Ist eine Revolution ausgebrochen? Wurde jemand verletzt? Haben Sie Radio gehört?«

»Ich bitte um Verzeihung, Madam?« – Der Portier blickte sie verwirrt an und schien an seinen Englischkenntnissen zu zweifeln.

Bettina fuhr fort: »Die Straßen waren alle verlassen – die Geschäfte geschlossen – wir konnten den Weg nicht mehr finden …« – Die Erklärungen gingen ihr aus, als ihr klar wurde, dass sie in Panik geraten war.

»Keine Revolution, Madam. Es ist Mittagszeit, Siesta, bis zwei Uhr Nachmittag.« – Er beförderte uns, den Boy und die Schuhschachteln in einen Lift und drückte eigenhändig auf den Knopf, damit wir nach oben fahren und uns hinlegen konnten.

Sie hätte wissen müssen, was eine Siesta ist. Sie musste sie auf ihren vielen Reisen schon kennengelernt haben.

Trotz unserer Erleichterung darüber, dass wir in Sicherheit waren, legte sich meine Mutter nicht nieder. Sie befreite die Schuhe aus ihren Schachteln und versuchte, sie in unserem Gepäck zu verstauen. Dann erklärte sie mir: »Jetzt müssen wir sie durch den Zoll bringen. Sie dürfen nicht neu aussehen, du wirst sie abnützen müssen. Bring sie hinunter zur Straße und zerkratz die Sohlen!«

Die nächste Stunde verbrachte ich damit, unter den zunehmend misstrauischen Blicken des Portiers mehrmals die Lobby zu durchqueren. Ich hatte jedes Mal fünf oder sechs Paar Schuhe dabei, stellte mich auf die Straße vor dem Hotel, wechselte die Schuhe in kurzen Intervallen und kratzte damit wie ein Hahn auf dem Mist. Ich war außerordentlich dankbar dafür, dass die Straße noch immer menschenleer war.

Es interessierte mich brennend, welche Erfahrungen bei meiner Mutter für eine solche Panik verantwortlich waren. Warum hatte sie sofort an eine Revolution gedacht? Ich wollte jedoch unser Abenteuer nicht mit meinen Fragen verderben. Nicht jetzt, am Anfang der Reise, wo noch so viel Schönes vor uns lag und die Tage so vielversprechend waren.

Den Rest der Woche schickte Constantine uns jeden Tag Blumen und holte meine Mutter ab, um mit ihr auszugehen. Mir wurde ebenfalls ein charmanter Begleiter zugedacht, eine jüngere Ausgabe von Constantine, möglicherweise sein Neffe, sein Cousin oder Patenkind. Er war groß, schlank und elegant, hatte schwarze Locken – und sprach ebenfalls schönstes Oxford-Englisch. Er führte mich in malerische Restaurants in Höhlen mit Blick über die Stadt. Hier aßen wir Käse aus Ziegenmilch, Oliven und Tomaten, die von der Sonne getrocknet waren. Wir lauschten der griechischen Zithermusik und unterhielten uns über Demokratie. Einmal besuchten wir auch eine Messe in einer griechisch-orthodoxen Kathedrale. Ich habe nie wieder an einem schöneren oder bewegenderen religiösen Ritual teilgenommen.

Mein Begleiter war charmant und aufmerksam – und sehr gut erzogen! Ich verließ Athen mit einigem Bedauern, doch Wien lockte und ich hoffte insgeheim, dass wir diese beiden charmanten Herren ja vielleicht eines Tages wiedersehen würden. Das war leider nicht der Fall.

Die Wiener Gesellschaft sah vor, dass man für die Dauer von drei Monaten »Saison«-Debütant oder Debütantin wurde. Während dieser Zeit besuchte man eine ganze Reihe von traditionellen Bällen. Die Einladungen dazu erhielt man je nach Status und Herkunft der Familie. Eine Debütantin war auch dazu verpflichtet, ihre Kolleginnen zu schicken Partys einzuladen und formelle Einladungen zum Tee zu besuchen. Zu diesen Verpflichtungen kamen noch Tanzstunden, das Training für die Eröffnungszeremonie, Kleideranproben, Ski-Wochenenden, Theater- und Konzertbesuche, Ausstellungseröffnungen und weniger formelle Partys in der Künstlerszene. Wir trafen die führenden Künstler von der Oper, aus dem Theater und dem Ballett wie auch Maler und Bildhauer und man erwartete von uns, dass wir ihre Arbeit verstanden und ihren Interpretationen und Philosophien folgen konnten.

Der abschließende, feierliche Höhepunkt war dann der Wiener Opernball, auf dem 200 Debütanten der »Wiener Gesellschaft« sozusagen vorgestellt wurden – eine Nacht voll Luxus und Extravaganz. Die Feierlichkeiten fanden in den sieben verschiedenen Sälen des Opernhauses statt. Der letzte Tanz um sechs Uhr früh war ein Walzer, der von einer einzigen Violine gespielt wurde. Zu dem Zeitpunkt glichen die Debütanten schon verwelkten, vom Wind zerzausten Blüten, die über die glänzenden Böden wirbelten, die Gänge und Hallen entlang, die gewundenen Treppen hinunter und hinaus in den Schnee.

Für fast alle diese Anlässe war ein Begleiter für mich gefunden worden. Peter war der Sohn eines der ältesten Freunde meiner Mutter. Sein Vater hatte die angesehene Baufirma gegründet, die die Villa Mendl nach den Entwürfen von Großvater Fritz errichtet hatte. Es war selbstverständlich, dass die Familien ihre Verbindung in der nächsten Generation fortsetzten. Ich hatte Peter schon während meiner früheren Besuche kennengelernt, aber da er fünf Jahre älter war als ich, hatte sich keine engere Freundschaft entwickelt. Peter wurde als »erfahrener Partner« ausgewählt, das heißt, er kannte die Spielregeln und das Protokoll und man konnte sich auf ihn verlassen. Er würde mir helfen, wenn ich Fehler machte. Zum Beispiel zeigte er mir, wie ich meine Blumen halten sollte – »nicht wie einen Kricket-Schläger!« Oder er wisperte mir genau zum richtigen Zeitpunkt die Titel von Personen ins Ohr, die ich gerade begrüßen musste.

Ich war glücklich, dass mir schon mein Vater das Walzertanzen so gut beigebracht hatte. Ich beherrschte das Balancieren und Drehen, konnte den sogenannten »Fleckerlwalzer« nach links und nach rechts, bei dem man sich mit dem Partner auf einem Fleck um die eigene Achse dreht, und fügte auch ein paar eigene anmutige Variationen hinzu. Dad und ich hatten oft auf der Veranda des Tarpoly-Hauses geübt, später auf den Tennispartys der Schule getanzt und auf Deck der *Oceania* zum Rhythmus der alten irischen Melodien, die er gesungen hatte.

Peter war ein fantastischer Tänzer und fest entschlossen, mich dahin zu bringen, dass ich die Debütanten-Prozedur so ernst nahm, wie sie es in seinen Augen verdiente. Ich war zuversichtlich, ihn nicht zu enttäuschen. Man erwartete von uns, ein Riesenspektakel zu liefern und uns würdig zu erweisen, in das Allerheiligste, den inneren Wiener Zirkel von Anmut, Charme, Kunst, Intellekt und Kultur, aufgenommen zu werden.

Wir erschienen pünktlich zu sämtlichen Übungen. Wir waren höflich zu *jedem*. Wir nahmen Rücksicht auf den Mendl-Chauffeur – denselben Herrn Juraske, der uns in Genua bei unserem ersten Besuch in Europa abgeholt hatte.

Was niemand erwähnt hatte, war die Tatsache, dass alle unsere Chauffeure bestens ausgebildete und durchtrainierte Bodyguards waren. Abgesehen von anderen Überlegungen war einer der Gründe dafür, dass wir alle zu den meisten Anlässen äußerst wertvollen Schmuck und Familienerbstücke trugen. Die größte Sünde war es, nicht auf die subtil geäußerten Vorschläge unserer Chauffeure zu hören, sie nicht zu beachten, obwohl sie im Interesse unserer Sicherheit vorgebracht wurden. Sie verbrachten viele Stunden mit Warten, bis sie uns zu unserer nächsten Verabredung bringen konnten, und es wurden ihnen ab und zu »gnadenhalber«, so wurde das damals gesehen, ein paar Stunden Entlastung gewährt, indem mehrere von uns ein Auto gemeinsam benutzten, damit die Chauffeure ein wenig schlafen konnten.

Otto Schönthal, der Mann, der Bettina in ihrer schlimmsten Verzweiflung begleitet hatte und schon vor dem Krieg ihr wichtigster geschäftlicher Berater gewesen war, der Mann, der sie ermutigt hatte, nach Wien zurückzukehren und ihr Vermögen zurückzufordern, war auch ihr Vertrauter in der Zeit des Kalten Krieges im Wien von 1959. Es war die Zeit des Eisernen Vorhangs, der Europa in zwei Hälften teilte, nur 100 Kilometer östlich von Wien. Der Kalte Krieg war spürbar. Drei Jahre zuvor war in Ungarn ein Volksaufstand gegen die kommunistische Herrschaft auf brutale und grausame Art niedergeschlagen worden. Misstrauen und Anschuldigungen vergifteten die Atmosphäre. Es gab damals eine große Angst vor Russland: Es gab Gerüchte über Menschen, die auf geheimnisvolle Weise verschwunden waren. Es wurde viel darüber gesprochen und die Drohung schwebte über dem Land, dass die Kommunisten planten, ihren Einflussbereich zu vergrößern und Österreich zu annektieren – oder zumindest Wien zu besetzen, die alte Hauptstadt der österreichisch-ungarischen Monarchie.

Herrn Juraskes Familie stammte aus Osteuropa. Bald nachdem wir angekommen waren, bemerkte meine Mutter, dass er jedes Mal, wenn sie den Wagen benützen wollte, knapp bevor sie abfuhren, die Position des Ankerbrot-Logos vorne am Auto veränderte. Sie sprach mit Otto über ihre Beobachtung. Gemeinsam kamen sie zu dem Schluss, dass Juraske möglicherweise vom KGB unter Druck gesetzt wurde, Informationen über ihre Aktivitäten zu liefern. Bis dahin hatte Juraske bereits über zehn Jahre für Ankerbrot gearbeitet, auch in den ganz schwierigen Zeiten. Bettina entschied sich dazu, ihm aufgrund seiner bisherigen Loyalität auch weiterhin zu vertrauen. Sie erklärte ihm, dass sie über seine Aktivitäten und die Leute, die ihn unter Druck setzten, Bescheid wusste. Er blieb in unseren Diensten, jedoch das Logo wurde vom Wagen entfernt. Ich bin davon überzeugt, dass Bettina und Otto auch andere, weniger offensichtliche Maßnahmen getroffen hatten, um unsere Sicherheit zu erhöhen. Ich durfte nicht wissen, worin sie bestanden, aber ich weiß noch, wie traurig ich war, als ich erfuhr, wie fragil Juraskes Loyalität war, und dass ich in Zukunft kontrollieren musste, was ich sagte, wenn ich im Auto saß, besonders, wenn es meine Mutter betraf.

Ich traf Hector, als er im Rahmen seiner offiziellen Funktion junge internationale Wien-Besucher begrüßte. Die Formalitäten waren streng und ich hatte mich bereits auf einen langweiligen, pompösen Abend eingestellt, als ich Hectors wirklich komische Mimik bemerkte, mit der er sein leise gezischeltes Englisch untermalte. Ich ging ihm auf den Leim und der Abend veränderte sich auf magische Weise. Als der Empfang zu Ende war, bot Hector mir freundlicherweise an, mich sicher bis zum Hotel zu begleiten, das ein paar Häuserblöcke entfernt lag. Als wir dort ankamen, waren wir enge Freunde.

Hector war ein Student aus Mozambique. Seine griechische Familie besaß dort große Brauereien. Sie hatten ihn nach Wien geschickt, um hier die Technologie der Biererzeugung zu studieren. Er hatte jedoch einen Horror vor Bier und allem, was damit zusammenhing, und inskribierte – die großzügigen Unterhaltsschecks seiner Familie im Hintergrund – in der Modeschule, wo er mit Begeisterung Textildesign lernte. Wir wurden unzertrennlich und zu den weniger formellen Einladungen der Saison begleitete mich nun Hector. Wir hatten viel gemeinsam. Beide waren wir aus den »Kolonien« und obwohl wir aus »sehr guten Häusern« stammten, wurde von uns kein so hoher Level an Korrektheit erwartet wie von den einheimischen Debütanten. Er war ein sicherer Begleiter und teilte mein Interesse an Mode, Textil und Design.

Hector hatte einen trockenen Humor und machte sich einen Spaß daraus, Tratsch und Klatsch unter die Damen zu streuen, gerade genug, um sie zum Tuscheln zu bringen. Er betitelte die Personen, die er mir vorstellte, scheinbar wahllos, berechnete in Wahrheit jedoch stets den Effekt, den er erreichen wollte, im Voraus. »Ich möchte dir gerne Leo vorstellen – den Graf von Popskavinsk, Darling – eine sehr alte Linie.«

Er war unverlässlich, was Nullen auf Bankkonten anging, tanzte aber einen tödlichen Tango – mit einer Rose im Mund.

Die erste Herausforderung nach meiner Ankunft war es, die notwendigen Entscheidungen über »das Kleid« für die Eröffnung des Opernballs zu treffen. Die formellen Debütanten-Insignien waren nicht dafür entworfen worden, die Trägerin für eine einzige Gelegenheit hübsch aussehen zu lassen, sondern das Kleid musste den Belastungen einer ganzen Saison standhalten. Es wurde durchaus als normal angesehen, mehr als *ein* Kleid zu haben. Manche Mädchen entschieden sich dafür, eine Kopie des Originals anfertigen zu lassen. Abend für Abend, Nacht für Nacht, Woche für Woche, wurden diese

Kleider getragen, gereinigt, adaptiert und repariert. Eine gründliche Inspektion der Kleider während des abschließenden großen Finales, des Opernballs, hätte einige Debütantinnen in zerlumpten Outfits vorgefunden, mit geschickt verborgenen Rissen und Flecken sowie von Spuren von sorgfältigen Renovierungsarbeiten.

Der Erfolg des Unternehmens hing vom richtigen Modell ab, die Grundlage dafür war das perfekte Design. Tüll und feine Spitze kamen nicht infrage – sie hielten der Belastung nicht stand und zerrissen zu schnell. Schwerer Satin und feste Spitze waren geeigneter. Trägerlose Kleider waren riskant, egal, wie gut sie zu Beginn der Saison sitzen mochten. Die vielen Stunden beim Tanzen, Skifahren und Wandern bewirkten, dass die Mädchen an Gewicht verloren, was ungehöriges Abstehen oder Hängen der Kleider zur Folge hatte.

Der erste Haute-Couture-Salon von Wien war damals das Modellhaus Farnhammer. Meine Mutter hatte alle ihre Kleider von dort – hier hatte sich schon ihre eigene Mutter eingekleidet. Man vereinbarte eine Vorführung durch die Hausmannequins und dann wählte man aus einer Reihe von Kleidern die passenden Modelle aus. Anschließend besprach man die Änderungen und etwaige Abweichungen hinsichtlich Farbe und Stoff.

Das individuell kreierte Modell, das entsprechend viel kostete, wurde dann nach den Wünschen der Kundin fertiggestellt und auch *nach* der Lieferung sorgte der Salon für das Kleid. Er übernahm die komplette Reinigung und sämtliche Ausbesserungen. Alles wurde im Haus durchgeführt. Das war für mich äußerst angenehm, weil wir während dieses Aufenthaltes in unserer Suite im Hotel Kaiserin Elisabeth wohnten, direkt gegenüber von dem Salon, mitten im Zentrum von Wien.

Ich liebte die ruhige, vornehme Eleganz des alten Hotels. Es war definitiv keines der »Messing und Marmor«-Häuser, wie meine Mutter die großen Hotels gerne nannte. Das Hotel Kaiserin Elisabeth lag sehr diskret und versteckt in der schmalen Weihburggasse und verfügte über ein erlesenes und wirklich liebenswürdiges Personal. Die Angestellten kannten nicht nur die Namen sämtlicher Gäste, sondern auch die ihrer Besucher und die Autos samt Chauffeuren von jedem einzelnen Gast. Sie wussten sogar über unsere Termine

Bescheid und erinnerten uns an Einzelheiten in unserem Zeitplan, die wir ohne ihren Hinweis vielleicht übersehen hätten. Und sie taten das alles ohne erkennbare Anstrengung. Das schwierigste, unmöglich erscheinende Unterfangen gelang scheinbar mühelos.

Während dieses Aufenthaltes in Wien allein mit meiner Mutter vermisste ich die Villa Mendl in keiner Weise. Sie war inzwischen der Familie von Otto Mendl übertragen worden. Wegen des frostigen Verhältnisses zwischen Mimi und meiner Mutter war es undenkbar, dass wir uns dort einquartierten. Manchmal fragten uns Freunde, warum wir nicht in der Villa wohnten, ich wusste keine befriedigende Antwort darauf. Vielleicht war es wegen der Geschichten, die mir mein Cousin Hans erzählt hatte. Ich mochte und bewunderte Mimi jedenfalls – ein Umstand, den ich meiner Mutter nicht zu gestehen wagte. Ich fragte mich auch, warum wir keinen Kontakt zu Hans hatten, der früher einer ihrer Lieblingsneffen gewesen war. In seltenen, sorgfältig ausgewählten Momenten ließ ich Bemerkungen darüber fallen, in der Hoffnung, wenigstens in ihren Gesichtszügen etwas erkennen zu können. Leider erhielt ich keine Erklärung. Meine Mutter antwortete stets mit der gleichen wegwerfenden Handbewegung: »Sie sind völlig unmöglich.«

Farnhammers Modedesigner wurden gerufen, um uns das ideale Debütantinnen-Kleid vorzuschlagen. Hector und ich unterhielten uns flüsternd über die Vorschläge und nahmen ein paar Änderungen vor. Schließlich entschieden wir uns für ein hochgeschlossenes Modell in schwerer Guipure-Spitze.

»Einfach und jungfräulich«, meinte Hector.

»Will ich denn jungfräulich aussehen?«, wollte ich wissen.

»Du könntest – solange du kannst«, gab er zur Antwort.

Wir entschieden uns für kleine Flügelärmel, um das Ganze zu heben, und einen einfachen Glockenrock, damit meine Beine ein bisschen Luft bekamen und mir nicht zu heiß wurde. Der gesamte Eindruck hing von der Qualität der Spitze ab, die robust, aber elegant sein musste, schwer, aber nicht belastend, reich verziert, aber nicht kitschig.

Wir suchten ganz Wien danach ab, konnten aber keine einzige Spitze finden, die uns restlos überzeugte. Meine Mutter schlug vor, dass Hector und ich mit ihr nach Paris fliegen sollten, wo es eine größere Auswahl gab. Wir verbrachten also ein Wochenende in Paris, und obwohl wir in gutem Schuhwerk meilenweit durch die Gegend marschierten und alle Geschäfte abklapperten, fanden wir nicht, wonach wir suchten. Wir waren erschöpft. Ein hilfsbereiter Kaufmann schlug vor, er könnte die Spitze erzeugen lassen, und wir überlegten das Angebot ernsthaft. Schließlich hatte meine Mutter die Eingebung, dass wir es vorher noch bei Harrods versuchen sollten. Also flogen wir beide nach London. Und es war wirklich so, wie sie es vorausgesehen hatte: Wir fanden dort die ideale Spitze und kauften eine gewaltige Menge davon – ein ganzer Koffer wurde allein für das Material für den weiten Glockenrock benötigt. Wir besuchten keine einzige Galerie und kein Museum. Ich konnte nicht einmal eine Fahrt durch London machen. Wir blieben für eine Nacht, besuchten ein exquisites Theaterstück über das Leben von Shelley, *The Aspern Papers*, kauften die Spitze und kehrten nach Wien zurück, wo die Vorbereitungen allmählich in Schwung kamen und gesellschaftliche Verpflichtungen nicht ignoriert werden durften.

Meine einzige »normale« Tätigkeit während jener Zeit war es, jeden Tag auszureiten. Meine Mutter hielt ihre Pferde in Ställen im Prater, einer weiten Parklandschaft mitten in Wien. Eine Stute aus dem Deutschen Nationalgestüt wurde eigens für mich trainiert, und zwar von Herrn Johann Irbinger, einem Oberbereiter der Spanischen Hofreitschule. Jeden Nachmittag um zwei Uhr trainierte er mich im Dressurreiten. Die Stute war sorgfältig ausgebildet und bestand Tests der höchsten Standards, aber ich konnte mich nicht in sie verlieben. Es lag nicht an ihrer Größe oder ihrer etwas verschrobenen Art. Beides hätte mich nicht gestört. Ich war zu Hause an eigensinnige Stock Horses gewöhnt. Was ich nicht mochte, war das eingeschränkte Reiten innerhalb der Arena. Draußen lag hoher Schnee, daher mussten wir drinnen bleiben und übten komplizierte Bewegungsabläufe, die ich als künstlich, gewaltsam und reizlos empfand. Es schien, als ob sich alles nur um Kontrolle und Disziplin drehte, und obwohl ich Erfolg bei den Wettbewerben hatte, konnte ich an dieser Form des Reitens keinen echten Gefallen finden.

Nachdem die Weihnachtsfeierlichkeiten vorbei waren, nahm die Ballsaison unsere ganze Energie in Anspruch. Es musste entschieden werden, welche Bälle ich besuchen würde. Termine und Einladungen für die Debütanten-Partys wurden fixiert. Mein Terminkalender, der zum Bersten voll war, brachte mich fast zur Verzweiflung. Oft war ich gezwungen, eine Party um Mitternacht zu verlassen, weil mein Erscheinen auf einer anderen, die in derselben Nacht stattfand, unerlässlich war. Gelegentlich lud ich zu einem ausgiebigen, luxuriösen »English Breakfast« ins Hotel Kaiserin Elisabeth ein. Alle Gäste erschienen in Abendkleidung. Sie kamen direkt von den Bällen. Es gab große Platten mit gebratenem Schinken, Speck und Eiern, gegrillten Tomaten, Toast und Beeren-Marmeladen. Dies war eine gute Gelegenheit, um eine weitere gesellschaftliche Verpflichtung unterzubringen, aber dadurch kam ich praktisch nie vor zehn Uhr morgens ins Bett. Zum Glück wurden die Frühstücke dadurch abgekürzt, dass die meisten Debütantinnen nach Hause mussten, um ihre Kleider reinigen und in Ordnung bringen zu lassen. Oft musste ich das Reiten absagen, um etwas schlafen zu können, bevor ich mich für den nächsten Ball, ein Konzert oder eine Künstler-Party fertigmachte.

Die Tage und Nächte flogen dahin. Die Nerven lagen blank, die Gemüter waren ausgebrannt, aber irgendwie schafften wir es, nicht damit aufzuhören, zu tanzen und bezaubernd zu sein … »Lächle! Das wird dich nicht umbringen. Unter allen Umständen bleib immer freundlich und höflich. Schick Dankeskarten! Denk an die Blumen! Setz dein Team ein …« – Tante Maria erledigte Anrufe, bestellte Mahlzeiten, organisierte Fahrzeuge, alles im Rahmen des Protokolls. Herr Juraske trug einen kleinen Lederkoffer, in dem mehrere Paar Schuhe zum Wechseln waren. Während der Nacht schlüpfte ich ein paar Mal in die Garderobe, um von den anfangs sehr hohen (auf die Peter für die wichtigsten Tänze bestand) zu immer niedrigeren Absätzen zu wechseln, bis ich schließlich in weichen, flachen Ballettschuhen, die ich sorgsam unter dem langen Kleid verbarg, nach Hause ging. Manchmal liefen wir die letzten paar Hundert Meter barfuß im Schnee – um uns die Füße zu kühlen.

Mein Kleid hielt stand, Nacht für Nacht. Nach jeder Reinigung wurde es pünktlich und sorgfältig in Seidenpapier verpackt in einer flachen Schachtel zurückgeliefert, bereit für den nächsten Anlass. Die Spitzen am Hals fingen an auszufransen. Wir schnitten die Fäden einfach mit der Nagelschere ab, einmal, zweimal, und machten dann einen tieferen Schnitt.

Hector stieß einmal mit mir zusammen. Er hatte ein Glas Rotwein in der Hand und schüttete es um. Die Flüssigkeit sickerte durch die Spitze der Vorderseite des Kleides. Am nächsten Tag war die Frontseite neu zugeschnitten und eingepasst – auf einer neuen Satingrundlage. Zu dem Zeitpunkt wich das Kleid von dem Originalentwurf bereits beträchtlich ab, so ging es jedoch auch allen anderen – und ich liebte Veränderungen. Wenigstens bestand mein Kleid noch nicht aus mehreren Schichten wie das anderer Leute.

Es gab keine Zeit, um vor dem großen Finale ein wenig zu verschnaufen und Luft zu holen. Der Opernball war da. Wir betraten vor den Augen der ganzen Welt die Bühne und mussten unsere Show darbieten und tanzen – ganz ohne Netz: Immerhin waren wir ja nun fast schon Veteranen. Ich war Peter unendlich dankbar, der mich in so vieler Hinsicht inspiriert hat und wohl auch ein wenig verliebt in mich gewesen ist. Durch die ganze Saison hindurch hat er mich angeleitet, beschützt und ermutigt, ohne mir dabei die Freude zu nehmen – ganz im Gegenteil. Nacht für Nacht pries ich mich glücklich, den absolut besten Partner für die Tanzsaison zu haben. Seine Größe, sein gutes Aussehen, sein Tanzstil und sein glänzendes Benehmen gaben mir Vertrauen und er erreichte das alles ohne eine Spur von Arroganz.

Bettina war zufrieden, dass wir so gut miteinander auskamen. Sie hatte bewusst den besten Partner gewählt, den Sohn ihres eigenen Tanzpartners, für den sie noch immer viel empfand. Peter hatte seine Eigenschaften anscheinend geerbt.

Am Morgen nach dem Opernball erhielt ich eine Blumenschachtel, die in Zellophan verpackt war. Sie enthielt eine große blasslila Orchidee mit einer fast verschwenderischen Fülle von tropischen Blüten, die auf zartem Grün ruhten. Sie stammte von Alexander, dem mit Abstand schönsten Mann, dem ich je begegnet bin. Er war fantastisch gebaut, hatte goldbraune Haut und einen Schlafzimmerblick. Vor einer Woche war ich von Alexanders Vater, der etwas mit Öl zu tun hatte, zu einer Firmenfeier zu Ehren meiner Mutter eingeladen worden. Alexander war ein angenehmer Begleiter gewesen, obwohl er sich vielleicht etwas zu sehr um den Winkel sorgte, in dem sein Profil am besten zur Geltung kam. Nun schickte er Orchideen und weitere Einladungen.

Hector, der kurz zuvor vorbeigekommen war, um mir »den Puls zu fühlen«, wie er es nannte, erhob Einwände gegen die Orchidee.

»Primitiv! Geschmacklos!«, erklärte er. »Er hat einfach keine Klasse! Wie kann jemand, der nur einen Funken Feingefühl hat, einer Siebzehnjährigen *Orchideen* schenken? Violett! Was hat er sich dabei nur gedacht?«

Ich versuchte, Alexander zu verteidigen. »Vielleicht mag er Orchideen. Vielleicht hat er seine Sekretärin gebeten, sie zu bestellen. Das ist doch nicht so schlimm! Eigentlich mag ich sie. Es war doch nett von ihm, mir überhaupt etwas zu schicken!«

Hector war nicht zu beruhigen. Er lief auf und ab und schlug mit der Faust auf den Tisch. »Es ist die Art und Weise, der *Ton*, der mir nicht gefällt. Weg damit! Du musst sie zurückschicken – *sofort!*«

Ich war damit natürlich nicht einverstanden, schon weil ich niemanden beleidigen wollte. Die Orchidee zurückzuweisen, hätte einen Schatten auf eine wichtige Geschäftsbeziehung meiner Mutter geworfen. Hector verließ das Zimmer außer sich vor Zorn. Er weigerte sich, in einem Raum mit »den Orchideen anderer Leute« zu bleiben.

Hector und ich hatten unsere Beziehung als »leidenschaftlich platonisch« definiert. Wir hatten tiefe Gefühle und Vertrauen zueinander, unsere Lebenswege wiesen jedoch in unterschiedliche Richtungen. Ich ignorierte seinen Wutanfall. Es war gerade jetzt nicht schwer, ihm zu verzeihen. Ich wusste, dass er stark unter Druck stand, da seine Eltern noch im Verlauf dieser Woche in Wien eintreffen sollten. Es war ihr erster Besuch seit drei Jahren und es war mehr als wahrscheinlich, dass sie herausfinden würden, dass ihr Sohn, der Erbe eines beeindruckenden Brauerei-Imperiums, gerade dabei war, eine Ausbildung in Textildesign und nicht in Brauereitechnik abzuschließen. Ich zitterte für ihn! »Was werden sie tun?«, jammerte ich.

Anfangs war er gelassen. »Papa wird brüllen – das war aber nie ein Problem für mich. Er brüllt so oft und so laut, dass ich ihn gar nicht mehr höre.« Aber dann fügte er traurig hinzu: »Aber Mami – Mami wird weinen – und ihr Weinen bricht mir das Herz.«

Ich ahnte, wie Hectors Kindheit verlaufen war: Vor meinem geistigen Auge sah ich einen kleinen Jungen mit großen, traurigen Augen alleine in einem Zimmer. Das Geräusch leisen Weinens von seiner Mutter drang durch die Wände.

In den nächsten Wochen kehrte Ruhe ein. Die Hotels leerten sich langsam, weil die internationalen Gäste abreisten. Es gab Abschiedstelefonate und Fahrten zum Flughafen. Die Wiener Debütanten kehrten zu ihrem Studium zurück und besuchten uns jetzt in Stiefeln und Lederjacken und mit Büchern unter dem Arm. Unsere Tanzpartner, die wir monatelang nur im Frack gesehen hatten, traten plötzlich in Cordhosen wie junge Facharbeiter auf, die darum kämpften, in unsicheren Karrieren Halt zu finden. Die bislang mühsam unterdrückten Romanzen wurden nun zugelassen – der Frühling stand vor der Tür! Liebe lag in der Luft! Eltern verschärften ihre Gangart gegen »unpassende Verbindungen« – und ich hatte absolut keinen Plan für die Zukunft.

Mehr aus Gewohnheit als aus Absicht trottete ich den vertrauten kurzen Weg vom Hotel Kaiserin Elisabeth zum Salon Farnhammer. Ohne die leiseste Ahnung, warum ich hier war, stand ich herum und stöberte in den Sachen. Ich liebte Atzi, die Besitzerin und Chefdesignerin. Ich war so voller Bewunderung für ihre Anmut und ihre Eleganz, dass ich es kaum wagte, mit ihr zu sprechen. Als sie mich nach meinem Wunsch fragte, sagte ich schüchtern etwas, das mich im ersten Moment selbst überraschte: »Ich würde gerne für Sie arbeiten. Ich möchte lernen, wie so ein Geschäft funktioniert. Ich möchte mit Stoffen arbeiten und Kleider entwerfen.«

Atzi war verwundert, ich hatte sie vielleicht auch ein wenig in Verlegenheit gebracht. »Du bist jederzeit als Besucher herzlich willkommen«, versicherte sie mir.

»Aber ich möchte Sie nicht nur besuchen – ich möchte arbeiten, lernen, etwas von dem Handwerk verstehen. Nicht hier vorne im Salon, sondern hinten im Laden, wo die Maschinen stehen, wo gearbeitet wird – dort, wo die Kleider zugeschnitten werden.«

»Wir werden sehen. Ich werde mit deiner Mutter sprechen. Möchtest du gerne ein bisschen bleiben und dich umsehen?«

Am Ende kamen wir überein, dass ich bei Farnhammer als Mannequin arbeiten würde. Diese Vereinbarung wurde schon allein deshalb getroffen, weil ich entsprechend groß und dünn war. Darüber hinaus war ich als Debütantin, die viele kannten, auch so etwas wie ein sozialer Aufputz für Farnhammer. So wenig seriös meine neue Beschäftigung auch nach außen hin klang, die Arbeit war nervenzermürbend und anstrengend – und ich liebte sie. Wir waren dazu angehalten, einzelnen Kunden Kleidungsstücke vorzuführen. Der Kundenkontakt war also um vieles enger als bei Präsentationen auf dem Laufsteg oder gar vor der Kamera. Man hatte uns darin geschult, Haltung zu wahren, solange wir mit dem Kunden zu tun hatten. Auch wenn sie uns gelegentlich ganz unerwartet in Gespräche verwickelten oder näher heranwinkten, um eine Schnalle oder Knöpfe zu prüfen, durften wir uns weder bücken, noch hinsetzen oder uns sonst auf eine Art und Weise verhalten, die dem Verkauf des Kleides abträglich hätte sein können. Solche Gespräche konnten sich übrigens manchmal auch über mehr als eine Stunde hinziehen. Wenn Kunden uns um unsere Meinung fragten, mussten wir natürlich auch äußerst diskret vorgehen.

Hinter den Kulissen waren wir am Heften und Stecken, Nähen und Auftrennen. Wir bügelten, dämpften und legten Falten. Wir »endelten« mit der Hand Kilometer von Tüll, lernten, wie man Bleigewichte verwendet, um leichten Stoffen mehr Gewicht zu verleihen, wie man sie bearbeitet, damit sie in den Saum passen, und wo man unsichtbare Halterungen anbringen muss, um zu verhindern, dass sie bei einer Bewegung zu sehen sind.

Jeder Millimeter Stoff wurde genau kontrolliert. Was sollte betont und was versteckt werden? Knöpfe kamen aus aller Welt – aus Rom, Paris und New York. Die passenden Knöpfe auszuwählen, war eine Wissenschaft. Es gab Knöpfe aus Elfenbein, aus Bronze oder Perlmutt, aus Holz, aus Stein und sogar aus feinst geflochtenem Haar. Die Materialien allein waren eine fast magische Zutat. Diese wunderbare Erfahrung erinnerte mich an die glückliche Zeit, die ich mit meiner Cousine Lizzie in der Fabrik in Sydney verbracht hatte. Sie war es, die als Erste mein Interesse an Stoffen geweckt hatte.

Ich sah meine Mutter damals nur wenig. Wenn wir einander trafen, hatte ich jedoch den Eindruck, dass sie sich über die Tatsache, dass ich etwas für mich gefunden hatte, freute. Sie vertraute Atzi und war überzeugt davon, dass sich alles, was ich unter ihrer Aufsicht tat, als gut für mich herausstellen würde. Farnhammer war ein sicherer Hafen und ich ging jeden Tag reiten. Der neue Lebensrhythmus befriedigte mein Verlangen nach Routine fast zur Gänze, jedoch als weitere drei Monate ins Land gezogen waren, begann ich, mich nach unserem Zuhause zu sehnen. Ich vermisste Dawn, die damals in Brigidine lebte, und ich vermisste die Farm. In dem Leben, das ich in Wien führte, konnte ich keinen Sinn mehr sehen. Wohin sollte es führen? Und was sollte ich tun, wenn ich wieder daheim war? Ich erinnerte mich daran, dass Onkel Google immer gehofft hatte, ich würde Anwältin werden. Ich konnte heimfahren und Jus studieren. Ich hatte an Selbstvertrauen gewonnen und ich glaubte daran, dass ich es schaffen könnte.

Ich teilte meiner Mutter mit, dass ich heimfliegen würde, um in Sydney die Universität zu besuchen. Ich wusste, dass ihre geschäftlichen Verpflichtungen sie diesmal länger in Wien festhalten würden, und hatte mich deshalb nach einer Wohnmöglichkeit im Sancta Sophia College erkundigt. Obwohl das Jahr schon weit fortgeschritten war und das Semester längst begonnen hatte, war ich zuversichtlich, dass ich das Versäumte aufholen konnte. Das war mir auch in der Vergangenheit immer irgendwie gelungen.

Meine erste Enttäuschung war, dass ich angesichts meiner späten Anmeldung nicht mehr zum Jus-Studium zugelassen wurde. Man riet mir, mich im ersten Jahr für Kunst einzuschreiben, und danach den Wechsel zu einem anderen Fach zu überlegen. Ich hasste Kunst. Ich hasste Sprachen. Obwohl das Deutsch, das ich mittlerweile sprach, mir ganz gute Dienste leistete, drehte mir die Lektüre und Analyse von Kafka den Magen um. Und in den Englisch-Vorlesungen konnte ich nicht begreifen, wie ein Saal voller zurechnungsfähiger Erwachsener Stunden damit verbringen konnte, zu analysieren, ob Hamlet verrückt war oder ob Shakespeare sich das nur ausgedacht hatte und welche Techniken er dafür benützte. Ich hatte das Gefühl, dass diese endlosen Analysen den sicheren Weg in unseren eigenen Wahnsinn bedeuteten.

Ich fürchtete mich vor den Hörsälen, in deren realitätsferner Atmosphäre ich zu ersticken glaubte. Hatte ich keine wirkliche Aufgabe, überkam mich meine alte Schüchternheit wieder. Ich konnte nicht sprechen. Ich konnte keine Essays schreiben, weil meine Feder patzte und kratzte. Und wieder hörte ich den Chor wispern: »*Versuch es, Phyllis – versuch es!*«

Sechs Wochen später, an meinem achtzehnten Geburtstag, fand ich, als ich von der Vorlesung in mein Zimmer zurückkam, ein Geschenk – eine riesige Blumenschachtel in Zellophan – mit einer Karte aus Wien. Als ich das Papier entfernte, kamen achtzehn makellos weiße Orchideen zum Vorschein. Auf eine winzige Karte, die im Karton lag, hatte Hector die Worte »Hi Doll!« (Hallo Puppe!) geschrieben – eine Zeit lang ließ mich der Kontakt zu ihm meine Entscheidung für das Studium in Australien ein bisschen leichter ertragen.

Als ich nachdenklich in die Schachtel mit den Orchideen auf ihrem Bett aus Farnen und Seidenpapier blickte, schien mir Wien so nahe, dass ich mir nicht vorstellen konnte, Hector nicht mehr wiederzusehen – und schon gar nicht, dass es mehr als dreißig Jahre dauern würde, bevor ich wieder dorthin zurückkehrte.

9
DIE JAHRE VERGEHEN

Achtzehn Jahre nach dem Wiener Opernball hatte sich unser Leben deutlich verändert, und zwar für uns beide, für meine Mutter und für mich. Mutter verließ Keepit Dam, um näher zu Dawn zu ziehen, die jetzt in Tarpoly auf der alten Farm mit den vielen Kindheitserinnerungen lebte. Damals erhielt ich meine zwei Zeichnungen, die mit »Picasso« signiert waren. Als ich an diesem strahlenden Novembertag in meinem überladenen Auto nach Norden Richtung Brisbane fuhr, lagen die beiden Bilder auf der Rückbank. Sie befanden sich noch in ihren einfachen Rahmen, waren lose in Tücher gewickelt und schlugen leise gegeneinander.

Die Signatur auf den Zeichnungen ließ darauf schließen, dass sie wertvoll waren. Und wenn sie wertvoll waren, musste man sie versichern lassen, und das erforderte eine Schätzung. Die Schätzung hing von einer Art Überprüfung ihrer Herkunft ab.

Irgendjemand hatte wohl die Philip Bacon Galerie in Brisbane vorgeschlagen, in jedem Fall rief ich dort an und verlangte Philip Bacon. Man wollte den Grund meines Anrufes wissen, also erklärte ich vorsichtig, dass ich ihn um Rat fragen wollte, was die Identifizierung von zwei Picasso-Zeichnungen betraf. Die Stille am anderen Ende der Leitung dauerte länger, als ich erwartet hatte. Ich wiederholte mein Anliegen, in dem Glauben, dass mein Gesprächspartner mich vielleicht nicht gehört oder verstanden hätte. Daraufhin wurde mir mitgeteilt, dass Mr. Bacon im Moment nicht erreichbar war. Ich fragte, wann ich wieder anrufen könnte, und man teilte mir mit, dass Mr. Bacon gerade außerordentlich beschäftigt sei. Ich rief erst wieder an, nachdem ein Monat verstrichen war.

Der zweite Anruf verlief nach dem gleichen Muster. Diesmal war ich ein wenig beharrlicher. Ich fragte, ob vielleicht jemand anderer imstande wäre, mir zu helfen. Man wollte wissen, ob die Zeichnungen Originale oder Drucke wären. Originale, erwiderte ich. Mein Gesprächspartner teilte mir mit, dass Mr. Bacon meinte, die Zeichnungen, von denen ich spräche, seien vermutlich Studentenkopien von Picassos Arbeiten. (Später erfuhr ich, dass solche Artefakte tatsächlich in den 1970er-Jahren in der Gegend von Brisbane in großer Menge aufgetaucht und in Umlauf waren.)

Ich versuchte, zu erklären, dass die Zeichnungen signiert und datiert waren, nicht aus der Gegend von Brisbane stammten und dass ich sie seit den späten Fünfzigerjahren kannte. Das Gespräch wurde abrupt beendet. Ich bekam Mr. Philip Bacon niemals zu sprechen. Ich musste jemand anderen finden.

Ich entfernte die Zeichnungen aus ihren Rahmen, im Vertrauen darauf, auf ihrer Rückseite Hinweise auf ihre Geschichte zu finden. Einen Moment lang war ich frustriert, als ich erkannte, dass es keine solchen Hinweise gab. Mein Vertrauen wurde dadurch jedoch nicht erschüttert. Ich war überzeugt davon, dass die ganze Angelegenheit sich in wenigen Stunden von selbst lösen würde, sobald ich herausgefunden hätte, an welche Behörde ich mich wenden musste, um einem Experten, der dafür zuständig war, die Bilder zu zeigen. Ich deponierte sie unter dem Bett und verschob die Suche auf später, auf einen ruhigen Moment, auf irgendwann in der Zukunft.

In meinem *wirklichen* Leben ging es mit ordentlichem Tempo voran. Ich war mit einem Buchmacher aus Brisbane verheiratet und hatte für ein Haus voller kleiner Kinder zu sorgen. Ich hatte meinen Mann 1962 während eines spontanen Ausflugs nach Cairns, einem märchenhaften Ort an der Küste, kennengelernt. Ron war groß, dunkel und äußerst charmant. Er war fünfzehn Jahre älter als ich und abgesehen davon, dass er aus dem wenig erforschten, geheimnisvollen Norden, nämlich aus Queensland, stammte, hatte er bereits ein paar bezaubernde silberne Fäden in seinen Koteletten. Als Buchmacher war er der lebende Prototyp für jeden Riverboat-Spieler, der je in einem Film aufgetreten war. Um dieses Image zu unterstreichen, nähte ich ihm eine Weste aus altem französischen Seidenbrokat, den ich in einem kleinen Laden in Paddington entdeckt hatte. Er trug sie stolz bei allen Rennen.

Wir heirateten in der St. Mary's Kathedrale in Sydney, kaum ein Jahr, nachdem wir uns kennengelernt hatten. Ich bat den Bruder meines Vaters, meinen geliebten Onkel Clarrie, mich zum Traualtar zu führen. Er war schon alt und ein bisschen gebrechlich, als ich jedoch meinen Arm unter seinen schob, richtete er sich kerzengerade zu seiner vollen Größe auf. Und als ich ihn so von der Seite ansah, seine große Gestalt im Frack, wurde mir wieder bewusst, wie sehr er Joe, meinem Vater, ähnlich sah.

Wir setzten uns in Bewegung, den langen, langen Gang zum Altar entlang. Unsere Schritte waren auf der dicken Schicht von roten Teppichen nicht zu hören. Ein Stück vor uns, wo die Läufer aufeinandertrafen, erblickte ich eine Leiste aus Messing, die leicht in die Höhe stand. Ich wollte sichergehen, dass Onkel Clarrie diese Gefahr auch bemerkt hatte. Diskret zeigte ich mit dem Finger darauf und flüsterte: »Gib auf die Leiste acht, Onkel!« – »Was ist los, Mädchen?«, wollte er wissen. Ich wiederholte die Warnung mit dem gleichen Effekt.

Langsam kamen wir näher und Onkel Clarrie schritt so gerade und hoch erhobenen Hauptes, dass ich ganz sicher war, dass er keine Ahnung von einer in die Höhe ragenden Messingleiste, die ihn beim nächsten Schritt zu Fall bringen würde, hatte. Ich spannte die Muskeln an, um ihn notfalls zu stützen, und zischte aufgeregt: »Gib auf die Kante acht!« – »Ich kann nicht hören, was du sagst, Mädchen. Wir sprechen später darüber. Inzwischen« – er sprach mit der vertrauten, zärtlichen Stimme, die der meines Vater so ähnlich war – »pass lieber auf, dass du nicht kopfüber hinfällst!« – Er deutete mit dem Kinn auf die Kante.

Während all der Jahre, in denen ich mit meiner wachsenden Familie in Brisbane lebte, kam uns Bettina oft besuchen. Unser Heim war ein weitläufiges, altes Holzhaus im Queenslander Stil. Es thronte auf hohen Stelzen, die an ihren Verbindungsstellen knarrten. Wir lebten auf Ackerland, umgeben von Feldern, mit einer Menagerie aus Enten, Gänsen, Ziegen, Kühen, Hunden und vor allem Pferden. Ich nützte mein europäisches Training dazu, Dressur- und Springreiten zu unterrichten. Beides hatte in Queensland erst seit Kurzem Anhänger gefunden. Bettina trainierte meine besten Studenten, eine

Art elitärer Kreis aus eigenen Schülern hatte sich zusätzlich um sie gebildet.

Es war unvermeidlich, dass sie beides, Chaos und Freude, in unser Leben brachte. Sie kam zu spät, war immer in Eile, mit halbem Gepäck und dringenden Telefonaten, die geführt werden mussten. Sie fuhr zu spät ab, hetzte zum Flughafen, wo sie versuchte, mit einem unbestätigten Ticket durchzuschlüpfen, oder sie verhandelte über Last-Minute-Umwege über Kontinente hinweg, um verzweifelt in letzter Minute irgendwelche Flugverbindungen herzustellen.

Bei einem dieser Anlässe war sie auf dem Weg nach Hong Kong. Ich wollte sie zum Flughafen bringen. Uns lief die Zeit davon. Wir rannten die Stiegen hinunter, als sie sich zu mir umdrehte und vorwurfsvoll meinte: »Du hast mir gar nicht gesagt, was ich dir mitbringen soll!« – Nichts lag mir in diesem Moment ferner als das! Obwohl sie oft exotische Geschenke mitbrachte – wie Seide für Saris, Lederjacken, verziertes Messing –, gab es doch keine Tradition von Wunschlisten oder Ähnlichem. Nie hatte ich darüber nachgedacht, was sie mir »mitbringen sollte«. – »Du musst es mir sagen«, verlangte sie. »Ich hasse Shopping, wenn ich nicht weiß, was ich kaufen soll.«

Ich war mitten auf der Treppe mit einem Kleinkind auf jeder Hüfte und dem Schlüssel zwischen den Zähnen auf dem Weg zum Auto. Als ich endlich eine Hand frei hatte, sagte ich: »Perlen, wenn es leicht geht und du in Hong Kong bist – vielleicht ein paar Perlen.«

»Welche Sorte von Perlen? Das könnte den ganzen Tag dauern. Du hast keine Ahnung, was Shopping in Hong Kong bedeutet. Ich muss es *genau* wissen!«

Als ich das Gepäck im Auto verstaute, ging mir ihre Frage im Kopf herum und ich erinnerte mich an Ellen, Mutters beste Freundin aus Mädchentagen, die mich, obwohl sie in Wien lebte, von Zeit zu Zeit hier besuchte. Sie besaß eine hübsche Kette aus blau-grauen Perlen. Sie bestand darauf, dass ich sie trug, als sie das letzte Mal da war und wir zusammen ein Konzert besuchten.

»Schwarze Perlen wären schön«, meinte ich, als ich den Wagen startete und mich auf den Verkehr vorbereitete, wohl wissend, dass es keinen zeitlichen Spielraum für einen Irrtum gab.

Plötzlich und für meine Mutter höchst ungewöhnlich, zog sie ein Notizbuch heraus und notierte etwas. »Wie lang?«, wollte sie wissen.

»Nur lang genug, dass sie um meinen Hals herum geht – nicht zu eng.«

»Bitte in Zentimetern – möchtest du einen Knoten machen? Und wie oft, wie viele Male um den Hals?«

»Nur eine einfache Reihe Perlen, Mum, nichts Auffälliges, vielleicht etwas mehr als einen Fuß lang, ungefähr achtzehn Inches müssten ausreichen, denke ich.«

Mutter schrieb: »*Eineinhalb Fuß schwarze Perlen für Phyllis.*« Dann fragte sie: »Welchen Verschluss?«

Die Umstände erlaubten es nicht, dass ich im Kopf eine Schließe entwarf. Mir fiel nichts ein.

»Vielleicht ohne Verschluss«, meinte ich. »Nur eine in sich geschlossene Reihe, die ich über den Kopf streifen kann.«

»Sie wird länger sein müssen. Dein Kopf hat mehr Umfang als achtzehn Inches. Du würdest sie nie über den Kopf kriegen. Du kannst nirgends hingehen mit Perlen, die an deinen Ohren hängen bleiben. Vielleicht brauchst du eine Kette von zwei Fuß Länge.«

»Vielleicht hast du recht«, sagte ich in Gedanken einerseits beim Verkehr, andererseits bei den Kindern, die auf dem Rücksitz hin- und herrutschten, außerdem wollte ich keinen Anstoß zu einem Streit liefern und den Anschein erwecken, ich sei an Mutters Großzügigkeit nicht interessiert.

Sie strich durch, was sie notiert hatte, und schrieb etwas auf, was ich nicht sehen konnte. Ich erinnere mich aber daran, dass ich ihr, als sie auf dem Flughafen aus dem Auto sprang, erklärte: »Bitte mach dir wegen der Perlen keine großen Umstände, Mum, aber es wäre schön, wenn du etwas Nettes siehst.«

Einen Monat später rief meine Mutter aus Frankfurt an – zu einer Zeit, zu der es noch ziemlich schwierig war, internationale Ferngespräche zu führen. Man musste sie vorher anmelden und während des

Sprechens wurde man ständig von Telefonisten anderer Nationalität und Sprache unterbrochen, die wissen wollten, ob man richtig verbunden wäre oder ob man den Standard des Drei-Minuten-Limits erweitern wollte.

Der Kern ihres Anrufes war, dass sie Probleme mit den Perlen hatte. Meinte ich wirklich *schwarze*? Es sei schwer, die richtigen zu finden. Der Juwelier müsste sie nachbestellen. Er täte sein Bestes, aber sie würden diese Woche nicht fertig werden.

Ich versuchte, sie zu beruhigen, und wiederholte, dass ich nicht wollte, dass sie sich so viel Mühe machte und so viele Probleme damit hatte. Ich fragte auch, warum sie die Perlen in Frankfurt kaufte und nicht in Hong Kong, wo ich angenommen hatte, sie würde etwas Passendes an jeder Straßenecke finden.

»Hong Kong!«, rief Mutter. »Du kannst keine *anständigen* Perlen in Hong Kong kaufen!« – Das Telefon krachte und zischte – ich war nicht sicher, wie viel davon auf ihren Ärger zurückzuführen war. Als die Verbindung abbrach und die Leitung tot war, hängte ich ein, ein wenig erleichtert, aber mit dem traurigen Gefühl, dass ich »schwierig« gewesen war …

Ein paar Wochen gingen friedlich vorbei, bis Mutter aus München anrief. Das Perlenproblem sei noch immer nicht gelöst. Die Perlen, die sie in Frankfurt bestellt hatte, hätten nicht ihren Erwartungen entsprochen. Sie hätten die komplett falsche Farbe gehabt und sie hätte sie zurückgeschickt. Der Juwelier wartete jetzt auf eine Lieferung aus New York, sie müsste jedoch abreisen, schon weil sie ja nicht ihr Leben damit verbringen könnte, in München auf Perlen zu warten! Sie sei jetzt auf dem Weg nach Hause und die Perlen würden mir in Kürze zugeschickt werden. Ob ich ihr bitte Bescheid geben könnte, sobald sie angekommen wären, damit sie sicher sein könnte, dass sie nicht verloren gegangen waren?

Inzwischen fühlte ich mich außerordentlich schuldig wegen der Schwierigkeiten, die ich verursacht hatte, und dabei wagte ich noch gar nicht, an die Kosten zu denken. Ich versicherte ihr, ich würde sie es wissen lassen, sobald die Perlen ankämen, was sie bald darauf taten, eingebettet in weißes Seidenpapier und unauffällig in einer einfachen blauen Plastikschachtel verpackt.

Ich verliebte mich in sie, sobald ich den Deckel abhob. Sie hatten die perfekte Größe und schimmerten perlmuttartig wie der Schein von Kerzen zu Weihnachten. Sie waren schöner als alles, was ich mir hatte vorstellen können. Als ich in die Schachtel griff, um sie herauszuholen, entwickelten sich die Stränge zu einer einzigen Perlenschnur mit der unfassbaren Länge von 180 Zentimetern, beinahe sechs Fuß. Ich konnte es kaum glauben.

Ich rief Mutter an, nicht nur, um sie über die Ankunft der Perlen zu informieren, sondern auch um herauszufinden, wie es zu dieser unglaublichen Länge der Schnur gekommen war. War sie wirklich für mich? Durfte ich sie behalten? Sollte ich sie mit Dawn und unseren Cousinen teilen? – Viel Sinn sah ich nicht darin, aber ich hatte ein so verschwenderisches, prachtvolles Stück Schmuck nicht erwartet. Vielleicht waren sie unecht? Oder es war ein Scherz.

Als ich Mutter fragte, erklärte sie: »Phyllis, du bist unmöglich! Du sagst nie genau, was du willst, du wolltest nicht sagen, wie viele Reihen es sein sollten, du hast gesagt, eineinhalb Meter, und dann haben wir festgestellt, dass es ein bisschen mehr sein sollte, und das habe ich gekauft.«

Ich versuchte, mich zu verteidigen. »Erinnere dich, Mutter, ich sagte eineinhalb *Fuß*, achtzehn Inches, und ein bisschen mehr, damit sie mir über den Kopf gehen.«

»Jedenfalls«, setzte sie ungerührt fort, »kannst du sie nicht zurückschicken. Ich kann mir die Versicherung nicht leisten! Du wirst sie so tragen müssen, wie sie sind!« – Was ich tue, und zwar oft.

Beim nächsten Mal, als ich meine Mutter wiedersah, zog sie einen ledernen Perlenbeutel aus ihrer Tasche. Er trug den goldenen Stempel des berühmten Juweliers Köchert aus Wien. Ich hatte schon so viel von Mutters Schmuck in den vertrauten Köchert-Schatullen gesehen! Sie hatte meinen kleinen Perlenbeutel den weiten Weg aus

Wien mitgebracht! Ich konnte sie direkt vor mir sehen, wie sie mit Köchert diskutiert hatte – mit größerer Aufmerksamkeit, als sie möglicherweise den Perlen selbst gewidmet hatte. Und jetzt erklärte sie mir: »Du musst sie in diesem Beutel aufheben. Sie mögen den Kontakt mit Leder und du musst sie *oft* tragen. Perlen werden traurig, wenn sie vernachlässigt werden. Sie lieben die Berührung mit der Haut.«

Ich dachte über die seltsamen Widersprüche in ihrem Charakter nach. Sie konnte sich zwar kaum auf Einzelheiten bei einem Perlenkauf konzentrieren, aber sie konnte es nicht ertragen, sie nicht im richtigen Beutel zu sehen. Ihre absurdesten Bemühungen ergaben Sinn und führten zu einem guten Ende.

Jahre später – mitten unter Notizzetteln und Papierfetzen, die ich in der Hoffnung, meine Mutter zu verstehen, Stück für Stück durchlas – fiel mir ein Teil eines Gedichts in ihrer Handschrift in die Hände:

All of my life is a sing-song
a story I dreamt long ago.
Although the days do not last long
each one is a pearl in a row.
Softly they gleam or glitter,
some of them blink like a tear,
in memory of times hard and bitter …

Wenn ich sie ein einziges Mal in dieser Stimmung angetroffen hätte, dann hätte sie mir vielleicht meine Fragen beantwortet. Es wären heute auch andere Fragen. Nachdem ich die Umstände, unter denen sie gelebt hatte, und die Herausforderungen, denen sie sich hatte stellen müssen, verstanden habe, würde ich sie auch in einem anderen Ton stellen. Vielleicht werde ich eines Tages verstehen, was *genau* es war, was sie mir in der Plastikbox mit den traumhaften Perlen hatte schenken wollen.

Jahrelang drehte sich meine Beziehung zu Bettina um Pferde. Ich hatte angefangen, als Trainerin für Dressur- und Springreiten zu arbeiten, und zwar in den Jahren, in denen professionelle Coaches aus dem Pony Club verbannt waren und von allen Reitsport-Administratoren mit Misstrauen beobachtet wurden. Man war der Ansicht, der Sport sollte »sauber« bleiben und nur »echte Amateure« zulassen.

Auf der einen Seite hatte ich Hunderte von begeisterten Kunden, die meisten von ihnen kompetente Reiter, die die neue olympische Sportart begrüßten und sofort damit beginnen wollten. Auf der anderen Seite gab es von offizieller Seite den härtesten Widerstand gegen jede Form von Professionalität, die sich auf heimtückische Weise Zutritt zur Reitszene von Queensland hätte verschaffen können.

Kaum fünf Jahre zuvor, 1960, hatte Australiens Drei-Tage-Event-Team unter Captain Bill Roycroft Gold bei den Olympischen Spielen in Rom gewonnen. Das hatte eine begeisternde Wirkung auf unser Land ausgeübt. Der Vorstand des Pony Clubs bestand, wie nicht anders zu erwarten war, aus Eltern, die mich – heimlich – inständig darum baten, ihre Kinder zu trainieren, während sie in ihrer offiziellen Funktion in den Vorstandssitzungen die leidenschaftlichen Bemühungen, den Sport »sauber« zu halten, unterstützten.

Was mich betraf, so konnte ich es mir nicht leisten, mehr als fünfzig Stunden pro Woche mit ehrenamtlichem Coaching zu verbringen und mir dann noch Günstlingswirtschaft vorhalten zu lassen, wenn irgendein Kind zu kurz kam. Das normale Geld-gegen-Leistung-System schien eine intelligente Alternative zu sein. Ich hatte den seltsamen Widerstand, der in den Zusammenkünften des Komitees gegen den Vorschlag hochbrandete, natürlich nicht vorhersehen können.

Ich marschierte einfach unbeirrt weiter und ignorierte den Tratsch, der meine Aktivitäten begleitete: Vermutungen darüber, wen ich vielleicht trainierte, Diskussionen, ob Jurymitglieder dazu berechtigt wären, Reiter zu disqualifizieren, die verdächtig waren, von »Profis« trainiert zu werden, und ob Eltern vor diesem neuen Kult bewahrt werden konnten. Zuletzt gewann der verzweifelte Wunsch zu gewinnen trotz aller Kosten und Risiken die Oberhand. Mehr und mehr Schüler schrieben sich ein – und gaben es auch zu. Sie stellten ihre Fortschritte sogar offen zur Schau.

Bettina kam zu Besuch und machte mit. Sie trainierte die besten Reiter und war für ihre Leidenschaft berühmt und berüchtigt. Sie war äußerst intolerant und verlangte Perfektion, wenn möglich sofort. Jedes Versagen eines Schülers interpretierte sie als schweren Charakterfehler, als Schatten auf seiner geistigen Gesundheit oder als die Folge seiner mangelnden Kinderstube.

Wenn die Hand-, Fersen- oder Knieposition eines Reiters nicht perfekt ausgerichtet war und gehalten werden konnte, riskierte er, von ihr mit hysterisch vorgebrachter Kritik überschüttet zu werden – die meine Mutter heutzutage vermutlich ins Gefängnis gebracht hätte. Aber in den Sechziger-, Siebziger- und Achtzigerjahren kam sie damit nicht nur durch, sie wurde dafür sogar geliebt!

Ich hinkte mit meinen Schülern hinterher. Ich bestand auf pädagogischen Prinzipien. Ich wollte ermutigen und nicht entmutigen. Das bedeutete, dass meine Mutter und ich ständig auf Kriegsfuß miteinander standen, obgleich wir dasselbe Ziel verfolgten. Die Schüler, die sie überlebt haben, waren hart wie Stahl und unbezwingbare Gegner. Unter Druck waren ihre Leistungen heldenhaft.

Trotz unserer Differenzen arbeiteten wir oft mit denselben Kunden, verreisten zusammen und saßen bei denselben Wettkämpfen in der Jury. Selbst wenn es nicht von offizieller Hand arrangiert war, fuhren wir oft gemeinsam und diskutierten während der langen Heimfahrt das Für und Wider der Entscheidungen jedes einzelnen Jurymitglieds.

Bei einer solchen Gelegenheit waren wir einmal Gäste eines großen Wettbewerbes im Springreiten, der in einer überdachten Arena stattfand. Die Art der Veranstaltung war neu in Queensland und stellte ungewohnte Anforderungen an Pferd und Reiter. Die Indoor-Bahnen waren eng und verlangten noch mehr Kontrolle. Man sank tief im Boden ein, was eine enorme Kraft für den Absprung erforderlich machte. Allein durch Geschwindigkeit konnte man keine Punkte gewinnen. Präzise Fußarbeit war die einzige Chance, um Sekundenbruchteile für die Zeitmessung herauszuholen.

Meine Mutter und ich hatten die Ehre, in der Glasbox der Jury sitzen zu dürfen, und wir beobachteten, wie die Reiter mit der Herausforderung umgingen und – mit gemischten Resultaten – damit fertig wurden. Bettinas Frustration wuchs, böse kritisierte sie jeden Reiter. Ihre Kommentare wurden immer bissiger und giftiger, bis ich mich gezwungen sah, einen bestimmten Reiter zu verteidigen, dessen Pferd tapfer kämpfte. Der Reiter schlingerte, verrechnete sich und verfehlte den Kurs. Bettina verdrehte die Augen und stöhnte. Ich wollte ihren Bemerkungen zuvorkommen. »Er ist nicht *so* schlecht, Mutter. Er hat nicht viel Erfahrung, aber er wird es rechtzeitig schaffen.«

»Erfahrung! Er braucht keine Erfahrung! Was er braucht, ist ein Hirn! Er hat überhaupt kein Hirn! Er kapiert überhaupt nichts!«, tobte sie.

Ich versuchte es mit Vernunft. »Auch wenn man es kapiert, hat man nicht immer alles unter Kontrolle. Dinge können schiefgehen. Man braucht Zeit zum Experimentieren.«

»Experimentieren?! Und was ist mit dem Pferd?! Wie, glaubst du, fühlt sich das Pferd bei diesen Experimenten? Das Pferd hat alles getan, was es konnte, um den plumpen Kretin in die Höhe zu kriegen – und trotzdem haben sie drei Zäune umgerissen. Das Pferd verdient eine Medaille – der Reiter gehört erschossen!«

Ich versuchte, sie zu beruhigen und zum Schweigen zu bringen, obwohl es nicht wirklich darauf ankam. Die Mikrofone wurden sorgfältig kontrolliert und die im Juryraum anwesenden Angestellten kannten meine Mutter nur zu gut. Die meisten hatten sich an ihren zynischen Kommentaren schon die Zähne ausgebissen.

Von unserem privilegierten Platz aus konnten wir sehen, wie der betreffende Reiter draußen sein zweites Pferd vorbereitete. Bettina schüttelte sich vor Abscheu und brummte: »Du redest über Erfahrung! Die hat er seit Jahren – vor zehn Jahren hatte ich ihn in einer Gruppe im Pony Club. Wie viele Pferde soll er noch ruinieren, bis er endlich genug *Erfahrung* hat?«

Sie brachte mich zur Verzweiflung. Ich wollte den Streit beenden. Ich holte tief Luft und zischte: »Er braucht eben mehr Zeit und mehr Erfahrung, Mum. Viel mehr! *Du gehst nicht eines Abends zu Bett und wachst in der Früh mit Erfahrung auf!«* – Wie hätte ich wissen sollen, dass ausgerechnet in diesem Moment ein Techniker leichtsinnigerweise das Mikrofon aufgedreht hatte?

Meine weisen Worte hallten in dem ansonsten stillen Stadion nach. Einen Augenblick hielten alle den Atem an, dann folgte stürmischer Applaus. Noch Jahre später pirschten sich Leute, die ich kaum kannte, bei Grillpartys und anderen Gelegenheiten an mich heran – etwa unter dem Vorwand, mir die Sauce zu reichen – und fragten mich mit gespielter Unschuld, ob meiner Ansicht nach ein bestimmtes Pferd oder ein bestimmter Schiedsrichter oder Trainer genug Erfahrung hätten.

Die Veränderung in unserem Mutter-Tochter-Verhältnis wurde mir während eines meiner letzten Besuche bewusst, als Bettina noch in Keepit Dam lebte.

Sie war eine leidenschaftliche Schützin, traf meisterhaft und war mit vielen Arten von Feuerwaffen vertraut. Sie kannte ihre Reichweite und ihre technischen Besonderheiten und konnte sie mit Leichtigkeit reinigen, zerlegen und wieder zusammenbauen. Sie führte ihre Kompetenz auf diesem Gebiet auf die jahrelange Beschäftigung mit der Pirsch und der Jagd auf Hirsche in den Jagdgründen ihres Vaters in den österreichischen Bergen zurück. Sie hatte diese Leidenschaft mit ihrem Vater geteilt, die auch die wachsende Nähe zwischen den beiden gefördert hatte. Nach seinem Tod hatte dieses Interesse sich nicht nur fortgesetzt, sondern sogar zugenommen.

Unter den zahlreichen Fotos, die sie inmitten einer Schar von Jägern und Wildhütern mit einer Reihe von Gewehren zeigen, gibt es kein einziges, auf dem auch ihre Geschwister abgebildet sind. Nur meine Mutter ist darauf etwa im Alter von Anfang zwanzig Jahren zu sehen. Hie und da beweist ein Bild, dass auch Maria von Kozaryn – in robusten Wanderstiefeln – zu der Jagdgesellschaft gestoßen war, um am anschließenden Festschmaus teilzunehmen.

Meine Mutter erzählte uns oft von den wochenlangen Ausflügen in die Berge, wo sie nachts in einsamen Hütten kampiert hatten. Sie hatten damit bezweckt, die Herden von Rehen und Hirschen zu sichten, eine Auslese unter ihnen zu treffen und für Wildbret zum Abendessen zu sorgen.

Mein Vater hatte Bettinas Schießkunst und ihre Professionalität stets respektiert, seine Erfahrungen waren jedoch andere gewesen. Auch wenn er mit dem Gebrauch von allen Feuerwaffen, die man im Busch brauchte, vertraut gewesen war, hatte er soweit als möglich vermieden, sie auch wirklich einzusetzen. Einer seiner Brüder hatte sich zum sechzehnten Geburtstag eine Büchse der Marke 22 Rifle gewünscht. Das war die klassische Waffe zum Schießen von Kängurus und Füchsen. Durch den Verkauf ihrer Felle konnte man auf leichte Weise zusätzliches Geld verdienen. Die Familie hatte das vernünftig gefunden und zusammengelegt, um ihm dieses Geschenk als Zeichen seiner Reife anlässlich seines Eintritts ins Erwachsenenalter zu machen.

Am selben Nachmittag noch war er mit einem anderen Bruder hinausgegangen, um die Waffe zu testen. Obwohl das Geburtstagskind gründlich über den Gebrauch der Waffe instruiert worden war, hatte er in einem Sekundenbruchteil der Nachlässigkeit seinen Bruder erschossen. Mein Vater hatte also die Gefahren, die sich beim Umgang mit Waffen ergaben, aus erster Hand kennengelernt und er war damit stets übervorsichtig gewesen. Von Zeit zu Zeit hatte er, während er sein Gewehr gereinigt hatte, fast wie zu sich selbst gesagt: »Ich muss es den Mädchen beibringen. Sie sollten wissen, wie man mit Feuerwaffen umgeht. Sie werden es brauchen können.« Er hatte es jedoch immer wieder aufgeschoben, und als er uns verlassen hatte, hatten wir sein Gewehr noch nie berührt.

Als ich als Kind mit Osteomyelitis im Spital gelegen war, hatte es meine Mutter nur einmal versäumt, mich zu besuchen. An diesem besonderen Tag war sie mit Vater unterwegs gewesen, um ein Pferd zu kaufen. Sie hatte ein braunes Vollblutfohlen mittlerer Höhe ausgesucht, das halbwegs gut gebaut war, einen edel geformten Kopf und ebensolche Beine hatte. Obwohl sein Körper nicht vorzüglich proportioniert gewesen war, hatte meine Mutter diese Stute ins Herz geschlossen und war mit ihr lieber als mit allen anderen Pferden geritten. Hatte sie Bettina vielleicht an ihr geliebtes Rennpferd Bubunut erinnert? Die Stute war Biddy getauft worden und war unter Mutters liebevoller Behandlung langsam herangewachsen.

Als ich an diesem Tag meine Mutter in Keepit Dam besuchte, erreichte ich das Anwesen gegen Abend. Sie war damals ungefähr Ende sechzig und wirkte verstört. Fahrig und zerstreut wühlte sie in den Schubladen, würdigte mich kaum eines Blickes und war ungewöhnlich still und einsilbig. Schließlich bat sie mich, ihr bei der Suche nach einer Schachtel Munition zu helfen, die sie verlegt hatte. Zu einer Erklärung gezwungen, sagte sie: »Biddy geht es schlecht. Sie ist seit Tagen zu schwach, um aufzustehen. Ich habe sie bis zum Haus gelockt und versucht, sie hochzupäppeln, aber sie hat sich in den Gully gelegt und ich muss sie erschießen, bevor es dunkel wird – ich kann sie nicht die ganze Nacht lang allein und am Boden liegen lassen. Ich will nicht, dass sie morgen früh in der Sonne liegt.« – Während sie mir das scheinbar ruhig erklärte, strömten Tränen über ihr Gesicht.

Ohne zu überlegen, griff ich nach dem Gewehr, das sie zu meiner Überraschung freigab. Sie zögerte einen Augenblick. »Schaffst du das?«, fragte sie mich, während sie die Kugel in die Kammer schob. In diesem Moment war ich noch voller Zuversicht und umarmte sie kurz mit dem freien Arm, um sie zu trösten. Dann ging ich hinaus, um Biddy zu finden, während Bettina allein darauf wartete, den Schuss zu hören.

Ich lief am Gully entlang und suchte das Pferd. Dabei hatte ich Zeit nachzudenken – zu viel Zeit: Ich erinnerte mich an all die Phasen aus Biddys Leben, an die flatterhafte junge Stute, die ich als Kind nicht reiten wollte, und an die Zeit, als sie dann später die Rinderherden geschickt zusammentrieb oder die Pferde von der Weide nach Hause brachte. »Nimm Biddy«, war unsere Antwort auf diverse Probleme gewesen, wie etwa beim unerwarteten Ausbruch von Kälbern, die frisch von der Mutter entwöhnt worden waren, oder beim Eindringen von benachbarten Rindern auf unser Land. Ich erinnerte mich an die Jahre, in denen wir beim Heimkommen in der Koppel neben dem Haus Biddys jüngstes Fohlen gefunden hatten – das jeweils letzte aus einer ganzen Serie von langbeinigen hellbraunen Fohlen, die der Familie als Reitpferde dienten und unsere Kinder zum Pony Club brachten.

Inzwischen dämmerte es, die Nacht brach herein und ich musste Biddy finden. Was tun, wenn ich sie nicht fand? Würde mich das von meinem etwas leichtsinnigen Angebot entbinden? Ich wollte den Gedanken nicht zu Ende denken. Zu genau kannte ich die Regeln, die mir mein Vater über Tiere beigebracht hatte: »Wenn du weißt, dass du ihm nicht helfen kannst, erschieß es. Du schuldest ihm das. Sie haben dir gedient, so gut sie konnten.«

Ich fand sie still da liegen – wie ein Schatten, der im Begriff war, im Dunkel der Erde zu verschwinden. Ich hockte mich neben sie, streichelte ihre Wange und schaute in ihre sanften braunen Augen. Sie wieherte – aus Gewohnheit? Oder war da etwas, das sie mir zu verstehen geben wollte? Ich wollte sie wissen lassen, dass ich das, was ich dabei war zu tun, aus Liebe zu ihr, aus tiefem Respekt und aus Dankbarkeit für all die Jahre Arbeit tat – ein trauriges Dankeschön.

Dann wurde mir schlagartig bewusst, dass ich in Wahrheit keine Ahnung davon hatte, wie man zielte und schoss. Die Furcht meines Vaters hatte mich von allen Gewehren ferngehalten. Ich traute mir nicht zu, das Tier so zu treffen, dass ich es tötete. Aber die Nacht brach herein, es war schon fast dunkel. Wohin sollte ich zielen? Ich hatte schon öfter Pferdeskelette und Schädel von verstorbenen Pferden gesehen und wusste daher, dass die vordere Stirnplatte aus dickem Knochen bestand. Ich hatte keine Ahnung, ob eine Kugel diese Platte durchdringen könnte und ich ertrug den Gedanken nicht, Biddy mit einem Fehlschuss zu erschrecken. Zugleich konnte ich die Anspannung meiner Mutter förmlich fühlen, wie sie im Haus auf den Schuss lauschte.

Ich vereinbarte mit Biddy, das Gewehr so sanft wie möglich an der Rille über ihrem Auge anzusetzen. Ich stand hinter ihrem Kopf und zog den Abzug. Biddys sanftes Auge schloss sich, ein tiefer Seufzer kam aus ihrer Brust. Dann saß ich neben ihr, streichelte ihren Hals, der noch ganz warm war, und sah zu, wie die Sterne am Himmel erschienen.

Leise ging ich über die hintere Veranda ins Haus. Meine Mutter machte sich in der Waschküche zu schaffen.

»Sie ist tot«, sagte ich.

»Danke«, antwortete sie einfach. Ihre nüchterne Antwort klang mir noch lange im Kopf nach: »Tot – danke – tot – danke.« – Wir waren beide krank vor Trauer.

In jener Zeit sprach ich auch mit meiner Schwester über die Picassos. Um nicht Erinnerungen an mein »schwieriges« Verhalten in der Vergangenheit heraufzubeschwören, fragte ich vorsichtig: »Erinnerst du dich an die Picassos, die Mutter dir zur Hochzeit geschenkt hat? Hast du sie noch? Hast du sie schätzen lassen? Und weißt du vielleicht etwas über ihre Herkunft?« – alles in einem Schwall von Worten, um die Fragen herauszubringen und eine Abfuhr im Keim zu ersticken.

Dawn lachte. »Das sind keine echten Picassos. Wir haben sie einem Experten gezeigt. Sie sind in keinem Katalog verzeichnet und wertlos. Es heißt, es seien Kopien von Studenten.«

»Oh«, sagte ich. »Ich frage, weil ich die zwei anderen habe, die, die Mutter immer an der Wand hängen hatte. Sie sind signiert und datiert – ich habe sie aus ihren Rahmen genommen. Es sind Originale, Federzeichnungen mit Tinte. Der Student muss recht ehrgeizig gewesen sein, um sie so sorgfältig zu signieren und zu datieren.«

Dawn schenkte mir eine weitere Tasse Tee ein. Sie erinnerte mich an Bettinas Entzücken, als sie uns zum ersten Mal die gerahmten Zeichnungen gezeigt hatte. »Sie sind einfach wunderschön!«, hatte sie ausgerufen. Dawn und ich hatten das damals nicht ganz nachempfinden können, hatten ihr aber die Stimmung nicht verderben wollen. Wir erinnerten uns noch gut daran, wie sie die Zeichnungen auf der Suche nach der richtigen Beleuchtung hoch an die Mauer gehalten hatte. Wir hatten uns dann beim Hochhalten abgewechselt, während Bettina vor uns gestanden war und den Platz jeweils auf Tauglichkeit geprüft hatte – mit zur Seite geleg-tem Kopf: »Nein, nicht da. – Vielleicht hier.« Dann hatten wir die Rahmen an den genannten Stellen festgehalten, bis schließlich eine von uns geschickt worden war, um den Hammer aus dem Schuppen zu holen, und wir dann auf wackeligen Obstkisten stehend die Nägel in die Wand geschlagen hatten. An diesem Tag hatte sie nur die »Schafscherer« aufgehängt. Die zwei Zeichnungen, die sie später Dawn geschenkt hatte, waren zunächst woanders gelagert worden.

Dawns Mitteilung entmutigte mich und ich schob es auf, weiterzuforschen. Dinge, die unmittelbarer mit dem Leben zu tun hatten und wichtiger waren, füllten meine Tage wieder aus. Und so blieben meine Zeichnungen weitere zehn Jahre unter dem Bett – Jahre, in denen ich übersiedelt war, in denen die Kinder herangewachsen waren, in denen ich von zu Hause weggegangen und wieder zurückgekommen war.

Es waren das die Jahre, in denen ich die Schuld, die ich durch meine Scheidung auf mich geladen hatte, mit dem katholischen Standpunkt vereinbaren musste. Der Heilungsprozess brachte mich Dawn näher, die jetzt in Tarpoly auf unserer alten Farm wohnte. Ich besuchte sie dort oft mit meinen Kindern, die wenig von meiner Vergangenheit oder von dem Leben wussten, das ich damals geführt hatte. Sie kannten den Namen meines Vaters kaum und wussten natürlich auch nicht, dass dies der Ort war, an dem ich meine Kindheit mit ihm verbracht hatte, oder dass sie soeben genau an dem Platz spielten, wo er damals so schwer gestürzt war.

Ich erinnere mich an einen Haufen von Cousins und Cousinen, die fröhlich in der Scheune spielten. Sieben Kinder waren ganz versunken in den Bau einer Grand-Prix-Rennbahn für ihre Matchbox-Autos. Sie wurde aus Lehm modelliert, den sie am Bachufer ausgegraben und mit Kübeln bis zum Schuppen geschleppt hatten. Dawn und ich riefen, dass es Zeit sei, ins Haus zu kommen, weg aus der sengenden Hitze. Die sonnengebräunten Körper mit Lehm gestreift, die Köpfe dem Zentrum der Rennbahn zugewandt, knieten sie da und arbeiteten konzentriert. Sie murmelten aufgeregt.

Dawn und ich gingen hinein, um Teewasser aufzusetzen. Wenig später tauchte eins der Kinder auf, um Essen zu holen. Der Kleine hielt sein Hemd auf, damit wir es mit Zwetschken und Kuchen füllen konnten. Als er sich zufrieden mit der Beute entfernen wollte, fragte ich, ob draußen in der Scheune alles in Ordnung sei und ob sie gut spielen könnten, so ganz allein? »Oh«, meinte er mit großen Augen, »wir sind nicht allein! Joe ist da draußen und passt auf uns auf!«

Wir waren sprachlos und in der Stille, die den Worten des Kleinen folgte, hatte Dawns Mann die Geistesgegenwart, ruhig zu erwidern: »Das ist gut. Und was tut Joe?« – »Er raucht einfach eine und erzählt uns Geschichten«, war die fröhliche Antwort.

All die Probleme, mit denen ich als Erwachsene konfrontiert gewesen war, hatten mich ganz darauf vergessen lassen, dass ja »Joe da draußen war und auf uns aufpasste«.

Dawns Mann schenkte uns Tee ein und fragte lächelnd: »War das deutlich genug?«

Jahre später habe ich den Glauben der australischen Ureinwohner zu verstehen gelernt, der besagt, dass unsere Ahnen unter uns leben, um uns zu helfen und uns zu führen. Wenn es notwendig erscheint, nehmen sie sogar Gestalt an, um uns ihre heilenden Worte mitzuteilen.

10

MIT DER VERGANGENHEIT IN VERBINDUNG TRETEN

Nun, da ich Zeit zum Nachdenken hatte, begannen mich die Ungereimtheiten und Widersprüchlichkeiten, die das Leben meiner Mutter durchzogen, immer mehr zu faszinieren. Ich wollte Klarheit. Flüsternde Stimmen in den Korridoren. Ein hastig gepackter Koffer. Der »verlorene« Otto. Ein Maskenball, der abrupt geendet hatte. Ein Mann, der aus dem Schatten getreten war, »Schade!« geflüstert hatte und wieder verschwunden war.

Nichts, was Bettina jemals getan hatte, war absichtslos gewesen. Mit jeder noch so haarsträubenden Geste, mit jeder noch so unverschämten oder klugen Bemerkung hatte sie mich in die von ihr intendierte Richtung gelenkt oder mich von Dingen ferngehalten, die sie für gefährlich erachtet hatte. Sie hatte uns mit einer Art Zauberbann belegt, um jegliches Fragen, das uns in Bereiche, die sie nicht erforscht haben wollte, hätte führen können, von vornherein zu unterbinden.

So hatte sie etwa mit affektierter Stimme behauptet: »Eine wirkliche Dame diskutiert nicht über Geld, Politik oder Religion.« – Dazu hatte sie charmant gelächelt, mich gebeten, ihr etwas zu reichen, oder sich nach einer meiner Freundinnen erkundigt, um mich von dem Thema abzubringen.

Manchmal hatte sie mir auch eine amüsante Episode von einem Skandal erzählt – sie hatte einen Vorrat davon auf Lager, den sie sich für den richtigen Moment aufhob.

Ich erinnere mich an eine Begebenheit, bei der sie mich mit einer List vom Thema ablenkte. Ich war damals ungefähr elf Jahre alt. Sie hatte genug von meinen Fragen und sagte: »Weißt du, was ich gerade herausgefunden habe? Grace Kelly muss Kontaktlinsen tragen, damit sie normal sehen kann.«

»Was?!«, quietschte ich. Ich war erfolgreich umgarnt.

»Ja, sie schielt«, versicherte sie. »Sie schielt ganz furchtbar!« – Dabei verdrehte sie ihre eigenen Augen und schielte unglaublich komisch. »Sie kann nicht erkennen, wohin sie läuft! Eine komische Mischung, schielende Augen und X-Beine, findest du nicht?«

Sie legte Köder und Angelhaken sehr geschickt aus. Sie wusste, dass Dawn und ich Grace Kelly geradezu abgöttisch verehrten. Wir hatten unlängst erst den Film »Der Schwan« gesehen. Grace Kelly war die Inkarnation der Prinzessin, die wir beide sein wollten. Bettina hatte natürlich gewusst, wie stark wir reagieren würden. »Das ist nicht wahr! Das darfst du nicht sagen!« Die Ablenkung war gelungen, ihre Strategie wieder einmal aufgegangen.

Wenn ich ihr mit meiner Verfolgung einmal zu nahe kam, brach ihr Zorn über mich herein wie ein Gewittersturm.

Bettina wurde älter, sie wurde schwächer, übersiedelte in ein Heim und benutzte einen Rollstuhl zur sicheren Fortbewegung. Ankerbrot war schon vor langer Zeit, im Jahr 1969, verkauft worden und auch die anderen Besitzungen in Europa waren an neue Eigentümer übergegangen. Es war einige Jahre her, seit sie in der Lage gewesen war, nach Europa zu reisen, um Freunde aus ihrer Jugend zu besuchen, mit denen sie in Kontakt geblieben war. Ich kannte ihre Namen aus meiner Kindheit und von den vielen, vielen Briefen, die nach Australien gekommen waren. Für mich waren sie so etwas wie die Helden aus einem Roman. Schließlich, als Bettina dreiundachtzig Jahre alt war, bat sie mich, mit ihr nach Hause zu fahren, ein einziges Mal noch, um Lebewohl sagen zu können.

Nun suchte ich nach Adressen und zum ersten Mal war ich es, die Briefe schrieb, Verbindungen aufnahm und Termine fixierte, so lange, bis sich die Grenzen zwischen Fiktion und Wirklichkeit aufhoben, die Romanfiguren immer mehr an Konturen gewannen und sich mit den verblassten Erinnerungen von damals verbanden. Bilder von damals, von Häusern, Gesichtern und ganzen Geschichten stiegen hoch in mir. Dreißig Jahre lang waren sie unter den täglichen Familienpflichten begraben gewesen.

Hätte meine Mutter mich nicht darum gebeten, hätte ich Australien nie verlassen. Ich war hier aufgewachsen, hatte geheiratet und empfand nicht die geringste Sehnsucht nach Europa, das ich zuletzt besucht hatte, als ich siebzehn gewesen war. Bis zu einem gewissen Grad hatte ich die Partys, das Skifahren und die Bälle genossen, Australien war jedoch mein Zuhause. Es fehlte mir hier an nichts.

Aber ich konnte Bettinas Wunsch, noch ein letztes Mal nach Österreich zu fahren, natürlich verstehen. Ich beäugte den Rollstuhl und beschloss, ein Fitnesstraining zu absolvieren. Ich musste stark genug sein, um meine Mutter, den Rollstuhl und das Gepäck dreißig Tage lang durch Europa zu befördern.

Ich begann mit meilenweiten Fußmärschen, absolvierte Dehnübungen und schleppte Rückengewichte. Ich wollte gut aussehen, stark und schlank sein, und es war mir klar, dass ich das schaffen konnte. Es war eine Frage der Vorbereitung – genauso wie bei einem Querfeldein-Kurs zu Pferd.

Am 9. September 1992 landeten wir am Flughafen Wien-Schwechat. Mutters Geburtstag war zwar erst zehn Tage später, ihre lieben alten Freunde hatten sich jedoch verrechnet und gedacht, dass das Datum ihrer Ankunft mit ihrem Geburtstag zusammenfiele. Sie hatten sich zusammengetan und eine Willkommens-Geburtstagsparty organisiert. Ungefähr dreißig Personen waren in einer VIP-Lounge am Flughafen versammelt. Souverän und elegant und mit der größten Selbstverständlichkeit rollte Bettina über den roten Teppich dort.

Es gab Blumensträuße, ein Buffet mit Erfrischungen und im Hintergrund wurde der Donauwalzer gespielt. Mucki erkannte ich als Erste. Viele von den anderen hatte ich noch nie gesehen. Der Raum summte vor Wiedersehensfreude, während ich damit beschäftigt war, in meinem Kalender Termine für Bettina einzutragen.

Unter den Gästen befand sich ein älterer Herr, hochgewachsen und liebenswürdig, der mir irgendwie bekannt vorkam. Weshalb war er mir so vertraut? Er erinnerte mich vage an den Ritter aus dem Schloss in meinen Träumen.

Als er die Gesellschaft verließ, verbeugte er sich höflich, sah mich an und sagte: »Madame, wenn es irgendetwas gibt, das ich für Sie tun kann, dann stehe ich wie immer zu Ihren Diensten.« – Schlagartig erinnerte ich mich. Mit vor Staunen aufgerissenen Augen starrte ich ihn an und dann hörte ich mich sagen: »Sie waren der Ritter in meinem Schloss – war das ein Traum?«

Seine Augen leuchteten auf. »Madame, ich erinnere mich mit großer Freude an das Schloss, das ich jeden Sommer besucht habe, wenn ich nach Tirol gefahren bin, um Madame Bettina Bericht zu erstatten.«

Einzelne Szenen blitzten auf in meinem Kopf. »Sie waren der Ritter und Dawn und ich waren die Prinzessinnen. Draußen hat es Räuber und Wölfe gegeben und wir sind über die Steinmauern geklettert und davongelaufen. Wir haben Schwertkämpfe veranstaltet, Krönungszeremonien organisiert, Turnierkämpfe ...!«

»Ja, ja«, sagte er. »Sie waren äußerst energiegeladene kleine Ladies, richtige Busch-Prinzessinnen. Sie haben überall hinaufklettern können – auf Bäume und über Mauern ... Ich habe richtig Angst gehabt, dass Sie sich wehtun könnten. Ich habe dann die Figur des ›rettenden Ritters‹ erfunden, der versucht hat, Sie zu beschützen. An solche Energiebündel war ich nicht gewöhnt. Ihr Vater hat das aber für völlig normal gehalten. Er hat sich nicht vorstellen können, dass Sie ruhig dasitzen und lesen oder Dame spielen. Er hat gemeint, Sie sollten so viel laufen und klettern wie möglich. Deshalb ist mir diese Rolle zuteil geworden – ich habe das Privileg gehabt, Ihr Ritter zu sein.«

»Und hat es ein richtiges Schloss gegeben?«

»Ja natürlich, Madame, Schloss Itter in Tirol – es ist nicht mehr im Familienbesitz. Vielleicht wollen Sie es ja einmal besuchen – Sie wären sicherlich herzlich willkommen dort!«

Mit diesen Worten gab er mir seine Karte, verbeugte sich noch einmal und wiederholte: »Stets zu Diensten!«, schlug seine Ritter-Hacken zusammen und verließ die Gesellschaft. Ich blickte auf die Karte – es war Direktor Ingenieur Heinrich. Er war im Vorstand von Ankerbrot gewesen und ein enger Mitarbeiter von Bettina durch all die Jahre hindurch.

Später rief ich ihn an und wir besuchten ihn. Bettina und er unterhielten sich über gemeinsame Bekannte, dann wurde es still im Raum.

»Bitte«, sagte ich, »bitte, erzählen Sie mir die ganze Geschichte über Ankerbrot, über das Schloss. Bitte erzählen Sie mir alles.«

»Madame, Sie wissen sicher mehr als ich. Ihre Mutter hat Ihnen doch sicher die Familiengeschichte erzählt.«

Ich lächelte. Alles, was ich wüsste, sei, dass meine Mutter aus einer wohlhabenden Wiener Familie stammte und ihr Vater ihr ein beträchtliches Vermögen vererbt hätte. Ich würde den Namen Ankerbrot kennen und wäre ein wenig in der Geschichte des Unternehmens bewandert, es gäbe jedoch so viel mehr, das ich so gerne wissen würde.

Der Ritter drehte sich zu meiner Mutter um, neigte den Kopf und sagte: »Mit Ihrer Erlaubnis, Madame, teile ich meine Erinnerungen gerne.« – Die Bitte war höflich, aber bestimmt. Meine Mutter war nicht darauf vorbereitet gewesen. Direktor Heinrich hatte sie überrumpelt. Mein rettender Ritter von einst hatte ganz offenbar die feste Absicht, die Familiengeschichte in den Gewahrsam der nächsten Generation zu übergeben. Bettina sah sich gezwungen, den Schein zu wahren. Sie nickte zustimmend und gab mit einem leisen »Das ist alles schon so lange her und furchtbar langweilig!« halbherzig ihre Einwilligung.

Mein Ritter beschrieb mir die prachtvollen privaten Ländereien der Mendls, die riesigen Tannen- und Föhrenwälder, die systematisch abgeholzt und nachgepflanzt worden waren. Das Holz aus den Wäldern war von Zugpferden ins Tal gebracht worden. Er beschrieb die Sägewerke, die Molkereien, die Pferdeställe und den Gutshof, der im Tal gewesen und von weitläufigen Gemüsegärten und Obstplantagen umgeben war. Der Ertrag aus den Gartenanlagen war eingekocht, getrocknet oder in Essig eingelegt worden und hatte die Ernte aus den Gärten der Villa Mendl in Wien ergänzt. Einer der engsten Freunde meiner Mutter, Georg Lippert, der auch ein Freund von Otto Schönthal gewesen war, war häufig in der Villa Mendl zu Gast gewesen. Lippert hatte sich jedoch als begeisterter Anhänger von Adolf Hitler entpuppt. Um die Gunst seiner Nazi-Kollegen zu gewinnen, hatte er angeregt, die Villa Mendl als die Residenz von SS-Gruppenführer Otto Wächter zu requirieren. Diesen Verrat hat meine Mutter ihm niemals verziehen.

Als Wächter Österreich verlassen hatte müssen, hatte er den Familienschatz der Mendls als Beute mitgenommen, einschließlich der Kunstsammlung und der Gegenstände aus Kristallglas. Bis auf den Bösendorfer Konzertflügel hatte er alles weggeschafft. In den Jahren nach dem Zweiten Weltkrieg waren mehrere Versuche unternommen worden, Wächter wegen seiner Kriegsverbrechen vor Gericht zu bringen. Ohne Erfolg. Wächter hatte offenbar die Beute aus der Villa Mendl dazu benützt, sich einen sicheren Unterschlupf im Vatikan zu erkaufen, wo er mit einer neuen Identität bis zu seinem Tod gelebt hat.

Als der Krieg dem Ende zugegangen war, war auch das übrige Vermögen zerstört worden. Generationen von Bäumen waren gefällt worden, ohne dass neue dafür angepflanzt worden wären. Herden von Kühen waren geschlachtet worden, um mit dem Fleisch die Armee zu versorgen. Weingüter waren wegen der kostbaren Jahrgangsweine oder einfach auch nur für nächtliche Saufgelage geplündert worden. Die Maschinen und das Werkzeug der Gutsbetriebe und der Brotfabrik waren über Jahre hinweg vernachlässigt oder falsch verwendet worden, sie waren entweder kaputt oder technisch überholt gewesen.

Auf jeden Vermögenswert waren Schulden aufgenommen worden, diese hatten sich akkumuliert, Ratenzahlungen waren überfällig gewesen.

Zu Kriegsende war die Führung der Mendl-Betriebe Verwaltern übertragen worden, die von einem internationalen Komitee ernannt und eingesetzt worden waren. Es hatte jedoch kein Kapital und eigentlich auch keinen Grund gegeben, das zerstörte Eigentum wieder instand zu setzen. Man hatte überlegt, den ganzen Besitz zu verstaatlichen und der Familie eine Entschädigung zu bezahlen, die allerdings an dem aktuellen Wert der zerstörten Betriebe bemessen worden wäre.

Ingenieur Heinrich erzählte mir auch, wie verbissen meine Mutter auf ihrer ersten Österreich-Reise um ihr Vermögen gekämpft hatte – damals, als ich sie als Kind so verzweifelt vermisst hatte. Ohne einen Pfennig in der Tasche hatte sie zäh verhandelt und versprochen, sie würde, hätte sie ihr Eigentum einmal zurückerhalten, was ihr gutes Recht wäre, die Schulden zurückzahlen und in einem nächsten

Schritt die Besitzungen wieder in ihren ursprünglichen, rentablen Zustand überführen.

Bei diesen Bemühungen war sie mit massivem Widerstand konfrontiert gewesen. Jedes nur erdenkliche Hindernis war ihr in den Weg gelegt worden. Gebühren, Abgaben und Steuerrückzahlungen hatte man von ihr verlangt. Ich habe zufällig einmal ein Gespräch zwischen Bettina und ihrer Schwester Lucie mitbekommen, Mutter sagte gerade: »Die Geier sind schon über mir gekreist und haben nur darauf gewartet, dass ich mich hinlege.« – Damals habe ich das für eine dramatische Übertreibung gehalten. Heute verstand ich es. Die Geier waren die Interessenten gewesen, die ihre Besitztümer für den aktuellen Schätzwert, der wie gesagt sehr niedrig bemessen war, hatten kaufen wollen. Der niedrige Schätzwert hatte es ihr auch unmöglich gemacht, Kapital für die notwendigen Arbeiten aufzubringen.

Niemand hatte damals die langfristige Rentabilität ihrer Immobilien bezweifelt, jeder hatte sich jedoch eine Scheibe von dem Kuchen abschneiden wollen. Sie hatten gehofft, dass Bettina mit steigendem Grad an Verzweiflung zu immer größeren Opfern bereit wäre. Da gelang meiner Mutter ein genialer Bluff. Sie verstand es zu verbergen, wie mittellos sie eigentlich war. Vielmehr hatte sie die letzten Juwelen, die Tante Maria versteckt gehalten hatte, verpfändet und war – mit noch ein paar kleinen Darlehen von treuen Geschäftsfreunden im Hintergrund – aufgetreten wie eine Frau mit Vermögen. Ohne sich auf Details einzulassen, hatte sie doch den Eindruck erweckt, sie hätte den Mann geheiratet, dem mehr oder weniger ganz Australien gehörte.

Mit gezielten Fehlinformationen hatte sie ihre Widersacher davon überzeugt, dass sie zum Scheitern verurteilt wären. Allmählich hatten diese damit begonnen, über Allianzen mit ihr nachzudenken. Sie hatten sich Vorteile davon versprochen, mit ihr und ihren geheimnisvollen geschäftlichen Hintermännern Vereinbarungen zu treffen. Einer nach dem anderen war mit geheimen Unterstützungsangeboten an Bettina herangetreten, das Finanzkartell war durchbrochen gewesen. Mutter hatte hart verhandelt, dafür aber niedrigere Zinsen und Zahlungsaufschübe gefordert und den wichtigsten Partnern eine Gewinnbeteiligung angeboten, würden sie sich ein wenig gedulden.

Vertraut hatte Mutter niemandem – außer Otto Schönthal, ihrem Komplizen, konspirativen Freund und Mitverschwörer. Oft war ihre Sache auf des Messers Schneide gestanden, sie hatten jedoch nicht nachgegeben, und als Europa sich langsam erholt hatte, war das Mendl-Imperium wieder auf festem Boden gestanden.

Bettina folgte den Enthüllungen ungerührt und gelassen. Von Zeit zu Zeit fragte sie meinen Ritter leise: »So haben Sie das also gesehen?« – Oder sie machte eine wegwerfende Handbewegung und zuckte verächtlich mit den Achseln, wenn er einen ihrer Siege beschrieb.

Ich fühlte in mir eine wachsende Erleichterung darüber, dass das scheinbare Chaos in unserem Leben, das ich ihr so oft vorgeworfen hatte, doch einen Sinn gehabt hatte. Dieser Nachmittag weckte in mir eine heimliche Bewunderung für ihre hartnäckige Entschlossenheit. Endlich konnte ich die Rolle meiner Mutter in einem übergeordneten Zusammenhang anerkennen und würdigen.

Eine Woche später fuhren wir, begleitet von unserer lieben Freundin Mucki, unter dem schmiedeeisernen Fallgitter von Schloss Itter durch. Als wir näher kamen, bekam ich Angst, der alte Mechanismus könnte für den Bruchteil einer Sekunde versagen, das Gitter auf uns herabfallen und mich durchbohren. Bettina saß mit im Auto, leicht verärgert, weil ich auf dem Besuch auf Schloss Itter bestanden hatte. Ich war selbst Landwirtin genug, um vom Besitz eines Schlosses und den Geschichten großer Besitzungen beeindruckt zu sein.

Tatsächlich war mir Schloss Itter häufig im Traum erschienen, wenn ich von meiner Kindheit in Österreich geträumt hatte, vom Sommer in den Tiroler Bergen oder vom Spielen mit Dawn in den alten Schlossgärten. Ich erinnerte mich an die Kleider, die wir getragen hatten, an die Grundrisse der Gärten, an die genaue Beschaffenheit der Steine und die Feuchtigkeit des Grases unter meinen

Füßen – vielleicht, weil es so ganz anders war als das trockene, ausgebleichte Gras in der Wildnis Australiens.

Das Schloss war mehr als ein Traum. Es existierte wirklich. Ich hatte es aus seiner geheimnisvollen Vergangenheit gelockt und wieder zum Leben erweckt. Da stand es, Stein auf Stein. Ich wusste, dass meine Verbindung zu ihm nicht nur auf Träumen gründete, sondern auf einer realen Vergangenheit, die irgendwie in Verbindung mit meinem jetzigen Leben stand.

Meine Mutter hatte damals nicht auf die Erfüllung ihrer eigenen Prophezeiung gewartet, sondern das Schloss, als sie das kommerzielle Desaster gerochen hatte, rechtzeitig und mit Gewinn an neue Eigentümer verkauft. Inzwischen hatte es noch einmal den Besitzer gewechselt. Von ihm wurden wir auf der Terrasse willkommen geheißen.

Es handelte sich dabei um einen kleinen, rundlichen Herrn im Alter von etwa sechzig Jahren und seine blonde, junge Frau. Sie fühlten sich durch unseren Besuch offenbar geschmeichelt, führten uns durch die Räume und erzählten uns von den Renovierungsarbeiten, die sie vorgenommen hatten. Dann servierten sie uns Tee und fragten höflich, ob wir sie später vielleicht noch einmal besuchen wollten. Mit einem freundlich-distanzierten Lächeln antwortete Bettina: »Ich denke nicht.« – Ohne allzu große Worte ließ sie sie wissen, dass sich schon dieser Besuch nichts anderem als ihrer Nachgiebigkeit ihrer Tochter gegenüber verdankte, die offenbar nichts Wichtigeres zu tun hatte, als ein altes Schloss zu besichtigen, nur weil es einmal im Familienbesitz gewesen war.

Trotz meines anfänglichen Glücksgefühls konnte man unseren Besuch nicht als vollen Erfolg bezeichnen. Die neuen Eigentümer waren äußerst bemüht, uns zufriedenzustellen, wirkten dann jedoch etwas irritiert, als sie das große, gut lesbare Schild auf der Rückseite von Bettinas Rollstuhl erblickten.

»Achtung!« stand da in zehn Zentimeter großen Buchstaben, »Gestohlenes Eigentum! Dieser Stuhl ist Eigentum des Landeskrankenhauses Innsbruck. Jeder, der diesen Gegenstand außerhalb des Spitalsgeländes sichtet, wird ersucht, den Diebstahl unverzüglich zu melden.«

Solange ich hinter dem Rollstuhl gestanden war, war das Schild von mir verdeckt worden. Erst als wir beim Tee saßen, wurde es sichtbar. Einmal preisgegeben, fesselte es unsere Gastgeber so sehr, dass sie aus Sorge über mögliche Implikationen nicht mehr in der Lage waren, ein normales Gespräch zu führen. Als ich das Schild bemerkt hatte, wollte ich Mucki, die für den Besuch meiner Mutter alles so liebevoll arrangiert und auch den Rollstuhl organisiert hatte, nicht mit irgendwelchen Fragen in Verlegenheit bringen. So enthielt ich mich auch unseren Gastgebern gegenüber einer Erklärung.

Als sich die Spannung am Nachmittag ein wenig gelegt hatte, erkannte ich plötzlich durch die Fenster hindurch die Aussicht auf meinen geliebten Garten wieder. »Da ist er!«, schrie ich mit unerwartet schriller Stimme. Dabei deutete ich nach draußen und wedelte mit den Armen, bis jeder am Tisch sich in die Richtung drehte, in die meine wild gestikulierenden Arme zeigten. Nichts, was sie sahen, rechtfertigte meine Erregung, aber ich war nicht zu beruhigen: »Da draußen, er sieht aus wie damals! Da ist er!« – Endlich schaffte ich es auch, die Worte »Der Garten!« herauszubringen. Etwas erleichtert stand unser Gastgeber auf und bot mir an, mich in den von alten Steinmauern umsäumten Garten zu führen.

Als ich durch das Tor lief, das hinaus in den Garten führte, fiel mir ein Swimming Pool auf, der offenbar erst später hinzugekommen war und gerade gewartet wurde. Schläuche und Rohre lagen herum. An einigen Stellen war der Boden aufgegraben worden, um die Zuleitungen freizulegen. Ich lief vorbei, um einen Blick auf die Aussicht ins Tal zu haben – über die alten Steinmauern hinweg.

Meinen Gastgeber hatte ich dabei hinter mir gelassen, keuchend stolperte er hinter mir her. Dann hörte ich einen Schrei. Ich fuhr herum und sah den kleinen, rundlichen Mann über die Wiese rollen und mit schmerzverzerrtem Gesicht seinen Knöchel umklammern. Ich wusste sofort, was zu tun war. Immerhin blickte ich auf ein jahrelanges Training bei der St. John's Ambulanz zurück und meine Kinder hatten alle ihre Unfälle überlebt. Dieser Unfall war ganz allein meine Schuld. Ich war zu ungestüm gewesen und wollte auf der Stelle Abhilfe schaffen. Also zog ich unserem Gastgeber trotz seines heftigen Protestes Schuh und Socken aus, nahm einen Schlauch, drehte das Wasser in voller Stärke auf und richtete den Strahl auf seinen Knöchel.

Seine Schreie und meine energischen Anweisungen lockten seine Frau aus dem Haus, die nun zur Zeugin einer etwas ungewöhnlichen Szene wurde: Ihr Mann wälzte sich vor Schmerzen schreiend auf dem Boden, während ich ihn mit dem Gartenschlauch anspritzte. Das und das Schild auf dem Rollstuhl beeinträchtigten dann doch das Vertrauen, das man uns entgegengebracht hatte. Wir sind nicht mehr lange geblieben.

Während dieser Reise machten wir noch viele andere wunderschöne Ausflüge zusammen mit den »Tanten« Mucki und Agathe. Tante Maria war schon vor Langem gestorben. Meine Mutter vermisste sie schrecklich. Wir trafen sämtliche von Mutters alten Verehrern, sie hatten nun Gehstöcke und waren allesamt über achtzig Jahre alt. Mit strahlenden Augen schwelgten sie in Reminiszenzen. Sie erinnerten einander an die Tennis-Partys und die Bälle von damals, erzählten von leichtsinnigen Flirts und romantischen Affären … Manchmal, wenn ich das Zimmer verließ, hatte ich den Eindruck, dass die Stimmung im Raum sich veränderte, ganz so, als ob es irgendein Geheimnis gäbe, das nun ans Licht zu kommen drohte. Ihre Gesichter nahmen dann einen anderen Ausdruck an, Stimmlagen veränderten sich, das Lachen verstummte, der scharfe Blick meiner Mutter erstickte begonnene Sätze im Keim. – Ich war ausgesperrt. Mir wurde immer klarer, dass hier auch etwas kommuniziert und besprochen wurde, von dem ich nichts wissen durfte. Allzu oft wurde während dieser Gespräche abrupt das Thema gewechselt, immer wieder veränderten sich das Tempo und die Lautstärke. Mir war Deutsch von klein auf vertraut und ich konnte ohne Weiteres sämtliche Nuancen, die in dem Gespräch mitschwangen – etwa auch Verzweiflung oder Anspannung –, aus der scheinbar oberflächlich dahinplätschernden Konversation heraushören.

Ich begann langsam, für die Art und Weise, wie sie lächelten oder nickten, das Tempo wechselten oder das Gespräch sich im Kreis drehen ließen, ein Gefühl zu entwickeln.

Mit einem Mal wurde das bisherige Muster jedoch unterbrochen. Man teilte uns mit, dass es eine Nachricht für Bettina gäbe, die nur ihr persönlich übermittelt werden dürfte – und zwar am nächsten Tag bei einem Treffen im Haus von Martin. Ich wusste nicht, wer Martin war, notierte aber die Eckdaten und bestellte ein Taxi, das uns dort hinbringen sollte.

Mit einem winzigen, uralten Lift fuhr meine Mutter im Rollstuhl hinauf in den dritten Stock des besagten Hauses. Ich lief voraus, um sie oben sicher aus dem Aufzug zu holen. Der Nachmittag verlief zuerst so wie die vielen anderen, die wir miteinander verbracht hatten. Tee und Kuchen wurden serviert, Erinnerungen ausgetauscht, dann plötzlich eine Frage: »Bettina, jetzt, wo man endlich bessere Informationen aus dem Osten bekommt, hast du etwas von deinem Bruder Otto gehört?«

»Nichts«, erklärte Bettina ruhig, »ich habe versucht, etwas herauszufinden, aber es gibt nichts, keinen Kontakt.« – Das kam mir seltsam vor, nachdem meine Mutter ja vom Roten Kreuz im Jahr 1954 die offizielle Todeserklärung ihres Bruders erhalten hatte.

Dann sagte Martin: »Du weißt ja, dass er mit dem Flugzeug abgestürzt ist?«

Meine Mutter zuckte mit den Achseln, ob in Unglauben oder Abweisung konnte ich nicht erkennen.

Martin fuhr fort: »Sein Flugzeug ist abgestürzt und er wurde getötet. Ich habe Berichte erhalten, die mir erst vor Kurzem von einem nicht unmaßgeblichen und höchst verlässlichen Zeugen bestätigt worden sind, nämlich von dem Co-Piloten, der damals entkommen ist. Er ist vor ein paar Monaten im Osten gestorben, er wollte, dass du das weißt, und hat uns gebeten, es dir zu sagen.«

Meine Mutter zeigte keinerlei Reaktion: »Ich denke, ich habe so etwas in der Art gehört … Man hört so viel.« – Dann wechselte sie das Thema und lenkte das Gespräch in eine andere Richtung.

Auf dem Heimweg im Taxi konnte ich meine Fragen nicht länger zurückhalten: »Was für ein Flugzeug? Ein Flugzeug hast du nie erwähnt. Hast du deshalb vermutet, dass er irgendwo im Osten hinter dem Eisernen Vorhang sein könnte?« – Als ich kurz Luft holte, bemerkte ich, dass meine Mutter sehr still war.

»Glaub nicht alles, was du hörst«, sagte sie mit einem tiefen Seufzer. Mir schien, dass sie zu müde war, um weiter darüber zu sprechen.

Ein paar Tage später erhielten wir eine neue Nachricht von Martin – nie von ihm persönlich, es waren Mittelsmänner, die anriefen, um einen weiteren Termin zu vereinbaren. Meine Mutter zögerte. »Ich habe ihn bereits getroffen, ich habe alles gehört, was er zu sagen hatte. Ich bin nicht daran interessiert, Martin wiederzusehen.« Er bestand jedoch darauf und sie gab schließlich nach. Wieder bestellte ich ein Taxi, das uns durch die kopfsteingepflasterten, engen Straßen fuhr.

Diesmal trafen wir uns in einer winzigen Wohnung nur mit Martin und seiner Haushälterin. Ihre Aufgabe schien es zu sein, mich unter dem Vorwand, meine Hilfe in der winzigen Küche zu benötigen, außer Hörweite zu halten. Wir brauchten eine kleine Ewigkeit, um einen einfachen Tee zuzubereiten.

Als wir schließlich wieder auf Martin und Bettina stießen, sprachen sie über Otto. Martins Lächeln galt auch mir, als er sagte: »Es gibt eine Möglichkeit, dass Otto den Absturz doch überlebt hat. Er könnte die Identität des Co-Piloten angenommen haben. Als der Mann, den man für den Co-Piloten gehalten hat, vor ein paar Monaten gestorben ist, hat er großen Wert darauf gelegt, Bettina davon zu benachrichtigen.«

Als wir dieses Mal auf dem Heimweg waren, war meine Mutter von einer großen Ruhe erfüllt. Glücklich lächelnd flüsterte sie: »Er ist wirklich entkommen! Er hat überlebt! Ich habe immer gewusst, dass er lebt. Ich wusste, er würde wegfliegen!«

Ich wollte ihre Freude nicht mindern, musste sie jedoch fragen: »Wie kannst du sicher sein, dass diese Nachricht von ihm ist? Jeder hätte diese Geschichte erfinden können. Nicht einmal Martin war ganz sicher – er hat gesagt, dass die *Möglichkeit* bestünde.«

»Nein«, antwortete sie, »du kannst das nicht verstehen, aber diese letzte Nachricht war von Otto. Ich weiß, dass sie nur von Otto sein kann.«

Damals führte ich Bettinas unerschütterliche Gewissheit auf ihren Wunsch zurück, die Fragen rund um Ottos Tod gelöst zu haben, schon allein um selbst Frieden zu finden.

»Und was ist mit dem Bericht vom Roten Kreuz? Der war doch eindeutig«, stellte ich fest. Ich ließ nicht locker.

Meine Mutter blickte mich direkt an. Sie verlor ganz offenbar die Geduld mit mir und meiner simplen Weise zu denken. »Ja sicher, aber genau dafür sind sie ja *bezahlt* worden!«

Mehr wollte sie dazu nicht sagen und ich war schockiert über ihr skrupelloses Taktieren. Meine Gedanken wanderten zurück zu der seltsamen Reise nach Berlin im Jahr 1953, für die es damals keinen erkennbaren Grund gegeben hatte. Ich überlegte, ob Bettina damals die letzten Fetzen an Informationen über Otto zusammengetragen und seinen »Tod« arrangiert hatte, schon um die rechtlichen Grundlagen dafür zu schaffen, dass seine Familie erben konnte. Das hätte ihm auch die nötige Deckung für sein weiteres Leben gegeben, wohin auch immer er gegangen sein mochte.

Der letzte Teil des Puzzles fügte sich an seinen Platz, als ich viel später das Tagebuch las, das Abby, Bettinas Kinderfrau, geführt hatte. Es wurde mir zusammen mit anderen Vorkriegsschätzen ausgehändigt, die Tante Maria seinerzeit gerettet hatte. Es gab vieles, was Bettina nicht heim nach Australien gebracht hatte, vor allem Dokumente, und Tante Maria hatte die Rolle der Archivarin übernommen. Es muss eine Belastung für sie gewesen sein. Ich bin sicher, dass sie in ihrer winzigen Wohnung den Berg von Papieren auf ein Minimum reduziert hat. Ich war gerührt, als ich herausfand, dass dieses sehr persönliche Tagebuch selbst dreißig Jahre nach Tante Marias Tod noch immer aufbewahrt und mir nun übergeben wurde.

Abby war die geliebte Kinderfrau von Otto und Bettina gewesen. Sie spielte in vielen Erinnerungen aus Bettinas frühester Kindheit eine große Rolle. Auf den Fotos aus glücklichen Kindertagen war sie als strahlende junge Frau zu sehen. Diese Aufnahmen waren nicht gestellt. Abby war zwangsläufig auf Schnappschüssen mit abgebildet worden und es war ersichtlich, wie liebevoll sie mit den Kindern umgegangen war. Sie strahlte Wärme aus. An eine kurze Begegnung mit ihr erinnere ich mich selbst. Während unseres

Besuchs im Jahr 1953 fuhren wir hinaus aufs Land zu einer dicken Frau, die wohl Mitte sechzig war. Nur wenn sie lächelte, erkannte ich das Strahlen wieder, das auf den alten Fotos so oft zu sehen war. Ja, das war die Abby, die ich aus den Geschichten meiner Mutter kannte.

Nach Bettinas Tod hatte ich mehr Zeit zum Stöbern. Ich holte das Tagebuch hervor und las die ersten Seiten dieses überaus sorgfältig, mit gestochener Handschrift geschriebenen Manuskripts. Der Text war an zahlreichen Stellen unterbrochen und mit Fotos ergänzt, das ganze Buch war mit der größten Sorgfalt und Liebe gestaltet worden. Es war Abbys Geschenk an »ihre Kinder«, Bettina und Otto, die liebevoll gesammelten Erinnerungen an die Kindheit der beiden, an eine Kindheit, die sie zum Großteil ohne ihre Mutter, Emily Mendl, verbracht hatten. Vielleicht hatte Abby eine mögliche Trennung befürchtet. Gäbe es dieses Tagebuch nicht, wer würde ihnen dann die Geschichten aus ihrer Kindheit erzählen? Wer würde ihre Entwicklungsschritte festhalten?

Das Tagebuch begann 1907 mit der Beschreibung von Otto als Baby. Überrascht stellte ich fest, dass Abby auch seine Amme gewesen sein musste. Ich holte ein Wörterbuch und schlug das deutsche Wort für »stillen« nach. In der Tat, ich hatte mich nicht geirrt. Das Wort bedeutete weder »beruhigen« noch »beschwichtigen«, sondern »mit der Brust füttern«. Das bedeutete aber, dass Abby auch ein eigenes Kind gehabt haben musste. Was war aus ihm geworden? Ich war verwirrt. Dann las ich weiter über Bettinas und Ottos Streiche und über Abbys Erlebnisse mit den heranwachsenden Kindern. Aus ihren Worten konnte man ihre Besorgnis über kleinere Unfälle oder Krankheiten herauslesen.

Dann kam ich zu einer Passage, die den Kern dessen, was ich suchte, traf. Die Kinder waren nun älter, vielleicht neun und elf. Im Normalfall hatte ein elfjähriger Junge kein Kindermädchen mehr, möglicherweise hatte man Abby aber für Bettina weiter behalten. Auf den Fotos aus dieser Zeit waren nach wie vor alle zusammen abgebildet, fast bis zu dem Zeitpunkt, als Bettina ins Internat musste. In besagter Passage beschrieb Abby ihre Angst vor Fritz Mendls eiserner Disziplin. Er schlug seine Kinder brutal mit dem Gürtel, um seinen Geboten Nachdruck zu verleihen. Dieses Ritual fand in seinem Arbeitszimmer statt und verbreitete Angst und Schrecken im ganzen Haus.

Abby schrieb: »*Gottseidank scheinen die Kinder einen Geheimcode zu haben. Wenn sie von ihrem Vater befragt werden, lassen sie einander wissen, welche Alibis sie benützt haben. Irgendetwas in ihren Worten informiert den anderen darüber, was die Wahrheit und was eine erfundene Geschichte ist. Auf diese Art schützen sie einander gegenseitig vor den Prügeln, die für uns alle die größte Qual sind.*«

So hatte Bettina wohl im Jahr 1992 den Unterschied erkannt zwischen der ersten Nachricht, die besagte, dass Otto gestorben war, als sein Fluchtflugzeug abgestürzt war, und der zweiten, in der ihr eröffnet wurde, dass wohl der Co-Pilot getötet worden war und Otto seine Identität angenommen und irgendwo »im Osten« ein langes Leben verbracht hatte. Heute ist es zu spät, Bettina nach einer Erklärung zu fragen.

Bettinas Freundin, Ellen Müller-Preis, hat mich oft in Australien besucht, seit 1972 beinahe jedes Jahr. Jedes Mal hat sie mich darum gebeten, nach Europa zu kommen, um die Kultur kennenzulernen, nach meiner Familie zu forschen und um gewisse Leute zu kontaktieren. Ich verstand ihr Drängen nicht wirklich, und da ich durch meine eigene Familie und unzählige Verpflichtungen gebunden war, war ich nicht geneigt, einer Fantasterei nachzugehen. Das Hier und Jetzt beherrschte mich 24 Stunden an jedem einzelnen Tag. Ich hatte das Haus besucht, in dem meine Mutter geboren worden war, ein hübsches und großes Haus, Dawn und ich hatten im Garten mit Ellens Söhnen gespielt. Das waren wunderbare Erinnerungen, es gab jedoch keinen Grund, wieder dorthin zurückzukehren.

Dreißig Jahre lang hatte ich es abgelehnt, in die Geheimnisse meines europäischen Erbes verwickelt zu werden, nun war ich jedoch hier und Ellen kämpfte regelrecht darum, das Schweigen aufzubrechen. Sie kämpfte gegen mich und meine Mutter und gegen die vielen Jahre, die sich wie eine Mauer vor uns auftürmten und dabei halfen, die Informationen zu verdecken, von denen sie wollte, dass ich sie erhielt.

Ellen bat mich, mich nach den Bankkonten meiner Mutter zu erkundigen. Sie war sicher, dass es in Wien noch etwas von dem alten Geld der Familie geben musste, und sie wollte, dass ich es bekam. Meine Mutter war jedoch mittlerweile gänzlich hilflos ohne mich und ich konnte sie nicht für eine einzige Stunde alleine lassen. Wie sollte ich also in Wien von Bank zu Bank gehen und Erkundigungen einziehen?

Ellen besuchte uns einige Male in unserem Hotel und bestand darauf, dass ich ihre oft nur kurze Anwesenheit dazu benutzte, ein paar Versuche zu starten. Unfähig, ihrem Drängen zu widerstehen, fuhr ich im Zick-Zack-Kurs zu den vertrauten Bankfilialen, bei denen ich 1960 Konten für mein Taschengeld gehabt hatte. Zu meiner Überraschung erhielt ich Unterstützung. Einige Bankbeamte verrieten mir, wie man alte Konten aufspürte. Bei einer Bank erklärte man mir, dass man mir vielleicht helfen könnte, ich müsste lediglich die Kontonummern angeben und meine Mutter müsste persönlich erscheinen, um meinen Zugriff auf das jeweilige Konto zu autorisieren. Ellen gab nicht auf. Sie erinnerte sich daran, dass Mucki für kleine Besorgungen Geld von den Konten meiner Mutter behoben hatte. »In den Siebzigerjahren hat sie einmal Reithandschuhe für Bettina gekauft«, berichtete sie. »Sie wurden per Post nach Australien geschickt. Mucki muss die Nummern der Konten kennen.« Da mich Ellen unter Druck setzte, sprach ich Mucki darauf an und zu meinem Erstaunen bestätigte sie Ellens Vermutung. Ja, sie hätte von Zeit zu Zeit etwas für meine Mutter besorgt, allerdings nicht mehr in letzter Zeit. Es gäbe ein Bankkonto, von dem sie abheben könne, da sie dazu berechtigt sei. Die Nummer war auf die Rückenklappe eines weißen Kuverts geschrieben, das sich zusammen mit anderen Familienpapieren in einem Karton befand. Dieser war seit etwa fünfzehn Jahren im obersten Fach eines Regals untergebracht, das in einem Lagerraum im Hof stand. Sie wollte den Hausmeister bitten, ihn herunterzuholen, dann könnte ich ihr dabei helfen, die Dokumente durchzusehen.

Während Ellen bei meiner Mutter war, die immer ungeduldig wurde, wenn ich auch nur für kurze Zeit weg war, sortierten Mucki und ich die Fragmente von Familienpapieren, die säuberlich gebündelt und chronologisch geordnet waren und mit der Zeit vor der Jahrhundertwende begannen. Viele der Dokumente waren von Tante Maria an Mucki weitergegeben worden. Es gab da Briefe von Kindern, deren erwachsenes Leben seit Langem zu Ende war. Wir fanden alte Haushaltsbücher, Listen von Instruktionen für das Hauspersonal in dem Schloss, in dem Tante Maria geboren worden war, und Inventarlisten der persönlichen Habseligkeiten und Besitztümer von Verwandten, die im Krieg, auf See oder zu Hause gestorben waren. Ich hatte kaum Hoffnung, die dreieckige Rückenklappe des weißen Leinenkuverts jemals zu finden, jedoch schon bald lag es vor uns, eine Nummer war klar und deutlich darauf geschrieben, sonst aber kein anderer Hinweis zur Identifizierung.

Ich rief bei der Bank an und sprach mit dem Mitarbeiter, der mir bisher so freundlich geholfen hatte. »Oh ja«, sagte er, »das stimmt mit meinen Aufzeichnungen überein. Bitte bringen Sie Frau Bettina Mendl mit den entsprechenden Ausweispapieren zu uns, damit sie die erforderlichen Transaktionen autorisieren kann.«

Ich log. Ich erzählte meiner Mutter, dass Mucki mir vorgeschlagen hätte, ihr »Shopping Konto« zu benützen und mir die Nummer gegeben hatte. Wenn sie damit einverstanden wäre, könnte ich sie zur Bank bringen, um Geld abzuheben. Meine Mutter war begeistert von der Idee. Auf dem Konto lag ein Betrag im Gegenwert von rund 5000 australischen Dollars. Das war ein angenehmer Zuschuss zu unserem Reisebudget und was noch wichtiger war: Ellens Theorie hatte sich bestätigt. Es gab noch immer Facetten der Familiengeschichte und ein Familienvermögen in Wien, von denen ich keine Ahnung hatte. Es war Ellens größtes Anliegen, mir Zugang zu beidem zu verschaffen.

Gegen Ende unseres abenteuerlichen Monats besuchten wir die Winkelmans, alte Freunde in München. Ich hatte Helmut Winkelman als Teenager während unserer Tanzjahre kennengelernt. Er war zusammen mit seiner Schwester nach Wien gekommen und hatte zu unserer Debütantengruppe gehört. Am letzten Abend vor unserer Abreise blieben wir ziemlich lange bei ihnen in ihrem Münchner Haus, tranken Wein, erinnerten uns an früher und erzählten einander aus unserem langen Leben. Meine Mutter war mit der Familie in regelmäßigem Kontakt geblieben und hatte sie in den letzten dreißig Jahren häufig besucht. Schließlich verabschiedeten wir uns leicht schwankend im Foyer und sagten einander Gute Nacht. Da drehte sich Sybille, die Frau unseres guten Freundes, auf einmal zu mir um und fasste mich am Arm. »Phyllis, verzeih mir, wenn ich dich frage, aber was ist mit den schönen Picasso-Zeichnungen deiner Mutter passiert? Hast du sie noch?«

Ich lachte und dann musste ich seufzen. »Oh ja, sie sind unter meinem Bett. Aber es sind keine echten Picassos, sie sind eine Art Studentenarbeit, keine besondere Leistung und praktisch wertlos – so scheint es zumindest.«

Sybille lächelte nicht. Sie schüttelte ihren Kopf und sagte: »Nein, ich kenne Picassos Werk. Ich kenne diese Zeichnungen. Ich habe sie in Wien gesehen und ich habe sie in Australien gesehen. Ich weiß, wo sie in den Kontext seines Werkes hineinpassen. Ich kann dir im Picasso-Museum in Paris die Sequenz zeigen, zu der sie gehören. Die zwei Zeichnungen von dem ›Mann mit dem Lamm‹ sind definitiv echte Picassos.«

Dabei holte sie aus einem Buchregal den Katalog der Münchner Ausstellung von Picassos Werken, die sie besucht hatte, und zeigte mir viele ähnliche Skizzen, die Daten, die Unterschriften und die Papierformate, die er damals benützt hatte. Vor allem wies sie mich auf die Tatsache hin, dass die meisten – wenn auch nicht alle – mit einer Katalognummer von Zervos versehen waren.

Christian Zervos, ein Kunstkenner und Freund von Pablo Picasso, hatte die Mammut-Aufgabe übernommen, sämtliche Werke von Picasso zu katalogisieren. Picasso selbst hatte ihn anfänglich dabei unterstützt und die Arbeit überwacht. Es sollte eine vollständige und tadellose Inventarliste werden. Tatsächlich haben sich viele Experten vollkommen darauf verlassen.

Unter den Skizzen im Ausstellungskatalog war eine, die das vertraute Datum *26/9/43* trug. Sie war nicht signiert, trug aber eine

Nummer von Zervos. Das Motiv der Zeichnung war ein Lamm – das gleiche Lamm, das auf meiner Zeichnung selben Datums zu sehen war. Ich überlegte, welch engagierten Studenten es gebraucht hätte, um eine Picasso-ähnliche Zeichnung neu anzufertigen und nicht die Kopie einer schon existierenden Zeichnung in die Serie zu setzen, bei der man vielleicht neue Techniken lernen hätte können, sondern vielmehr eine Fälschung, die aufgrund genauester Recherche entstanden *und zudem signiert war*, was das Original nicht war. Die Theorie von der Studenten-Kopie erschien angesichts all dieser Umstände allzu simpel.

»Nun gut«, sagte ich laut, »es wird nicht schwierig sein, das nachzuverfolgen, wenn ich wieder zu Hause bin.«

II

WIEDERSEHEN MIT SARA MURPHY

Wohlbehalten zurück in Australien, widmete ich mich meinen Nachforschungen mit mehr Nachdruck als bisher. Endlich kamen die Zeichnungen wieder von unter meinem Bett hervor. Nun, da ich in Österreich gewesen war, hatte ich zumindest ein wenig Einblick in das Leben bekommen, das meine Mutter unter der glatten Oberfläche so gut verborgen hatte. Die Picasso-Bilder waren mit einer neuen Dringlichkeit in den Vordergrund gerückt. Sie drängten mich dazu, tiefer zu graben und Fragen zu stellen.

Die Einblicke, die ich in die Familiengeschichte erhalten hatte, ließen die Theorie, dass die Bilder gefälscht waren, ziemlich absurd erscheinen. Und seit ich von Direktor Heinrich, meinem Ritter von einst, gehört hatte, wie sehr meine Mutter darum gekämpft hatte, nach dem Krieg das Vermögen der Familie zurückzuerhalten, glaubte ich nicht mehr daran, dass sie die Zeichnungen aus einem impulsiven Entschluss heraus gekauft hatte.

Die einzige Erklärung, die sie mir jemals gegeben hatte, war, dass Otto sie ihr geschenkt hatte. Seit dem Krieg hatte niemand mehr ihren Bruder Otto gesehen, also kam nur Otto Schönthal infrage. Jedoch von 1943 – mit dieser Jahreszahl waren beide Bilder datiert – bis 1959 – damals brachte Mutter sie mit nach Hause – waren sie und Schönthal relativ knapp bei Kasse gewesen. Was immer an Geld sie gehabt haben mochten, hatten sie sicher für Wichtigeres verwenden müssen als für teure Picasso-Zeichnungen. Woher stammten diese Bilder also wirklich?

Ich musste die Herkunft der Zeichnungen einfach herausfinden, ihre Geschichte, die mich – ihre Eigentümerin – Schritt für Schritt mit dem Künstler, der sie geschaffen hatte, verbinden würde. Es musste eine Reihe von Transaktionen gegeben haben, die entsprechend dokumentiert worden waren. Selbst wenn einige Dokumente verloren gegangen waren, musste es doch zumindest ein paar auf beiden Seiten geben. Ich hatte jedoch nichts in der Hand, das die Existenz dieser Zeichnungen erklären konnte. Wenn ich meine Mutter drängte, mir mehr davon zu erzählen, antwortete sie nur, sie wüsste von nichts, sie könnte sich nicht mehr erinnern. In einer Endlosschleife wiederholte sie die unbefriedigende Antwort, dass »Otto« ihr die Zeichnungen gegeben und er sie selbst von Picasso erhalten hätte.

Sie nannte mir kein Datum, ihre Erklärungen schienen unlogisch, wenn ich sie unter Druck setzte, drehte sie sich weg. »Weshalb diese ununterbrochenen Fragen?«, fragte sie verärgert. Das alles sei völlig uninteressant! Konnte man sie damit nicht endlich in Ruhe lassen?

Die Zeichnung, die mir Sybille Winkelman in ihrem Katalog gezeigt hatte und die der meinen so ähnlich war, war ein Entwurf für eine Skulptur, die den Namen »Mann mit Lamm« trug, also vermutete ich, dass auch meine Zeichnungen solche Entwürfe waren. Jede freie Minute verwendete ich nun darauf, Bücher und Ausstellungskataloge zu durchforsten, meine Zeichnungen mit anderen von Picasso zu vergleichen und Daten zu überprüfen. Schnell wurde mir klar, dass es nicht leicht sein würde, herauszufinden, wer sie gezeichnet und wer sie gekauft hatte.

Eine Picasso-Zeichnung für echt zu erklären, ist schon alleine deshalb schwierig, weil es nicht alle in den Zervos-Katalog geschafft haben, und selbst die Daten, die auf den Zeichnungen stehen, lassen mehrere Interpretationen zu. Viele von Picassos Arbeiten wurden überhaupt nicht signiert oder datiert. Picasso war außerdem dafür bekannt, Bilder manchmal erst lange nach ihrer Fertigstellung datiert und signiert zu haben. Ein solches Datum gibt also nicht unbedingt die Entstehungszeit eines Werkes an, sondern vielmehr die Zeit, zu der es verkauft oder für eine Ausstellung oder einen Katalog fertiggemacht wurde.

Ich nahm mit Auktionshäusern und Kunstexperten Kontakt auf, mit Museen, Galerien und Kunsthistorikern in Australien und weltweit. Niemand konnte eine eindeutige Stellungnahme abgeben. Niemand war ausreichend daran interessiert, die Zeichnungen überhaupt genauer anzusehen. Man schickte mich stattdessen von einem Experten zu nächsten. Akribisch folgte ich jedem einzelnen Hinweis.

Schließlich schien ich auf eine erfolgversprechende Spur gestoßen zu sein. Ich erhielt die Adresse von Picassos Tochter, Maya, einer von offizieller Seite anerkannten Expertin für das Werk ihres Vaters. Ich schrieb ihr einen Brief und erklärte ihr darin, was ich bisher über die Zeichnungen herausgefunden hatte. Ein kleines Foto von jeder Arbeit legte ich noch bei und hoffte darauf, Anweisungen von ihr zu erhalten hinsichtlich weiterer Bilder oder Details, die sie zur Aufklärung benötigen würde.

Ihre Antwort vom 10. April 1995 kam prompt. Sie war höflich, kurz und raubte mir den Atem. Sie schrieb, dass sie mir bedauerlicherweise mitteilen müsse, dass es sich bei den Zeichnungen nicht um Arbeiten ihres Vaters handle. Der Kopf des Mädchens sei eine Reproduktion, die Schafe wären ebenfalls Kopien und die zwei Männer mit dem Schaf stammten von wem auch immer. Sie erklärte kurz und bündig, sie wüsste weder, wer diese Skizzen angefertigt hätte, noch wann sie entstanden wären.

Ihre dezidierte Antwort drosselte meine Nachforschungen für einige Zeit. Nachdem ich mich ein wenig davon erholt hatte, rief ich Dawn an, um mehr über ihre Picasso-Zeichnungen herauszufinden. Die eine zeigte einen Mädchenkopf, die andere eine Gruppe von Tänzern. Dawn gab mir die Korrespondenz, die sie mit Experten geführt hatte. Alle waren zu dem Schluss gekommen, dass die Zeichnungen nicht echt seien, da sie nicht im Zervos-Katalog aufschienen – einem Katalog, von dem ich inzwischen ja wusste, dass er nicht vollständig war! Erstaunlicherweise hatte jedoch einer der Experten vermerkt, dass das Blatt mit dem Mädchenkopf große Ähnlichkeit mit einer unsignierten, undatierten Arbeit von Picasso hätte, die im Zervos-Katalog enthalten war. Meine Mutter hatte immer betont, dass es *zwei* davon gab, und meiner Ansicht nach bewies diese Notiz, dass sie recht hatte.

Seit ich Dawns Zeichnungen zuletzt gesehen hatte, waren Jahre vergangen. Ich hatte das Gefühl, dass es mir, konnte ich sie jetzt wiedersehen, bei meinen Nachforschungen helfen würde. Selbst durch das Telefon konnte ich hören, wie Dawn mit den Achseln zuckte: »Ich habe nicht die leiseste Ahnung, wo sie sind. Wir sind so oft übersiedelt, seit wir geheiratet haben!«

»Gut«, meinte ich, »aber wenn sie auftauchen, gib mir bitte Bescheid. Ich möchte gerne einen Blick darauf werfen.«

Kurze Zeit später rief mich Dawns Ehemann Peter zurück. »Ich habe die Zeichnung mit dem Mädchenkopf gefunden! Sie liegt hier zusammen mit ein paar alten Dokumenten. Aber das Blatt mit den Tänzern kann ich nicht finden. Es kann sein, dass wir es einer Galerie zum Rahmen gegeben und dann aus irgendeinem Grund vergessen haben, es wieder abzuholen. Vielleicht haben wir es ja auch versehentlich mit einem alten Koffer entsorgt.«

Es war natürlich schade, dass das Bild mit den Tänzern nirgendwo zu finden war, jedoch die Zeichnung von dem Mädchenkopf konnte ich mir nun anschauen. Anfänglich war sie für Dawn und mich nur eine ganz nette Tintenzeichnung von einem Mädchenkopf gewesen – bis sie eines Tages aufgewertet und von da an nur mehr »DER Mädchenkopf« genannt wurde. Anlass dazu war ein Vorfall an einem ruhigen Sonntag während meiner Schulferien gewesen. Dawn und ich hingen im Haus herum und kamen nicht umhin zu bemerken, dass unsere Mutter mit zunehmender Erregung durch die Zimmer lief und leise vor sich hin schimpfte. Sie war nie ein Meister darin gewesen, ihre Gefühle zu unterdrücken. Uns war bewusst, dass ihr Zorn, wenn sie nicht bald ihre Stiefel finden, den Hund hinauswerfen oder ein herumkrabbelndes Insekt töten würde, oder was auch immer der Anlass dafür war, sich ins Unermessliche steigern würde und es dann an uns wäre, das Problem zu lösen.

Genauso war es. Meine Mutter stürmte zur Tür herein. »Ich kann ihn nicht finden!«, klagte sie.

»Was finden?«, riefen wir unisono.

»Den Mädchenkopf! Meine Zeichnung!«

»Wozu brauchst du sie denn?«, wollten wir wissen.

»Es ist ein Picasso.«

»Was willst du damit?«

»Ich will sie nur finden. Ich *muss* sie finden!«

Verwirrtes Schweigen von beiden Töchtern. Der Zorn meiner Mutter schwoll, wie zu erwarten gewesen war, an. Ihre Augen blitzten und sie schrie: »Ich *weiß*, dass ich sie hatte! Ich habe sie gesehen – mitten unter den vielen Papieren! Ich habe sie angeschaut und noch gedacht, wie gut sie doch ist! Und jetzt habe ich sie verloren! Wahrscheinlich werde ich sie nie wieder finden! Ich habe einen verdammten Picasso verloren! Und schuld ist nur dieses Haus! Immer derselbe Ärger – ein einziges Durcheinander hier! Nie weiß ich, wo etwas ist! Am besten räumen wir alles auf und verstauen es an einem Platz, an dem wir es finden können.« – Und dann fügte sie nicht gerade hoffnungsfroh hinzu: »Sie könnte ja wieder auftauchen.«

Es war sinnlos, zu diskutieren. Der Tag wurde zur größten Aufräumaktion meines Lebens. Das weitläufige Haus, ein Resultat von zufälligen und willkürlichen Erweiterungen und Zubauten zu den ursprünglichen zwei Räumen, wurde vom Fußboden bis zur Decke tadellos in Ordnung gebracht, Zimmer für Zimmer. Picasso wurde mit zunehmender Lautstärke verwünscht und beschimpft, je mehr der Tag sich neigte und in einen erschöpften Abend mündete. Wir waren mit unseren Kräften am Ende.

Als wir uns schließlich kurz vor dem Kollaps rund um den Tisch fallen ließen, verkündete Bettina: »Sie ist wahrscheinlich in meinem Koffer, meinem Krokodillederkoffer!«

In diesem befanden sich ihre wichtigsten und wertvollsten Gegenstände und sämtliche Dokumente und Verträge. Es war ein kleiner, wunderschöner Aktenkoffer aus Krokodilleder, der mit schweren Messingschlössern gesichert war. Er war zum Bersten voll mit Briefen aus jüngster Zeit, Geburtsurkunden von Geschäftspartnern, die seit Langem tot waren, mit Fotos von Jagdausflügen in den Alpen, wo sie aufgewachsen war, der Telefonrechnung vom letzten Monat, ein paar unbenützten australischen Vordrucken von Luftpostbriefen, alten Scheckbüchern und – so hofften wir zumindest – einem mittelgroßen Picasso.

Wir saßen noch immer um den Tisch und ließen noch einmal die Arbeit des Tages vor unseren Augen Revue passieren. Mit Schrecken wurde uns bewusst, dass niemand von uns trotz unserer Zentimeter-für-Zentimeter-Reinigungsorgie »den Koffer« gesehen hatte.

Wie ein übermüdetes Kind greinte Bettina weinerlich: »Mein Koffer ist weg! Mein Koffer ist für immer verschwunden!! Was soll ich nur ohne den Koffer tun? Ich hatte *alles* da drin! Alles, was ich wirklich brauche, was ich unbedingt *haaaaben* muss! Jemand muss ihn genommen haben. Er kann nicht einfach von selber verschwinden. Irgendwer ist gekommen und hat ihn geholt. Wer könnte das nur gewesen sein? Wer hätte ins Haus kommen und den Koffer mitnehmen können? Das möchte ich gerne wissen!«

Dawn und ich brachten ein bewährtes Rezept zur Anwendung. Es muss mit uns in die Familie gekommen sein. Woher sonst hätte es stammen können? Gewiss nicht von unserer Mutter.

»Mum, wann hast du den Koffer zuletzt gesehen?«

»Als ich ihn zum Steuerberater gebracht habe.«

»Wann war das?«

»Als er die Unterlagen sehen hat wollen.«

»Wann war das *genau*?«

»Als ich in die Stadt gefahren bin – richtig, ich bin in die Stadt gefahren, um den Steuerberater zu sehen. Ich habe ihm die Dokumente gegeben, die er haben wollte.«

»*Wann?*«

»Bei dieser Gelegenheit habe ich den Mädchenkopf gesehen, auf dem Grund meines Koffers. Ich habe nicht finden können, was ich gesucht habe, also habe ich mich durch die Papiere graben müssen. Dabei habe ich die Zeichnung zuletzt gesehen! Ich habe sie noch dem Steuerberater gezeigt. ›Möchten Sie einen schönen Picasso sehen?‹, habe ich ihn gefragt. Er war nicht sehr interessiert, er hat sogar kaum einen Blick darauf geworfen! Da habe ich den Koffer zuletzt gehabt.«

»Hast du die Papiere gefunden, um die er dich gebeten hat?«

»Nein. Ich habe sie nicht finden können. Ich finde nie, wonach ich suche. Ich habe ihn dort gelassen. Das Mädchen wird alles gefunden haben. Sie wollte die Papiere in Ruhe durchgehen und heraussuchen, was er gebraucht hat.«

Die Inquisitoren ließen nicht locker. »Du hast ihn dort gelassen? Du hast den Koffer in seinem Büro gelassen, damit das Mädchen die Dokumente sortiert?«

»Ja.«

»Dann ist er dort.«

»Ich bin mir nicht sicher. Besser, du rufst ihn an. Ruf an und frag ihn, ob er den Koffer hat und ob der Picasso noch drin ist.«

»Mutter, es ist Sonntag!«

»Das macht ihm nichts aus. Phyllis, du musst ihn anrufen. Du bist die Ältere. Du klingst sehr vernünftig. Er wohnt in derselben Straße, in der auch sein Büro ist, nur ein Stück weiter. Er kann schnell hingehen und nachsehen, ob alles in Ordnung ist.«

»Mutter – nein! Er wird denken, wir sind *verrückt*!«

Für mich war es immer schwer gewesen, mit der Exzentrik meiner Familie zurechtzukommen. Ihr stand die konservative Denkweise einer kleinen Landgemeinde gegenüber. Ich hatte nicht vor, einem allgemein respektierten und verlässlichen Steuerberater einen Beweis für unseren fortschreitenden Wahnsinn zu geben.

Ich versuchte es mit Diplomatie. Ich glaube, ich habe sogar vorgegeben, die Nummer zu wählen, und dann erklärt, dass niemand abheben würde. Also rief meine Mutter selbst an und war bald schon mit ihrem Krokodillederkoffer und seinem kostbaren Inhalt vereint.

In der Zwischenzeit hatte ich nur mehr selten an »DEN Mädchenkopf« gedacht. Jetzt, Jahre später, besuchte mich Peter in Brisbane und brachte die Zeichnung mit. Ich ließ sie aus der Manilahanf-Mappe gleiten, in der sie mehr als dreißig Jahre gelegen hatte. Es war eine einfache, mit schwarzer Tinte gemalte Skizze vom Kopf einer jungen Frau. Ihr sanft gelocktes Haar war nach hinten gesteckt und auf ihrem Gesicht lag ein leise angedeutetes, nachdenkliches Lächeln.

Die große und klare Unterschrift »Picasso« am unteren Bildrand war nicht zu übersehen. Die Frage war, hatte tatsächlich er sie signiert?

Im Zuge meiner Nachforschungen habe ich herausgefunden, dass Picasso seinen Namen im Laufe seines Lebens auf viele verschiedene Arten geschrieben hatte. Ich war über ein Buch über Picasso gestolpert, das diesem Thema sogar ein ganzes Kapitel widmete und seine unterschiedlichen Signaturen zeigte. Beim Durchblättern stieß ich auf eine vertraute Unterschrift und die Zahl »23«, vermutlich für die Jahreszahl 1923. Diese Signatur sah genauso aus wie die, die sich auf dem »Mädchenkopf« befand. Das konnte bedeuten, dass unsere Zeichnung 1923 entstanden war, zwanzig Jahre früher als meine »Mann mit Lamm«-Skizzen.

Ich erzählte meiner Freundin Kath von meinen Überlegungen und kam dabei gleich auch auf meinen Ärger über meine mangelhaften Fähigkeiten auf dem Gebiet der Kunstrecherche zu sprechen.

»Picasso!«, rief Kath. »Was für ein Name. Wir machen das im Internet, das finden wir in einer Stunde heraus – *alles* ist dort zu finden. Komm am Samstag zu mir.«

Ich entschied, um die Dinge nicht gleich von Anfang an zu verkomplizieren, nur nach dem »Mädchenkopf« zu suchen. Ich wusste nichts über seine Geschichte. Wer war die Frau? Der einzige Anhaltspunkt war die Unterschrift, die Ähnlichkeit mit den anderen Signaturen von 1923 hatte.

Ich schlug vor, es mit dem Museum of Modern Art in New York zu versuchen, weil ich wusste, dass dieses Haus gerade eine Ausstellung von Picasso-Porträts zeigte. Ich kramte in meiner Tasche, holte meine Fotokopie der Zeichnung heraus und legte sie flach auf den Schreibtisch neben die Tastatur, während Kath die Homepage des Museums öffnete.

»Wir suchen etwas in dieser Art«, meinte ich. »Ich kenne weder Namen noch Daten. Versuch einfach, irgendetwas von 1923 zu finden, damit wir die Signaturen vergleichen können, wenn schon sonst nichts.«

Kath klickte eine Reihe von Optionen an. Zahlreiche Werke von Picasso erschienen in schneller Abfolge auf dem Bildschirm. Dann tauchte ein winziges Foto auf, vielleicht in der Größe eines Daumennagels, mit dem Titel: »Porträt von Sara Murphy«, in Öl, datiert 1923. Kath klickte es an. Langsam entfaltete sich das Bild eines vertrauten Gesichtes, mit weichen Locken, die nach hinten gebunden waren, und etwas starken Augenbrauen. Ich hielt die Kopie meiner Zeichnung neben den Bildschirm. Der Kopf meiner Skizze blickte von links nach rechts. Die Frau auf dem Ölbild sah in die entgegengesetzte Richtung. Sie blickten einander an. »Hallo, Sara Murphy«, flüsterte ich. »Schau, Kath, das ist sie! Es ist dasselbe Gesicht!«

Dieselbe Gewissheit, die man hat, wenn man jemanden wiedererkennt, erfüllte mich. Das Gesicht war mir vertraut wie das eines alten Freundes, der nun einen anderen Haarschnitt trägt.

12
FRAGMENTE AUS DER VERGANGENHEIT SAMMELN

Die Hitze war unerträglich. Sie drang durch die Ritzen der großen, nach Westen blickenden Fenster des Raumes herein, in dem die restlichen Sachen meiner Mutter gelagert worden waren, als sie ins Nazareth-Haus, ein Pflegeheim in der Nähe, übersiedelt war. Ich saß auf dem Boden, nachdem ich sämtliche Schubladen und Kisten mit Papieren geleert und den Inhalt in der Mitte des Zimmers zu einem großen Berg aufgetürmt hatte. Ich war entschlossen, jedes einzelne Dokument, das dort lag, zu sortieren, zu prüfen, abzulegen und zu beschriften. Es war ein weiterer Versuch, Hinweise auf das rätselhafte »Doppelleben« meiner Mutter zu finden, auf ihr Leben hier in Australien, das sie als meine Mutter geführt hatte, und auf jene seltsame Vorkriegsexistenz, mit der wir von Zeit zu Zeit in Berührung gekommen waren. In ein paar Wochen würde ich wieder nach Europa fliegen – nur ein Jahr nach meinem Besuch dort mit Bettina – und ich wollte diese Arbeit hier vollendet haben, bevor ich fuhr. Für diese Forschungsreise musste ich jeder Spur nachgehen, die sich in diesem Berg von Papieren befand.

Jeden Tag verbrachte ich ein paar Stunden im Nazareth-Haus bei Bettina. Sie erhob keinen Einwand gegen meine Reise. Trotzdem konnte ich spüren, dass sie beunruhigt darüber war, mich so weit weg zu wissen. Ich erinnerte mich an die Trennungen in meiner Kindheit und rang darum, an meinem Entschluss festzuhalten. Ironischerweise fühlte ich andererseits auch, dass sie mich dabei unterstützte, ja dass sie wild entschlossen war, mich dabei zu unterstützen, und dass sie stolz darauf war, dass ich ebenso hartnäckig war wie sie, wenn es darum ging, schwierige Entscheidungen zu treffen.

Ich wollte Klarheit. Die Hitze lähmte meinen Geist. Das Blatt Papier, das ich nun in die Hand nahm, war in der Mitte gefaltet und trug keinen Briefkopf. Es enthielt nur zwei Zeilen auf Deutsch »Sehr geehrte gnädige Frau, die beiliegenden Dokumente enthalten die Aufstellung der Details, die Sie angefordert haben« und eine Unterschrift. Den Namen erkannte ich wieder – Eduard Schulthess. Ja, ich war ihm einmal begegnet, als ich vierzehn Jahre alt war, in Zürich, in einer Bank. Er wurde mir damals als der für die Konten meiner Mutter zuständige Manager vorgestellt. Die Beilage, auf die die Zeilen sich bezogen, musste irgendwo hier in diesem Berg von Papieren sein. Ich war erstaunt, dass ich seinen Namen auf diesem nichtssagenden Blatt Papier so schnell erkannt hatte, es schien jedoch ein Ding der Unmöglichkeit, die Beilage ohne einen Briefkopf zu finden bzw. sie überhaupt richtig zuzuordnen.

Ich lehnte mich zurück, um mich ein wenig zu strecken, da fiel mein Blick auf eine Fotografie von Großvater Fritz Mendl, die an der gegenüberliegenden Wand hing. Der grauhaarige Patriarch stand mit erhobenem Weinglas da und schien mich zu grüßen. »Bitte, Fritz, hilf mir hier weiter! Es ist deine kleine Bettina, die ich zu finden versuche!«, sagte ich laut, dann schüttelte ich den Kopf über meine eigene Albernheit und sah ganz bewusst wieder weg – auf die andere Seite des Zimmers. Dort lag ein einzelnes, gefaltetes Blatt auf dem Boden. Dachte es wirklich, es könnte meiner systematischen Sortierung entkommen?

Ich hob es mit der rechten Hand auf – in der linken hielt ich noch immer den Zweizeiler von der Bank Leu. Die gefalteten Kanten passten perfekt ineinander. Auch die zweite Seite trug wie die erste keinen Briefkopf, keinen Namen, keine Nummer und keinerlei Identifizierung. Es war die Liste eines Aktienportfolios mit einem geschätzten Wert von 1,2 Millionen Schweizer Franken. Dies war eine weitere Bestätigung von Ellens Verdacht. Meine Mutter hatte ein Leben, über das ich nicht das Geringste wusste. Und wieder war ich aufgrund einer seltsamen Reihe von Zufällen über einen Beweis gestolpert. *Danke, Großvater Fritz.*

Am nächsten Morgen war ich wieder bei Bettina. Mittlerweile kannte ich einen besseren Weg, als sie direkt zu befragen. Wir plauderten über meine Tante Lucie und ihre Familie in Neuseeland und das gab mir die Gelegenheit, auf eine Art Familienlegende zu sprechen zu kommen, die sich hartnäckig gehalten hatte: Bettina sei mit einer Tasche voll Goldmünzen, die sie 1938 von Zürich mitgenommen hatte, nach Neuseeland gekommen. Sie lachte über die alte Geschichte.

»Wo hast du sie eigentlich herbekommen?«, fragte ich sie.

»Von der Bank natürlich. Ich bin hineingegangen und habe sie verlangt. «

»Welche Bank? Kannten sie dich?«

»Oh ja, sie kannten mich gut. Mein Konto war dort. Crédit Suisse – du kennst sie auch, am Paradeplatz, dort, wo die Straßenbahn umdreht.«

Es gab nun immer wieder Momente, in denen Bettina vergaß, dass ich an ihrer Vergangenheit in Europa keinen Anteil hatte, dass ich nicht dabei gewesen war. Manchmal wurde sie ungeduldig, wenn ich mich nicht an Straßennamen erinnern konnte oder an Ereignisse aus der Zeit vor meiner Geburt. Wenn ich protestierte, fiel es ihr aber sofort wieder ein, und dann sagte sie: »Natürlich, natürlich, du warst damals ja noch nicht auf der Welt.«

Diesmal protestierte ich nicht. Ich ließ sie reden. Ich war neugierig, was der weitere Ablauf der Geschichte ergeben würde und ob die alte Legende der Überprüfung standhielt.

»Und dann?«, fuhr ich fort, »Wohin bist du gefahren? Wie war es möglich, mit einer großen Tasche voll Gold zu reisen? Hat dir jemand geholfen?« – Ich versuchte, praktische Einzelheiten zu erfahren, um die Wahrheit über etwas herauszufinden, das sich für mich viel mehr nach einem Märchen anhörte.

»Nein«, antwortete sie. »Ich war allein. Ich bin von der Bank über die Brücke zum Hotel gegangen, in dem ich gewohnt habe. Ich habe das Gold in meinen Koffer gepackt und bin mit dem Zug gefahren, um mein Schiff zu erreichen.«

Ich wollte unbedingt die Einzelheiten überprüfen. Bettina schien nicht das Gefühl zu haben, dass nach so langer Zeit noch irgendeine Gefahr drohen könnte.

»Erinnerst du dich an den Namen des Hotels?«

Wieder kam sie durcheinander mit den Generationen und meinte: »Du weißt schon, das am See, wo wir immer gewohnt haben.«

»Oh«, sagte ich, »das Hôtel Baur au Lac.« – Als Kind war ich einmal dort gewesen. Es war das einzige Zürcher Hotel, das ich kannte. Ich wollte ihre Aufmerksamkeit nicht ablenken. Verzweifelt wünschte ich mir, dass ihre ungewöhnliche Bereitschaft, über die Vergangenheit zu sprechen, anhalten würde.

»Nein«, antwortete sie. »Nicht das Baur au Lac – das war zu auffällig, zu pompös, das andere, kleinere, ein Stück weiter am See entlang … Lass mich nachdenken … Das Hôtel Rive au Lac, das war's!«

Ich hatte das Gefühl, dass ihr die Erinnerung an das Abenteuer Freude machte, und bat sie, mir die Lage des Hotels aufzuzeichnen. »Man weiß nie, vielleicht komme ich einmal dorthin, wenn ich in Europa bin«, erklärte ich.

Sie nahm meinen Stift und zeichnete einen Plan. Darauf waren die Bank Crédit Suisse, der Paradeplatz, die Brücke und das Hôtel Rive au Lac zu erkennen.

»Das mit den Säulen an der Vorderseite«, ergänzte Bettina und fügte vier Striche hinzu.

Danach war meine Mutter müde und ich ging, um sie schlafen zu lassen. Ich fuhr zum Reisebüro in Tamworth und erkundigte mich über Hotels in Zürich. Ich bat die Angestellte, mir ein Zimmer im alten Hôtel Rive au Lac zu buchen.

Das Mädchen öffnete einen dicken Hotelführer, überflog ihn und erkundigte sich nach der Schreibweise. »Es ist nicht in der Liste, aber vielleicht kann ich Ihnen ein anderes Hotel anbieten. Oh – bitte entschuldigen Sie mich.«

Ihr Telefon läutete, und als sie den Hörer abnahm, schubste sie den Hotelführer zur Seite, er landete zuoberst auf einem Stapel mit anderen Reisekatalogen. Das Mädchen am Telefon war in ihr Gespräch vertieft, der dicke Band glitt langsam zu mir herab. Dabei fielen die Seiten beim Abschnitt über die Schweiz auseinander, genau an der Stelle, wo der Band zuletzt geöffnet worden war. Zufällig hielten sie beim Buchstaben »B«. In der rechten unteren Ecke der Seite befand sich eine Werbeanzeige für das *Hôtel Belle Rive au Lac* mit einer Zeichnung von seiner Fassade, die mit vier dorischen Säulen verziert war. Ich konnte mein Glück nicht fassen. Ich drehte den Band zu mir herum und notierte die Adresse.

Ein paar Monate später in Zürich folgte ich dem Weg vom Paradeplatz, wo der Name »Crédit Suisse« noch immer quer über einem Gebäude angebracht war, vorbei an der Straßenbahn-Endstation bis zum See. Weiter ging es dem Ufer entlang auf der Suche nach dem Hôtel Belle Rive au Lac. Es war ein trüber Tag und der Wind blies mir hart ins Gesicht. Nachdem ich eine weite Strecke zurückgelegt und das Hotel nicht gefunden hatte, war ich nahe daran aufzugeben. Ich machte Rast auf einer Parkbank und sah den Kindermädchen zu, wie sie mit ihren glänzenden Kinderwägen und ihrer zappelnden Fracht um den See spazierten.

Es gab eigentlich keinen Grund, das Hotel zu finden – es hatte mir nichts zu erzählen und die Crédit Suisse ebenso wenig. Meine Versuche, neue Verbindungen zu entdecken, hatten hier zu nichts geführt. Ich hatte mich vergewissern wollen, dass die Geschichte von den Goldmünzen auf Wahrheit beruhte oder wenigstens etwas an Wahrheit enthielt. Aber sie schien außerhalb meines Zugriffs in der Vergangenheit versiegelt zu sein. Ich entschied mich dafür, meinen Versuch in Zürich zu beenden und nach Wien weiterzufahren.

Ich stand auf und drehte mich um, zurück zur Straße. Direkt vor mir war ein großes Gebäude. Die unteren Stockwerke waren im Umbau begriffen, im Erdgeschoß gab es einen funkelnden, neuen Auto-Schauraum. Ich sah nach oben und entdeckte ein ausgebleichtes Schild über dem Dachgeschoß mit dem Namen: »Hôtel Belle Rive au Lac«. Ich erinnerte mich an das gerahmte Bild meines Großvaters, das Foto mit dem erhobenen Weinglas, und hörte ihn beinahe »Prost!« sagen.

Danke, Großvater Fritz. Die Legende, die ich immer für eine Fantasie von Bettina gehalten hatte, hatte einen wahren Kern. Ich ging weiter.

Der Zug schlängelt sich zwischen wilden Gebirgsbächen und durch dunkle Wälder hindurch, die am Fuß von schneebedeckten Bergen liegen. Durch die Fenster kann ich die sich verändernde Landschaft beobachten. Ich weiß, dass ich mich auf den Spuren meiner Tante Marianne und ihrer Familie befinde, auf den Spuren ihrer verzweifelten mitternächtlichen Flucht aus Österreich im Jahr 1938.

Wie seltsam es ist, allein in Wien anzukommen, mit einem Stoß von Papieren und einem Haufen voller Fragen! Ich taste mich in der fremden Sprache voran – in den dazwischenliegenden Jahren habe ich sie nur selten gebraucht. Ich scheine sie allerdings noch immer ganz gut zu sprechen. Jetzt lerne ich ein vollkommen neues Vokabular dazu, das der Finanz- und der Rechtswelt. Treuhandschaft, Firmenstrukturen, Ländereien, Grundbesitz, Transaktionen, Depots, Dividenden – das sind die neuen Worte, die meine Zunge auf dieser Reise zum Stolpern bringen.

Ich werde von Menschen willkommen geheißen, die mich noch nie zuvor gesehen haben, einige von ihnen haben überhaupt erst vor Kurzem von meiner Existenz erfahren. Türen werden weit aufgestoßen, Geschichten erzählt. So manche Jugenderinnerungen, von denen man mir liebend gerne berichtet, haben rein gar nichts mit meinen Fragen zu tun. Agathe, eine alte Freundin meiner Mutter, inzwischen ist sie alt und gebrechlich, überreicht mir einen silbernen Servierlöffel, bittet mich inständig, ihn anzunehmen, und entschuldigt sich verlegen. Er sei ihr damals von einem Hausmädchen der Villa Mendl übergeben worden.

Als das Haus von den Nazis übernommen worden war, hatten die Angestellten eine Kiste vollgepackt mit Silberbesteck und sie auf einem Bauernhof außerhalb der Stadt versteckt. Bald darauf war jedoch alles gefunden und geplündert worden.

Beim Verpacken hatte der lange Servierlöffel aus der Kiste herausgeragt, man hatte den Deckel nicht schließen können, also war er hastig herausgeholt und in einen Winkel des Kellers gelegt worden. Nachdem die Kiste weggebracht worden war, hatte das Dienstmädchen den Löffel entdeckt und war durch die halbe Stadt gelaufen, um ihn zu jener Freundin meiner Mutter zu bringen. All die Jahre hat er auf mich gewartet – bis zu diesem Nachmittagstee bei Agathe. Ihre ausführliche Erklärung lässt mich die Verzweiflung von damals erahnen. Von dem ganzen Haushaltsschatz war ein einziger silberner Servierlöffel alles, was ich brauchte.

Eine andere entfernte »Tante« gibt mir einen blauen Keramikteller, der einst zum »Frühstücksservice« meiner Großmutter gehört hat. Sonst ist nichts davon übrig geblieben. Tante Maria hatte ihn nach Kriegsende im Müll der Villa Mendl wiedergefunden und gerettet. Es kommt mir absurd vor, dass er nun sorgfältig in Luftkissenfolie verpackt wird. Vielleicht sollte ich einen Zettel auf seine Rückseite kleben, für den Fall, dass er wieder verloren geht. Während ich das Stück halte, sehe ich ganz deutlich meine Tante Maria vor mir, wie sie den Teller im Müll entdeckt, sich in der Hoffnung, das komplette Service zu finden, bückt, ihn aufhebt und als Zeichen des Überlebens in Ehren hält, einen Schatz, den sie meiner Mutter zurückgeben will, an der der Zahn der Zeit wohl mehr genagt hat als an diesem Teller.

Bei ihren vielen Besuchen »zu Hause« hatte meine Mutter es stets abgelehnt, solche Bruchstücke ihrer Vergangenheit anzunehmen. Sie hatte ihre Hüter gebeten, sie zu behalten, und ihnen erklärt, sie wären zu schwer für das leichte Gepäck, das sie trug.

Ich fahre mit der Straßenbahn hinaus zur Villa Mendl, in der nun die nächste Generation von Cousins lebt. Das Gebäude hat sich so sehr verändert, dass ich es fast nicht mehr wiedererkenne. Auch der Weg dorthin ist mir völlig fremd. Ich erinnere mich an schattige Straßen mit Kopfsteinpflaster und nur an ein paar ganz wenige Häuser in der Nähe. Der Garten ist parzelliert worden, seit ich das letzte Mal hier war. Ein hoher Zaun blockiert die Auffahrt zum Haus. Man muss auf einen Klingelknopf drücken und es gibt eine Gegensprechanlage.

Meine Cousins und ich vergleichen unsere Versionen der Familiengeschichte miteinander. Wir essen und plaudern im Garten. Behutsam streifen wir heikle Themen, Narben, die die Folge tiefer, aber längst verheilter Familienwunden sind.

Für mich ist das leichter. Ich war in den Tagen der Verfolgung weit weg in Australien. Ich bin nicht meine Mutter. Ich trage keine Schuld an ihren Entscheidungen, Besitz aus der Erbmasse verkauft oder ein selbstbestimmtes Leben ohne Rücksicht auf »gesellschaftliche Verpflichtungen« geführt zu haben. Die Familie begegnet mir freundlich und vertraut mir ihre Version der Geschichte an.

Der Nachmittag schreitet voran und Schatten legen sich über den Garten. Wir sind in unsere Gespräche vertieft. Keiner von uns hat Lust, den Besuch innerhalb des gesellschaftlich akzeptierten Zeitrahmens zu beenden. »Bleib«, sagen sie, »lass uns hineingehen. Es wird kühl.«

Kaffeetassen und Weinflaschen werden eingesammelt und wir machen es uns drinnen gemütlich, versammeln uns um den großen, hellen Holztisch im Haus. Frischer Kaffee wird gekocht und weiter geht es mit den Enthüllungen – wir dringen immer tiefer in die Vergangenheit ein.

Ich erinnerte mich an meinen Cousin Hans Mendl aus der Zeit, als wir noch alle in dem großen Haus gelebt hatten. Hans war der Neffe meiner Mutter, der Sohn ihres geliebten Bruders Otto und seiner schönen Frau Mimi. Hans war dreiundzwanzig gewesen, als ich ihn zum ersten Mal getroffen hatte. Er war groß, dünn, blass, still und freundlich gewesen. Gewissenhaft hatte er mir Deutsch beigebracht, mit einer engelsgleichen Geduld immer wieder meine Aussprache korrigiert, ohne mir dabei je das Gefühl gegeben zu haben, ungeschickt zu sein. Seine Bemühungen waren erfolgreich gewesen, ich hatte ein dauerhaftes Gefühl für die Sprache entwickelt. Am Ende hatte ich zwar ohne Akzent, jedoch auch ohne Rücksicht auf grammatikalische Regeln gesprochen. Manchmal hatten mich Leute, die mir vorgestellt worden waren, sogar für eine Wienerin gehalten – bis mir ein eklatanter Grammatikfehler passiert war.

Jetzt erzählt mir Hans die Geschichte seiner Kindheit. Er spricht von den Qualen, die ihm die Trennung von seiner Familie bereitet hat, von seinem Überlebenskampf in Berlin. Dort hätte man ihn in einem katholischen Waisenhaus versteckt. Sein blondes Haar und sein engelhaftes Aussehen seien dabei ein gewisser Schutz gewesen, besonders in der Kirche, wenn er scheinbar ins Gebet vertieft war. In Wahrheit sei er voller Hass gewesen und habe vor dem Altar Rache geschworen.

Nach Berichten, die er nach dem Krieg zusammengetragen habe, war sein Vater von den Nazis gejagt und hingerichtet worden. Seine

Mutter und die kleinere Schwester seien Gerüchten nach noch am Leben gewesen und versteckten sich irgendwo. Die Gewissheit, sie jemals wiederzusehen, habe er natürlich nicht gehabt. Wer hätte ihm auch sagen können, wo sie sich aufhielten? Alles hing davon ab, ob er jemanden fand, dem er trauen konnte.

Er habe, um mit seiner Angst fertigzuwerden, zu trainieren begonnen. 1944, mit vierzehn Jahren, habe er das Waisenhaus in Berlin verlassen – mit dürftigen Informationen und verblassten Erinnerungen, an die er sich geklammert habe – und sich bis nach Wien durchgeschlagen. Hans spricht nicht über Einzelheiten. Sein Gesicht ist blass und zerfurcht und seine Hände zittern, während er die Kaffeetasse hält. Dann fährt er wieder mit seinem Bericht fort. Seine Stimme klingt nun fest und entschlossen.

Endlich sei er bei der Villa Mendl angekommen. Er habe sie verlassen und von Bomben beschädigt vorgefunden. Mit seinen frierenden Händen habe er ein Loch in den Schutt gegraben, um sich Schutz zu verschaffen. Entweder würden ihn die Steine warm halten – oder er würde sterben. Zu Hause war er nun.

Die Villa Mendl habe sich dafür entschieden, Hans davonkommen zu lassen. Irgendwie habe ihn dann eine Nachricht erreicht, die das Überleben seiner Mutter und Schwester bestätigt habe. Mimi und Eva seien dann später auch in die Villa Mendl gekommen. Es habe ein Wiedersehen gegeben. Von Rettung habe man noch nicht sprechen können. Sie seien stets vom Verhungern bedroht gewesen. Hans habe in eine Drogerie eingebrochen und Milchpulver gestohlen. Mimi habe mit jemandem von Ankerbrot Kontakt aufgenommen. Die Fabrik sei zwar unter Nazi-Herrschaft gestanden, sie habe aber einen treuen Angestellten gefunden, der der Familie in alter Loyalität verbunden war. Heimlich seien Pakete mit Nahrung geliefert worden. Zumindest manchmal.

An dieser Stelle seufzt Hans erleichtert. Er wirkt erschöpft. Er entschuldigt sich und verlässt die Runde. Seine beiden Söhne wenden sich an mich. »Er hat noch nie über diese Dinge gesprochen«, versichern sie mir. »Wir haben das alles auch nicht gewusst. Wir haben nur seine Wut, seine Frustration und seine Unfähigkeit, emotionale Bindungen zu riskieren, kennengelernt.«

Bald danach kommen wir auf Fritz, den Patriarchen, zu sprechen. Dokumente und Daten werden verglichen, Geschichten ergänzt und vervollständigt. Jemand fragt: »Wo ist sein Grab?« – Jeder von uns hatte angenommen, dass ein anderes Mitglied der Familie Genaueres darüber wüsste. Aber als wir einander hier am Tisch fragend ansahen, war klar, dass niemand das Grab kannte.

Thomas, dem zweiten Sohn von Hans, war die Aufgabe übertragen worden, die Aufzeichnungen der Pfarren und Gemeinden zu überprüfen. Ohne Erfolg. Wir verbrachten den nächsten Tag damit, die Friedhöfe in der Umgebung zu durchforsten und nach einer Gruft der Familie Mendl zu suchen, konnten jedoch keinen Hinweis auf den Tod von Fritz finden.

Thomas und ich verabredeten uns am Wiener Zentralfriedhof. Wir hatten übersehen, dass der graue Novembertag, den wir dafür gewählt hatten, ausgerechnet Allerseelen war. Ich war mit der Straßenbahn gekommen und hatte meinen Weg mithilfe eines Stadtplans für Touristen gefunden, was irgendwie etwas Unwirkliches an sich hatte. Das Harry-Lime-Thema aus dem Film »Der dritte Mann« ging mir im Kopf herum. Thomas kam mit einem Berg von Familiendokumenten an, die mehrere Generationen zurückreichten. Er hatte auch einen Plan vom Zentralfriedhof dabei. Nachdem er mich durch lange Reihen von Grabsteinen geführt hatte, blieb er schließlich stehen und begann damit, mir die Inschriften vorzulesen. Ich las Familiennamen, mit denen ich erst seit Kurzem vertraut war, auf den Grabsteinen. Die Linien auf den ausgebreiteten Seiten unseres Stammbaums stellten Verbindungen zu fast jeder Grabstätte her – zu Tanten und Onkeln meiner Mutter. Sterbeurkunden bewiesen das Verwandtschaftsverhältnis. Thomas blickte von seinen Papieren auf. »Phyllis, begreifst du, wo wir hier sind?«, fragte er mich.

»Natürlich. Auf dem Friedhof.«

»Auf welchem Friedhof?«

»Auf dem Wiener Zentralfriedhof«, antwortete ich zuversichtlich.

»Aber in welchem Teil des Friedhofs?«

Ich sah mich nach Hinweisen um. Ich verstand seine Frage nicht.

»Das ist der jüdische Friedhof. Seltsam ist, dass diese Denkmäler hier ziemlich groß sind, sogar richtig pompös, was eigentlich in einem Widerspruch zum jüdischen Glauben steht. Das hier sind einige der führenden Familien von Wien – und es sind unsere Verwandten. Verstehst du jetzt? Das ist der Grund, weshalb mein Großvater Otto getötet worden ist. Das ist der Grund, weshalb mein Vater in einem katholischen Waisenhaus versteckt worden ist. Und das ist auch der Grund, weshalb Bettina das Land hat verlassen müssen: Weil nämlich ganz Wien von diesen Verbindungen gewusst hat.«

Ich hatte bis zu diesem Zeitpunkt nie auch nur eine Andeutung über unseren jüdischen Hintergrund gehört. Alle Familienfeste und Rituale hatten sich immer um den katholischen Glauben und seine Traditionen gedreht. Ich hatte bislang gedacht, dass die Flucht nur deshalb notwendig gewesen war, weil meine Mutter ganz offen in Opposition zu den Nazis gegangen war. Die Geschichte war verfälscht worden, damit sie zu ihren Erzählungen passte, die offenbar weitgehend auf Fiktion beruhten.

Langsam kam mir zu Bewusstsein, was mir da gerade eröffnet worden war. Ein anderes Erbe ergriff Besitz von mir. Ohne diese Grabsteine und ohne diese alten Dokumente hätte ich niemals an diese Verwandtschaft geglaubt. Eigentlich bin ich fast sicher, dass ich sie ohne die behutsamen Erklärungen von Thomas auch nicht akzeptiert hätte.

Als wir uns dem Ausgang näherten und der kalte Novembernebel über den Friedhof hereinfiel, dachte ich über die Bedeutsamkeit meiner jüdischen Herkunft nach. Diese neue Erkenntnis löste zweierlei in mir aus: Mit einem Mal schien ich vieles zu verstehen, zugleich kam ich mir auch bemitleidenswert ahnungslos vor. Ein Schleier war gelüftet worden, der die Logik hinter Bettinas Geheimnissen und Ängsten offenbarte und vieles erklärte, etwa auch mein eigenes Interesse für jüdische Geschichte, Literatur und Kultur, die mich immer gefesselt hatte – gewissermaßen von *außen*, von einem unbeteiligten Standpunkt aus. Ich kann rein emotional noch immer nicht ganz nachvollziehen, was es bedeutet, Jude zu sein – und was es 1938 bedeutet haben muss.

Trotz unserer Nachforschungen ist es uns nie gelungen, die drei letzten Familiengräber zu finden. Die Eltern meiner Mutter, Emily und Fritz, sowie ihr Bruder Fritz sind alle in Wien gestorben, und zwar in den Jahren 1929, 1930 und 1931. Sie haben keine Spuren hinterlassen. Es gibt keine letzten Ruhestätten von ihnen. Bettina und ihre Freunde, damals alle junge Erwachsene, schworen seltsamerweise, nichts von einem Grab zu wissen, nie ein Begräbnis besucht und auch sonst keine Ahnung von irgendetwas zu haben.

Wenn ich aber darüber nachdenke, ist mir klar, dass Bettina selbst die Vorbereitungen für die Beerdigung ihres Bruders getroffen haben muss. Sie wird wohl dem Beispiel ihres Vaters gefolgt sein, der die Beisetzung ihrer Mutter organisiert und wahrscheinlich auch Wünsche für sein eigenes Begräbnis geäußert hat. Sie hat niemals von ihrer Rolle dabei gesprochen. Später, als ich sie dazu befragte, konnte sie sich an nichts mehr erinnern, ganz so, als ob all dies gänzlich ohne ihr Zutun geschehen wäre.

Ich vermute, dass sich Fritz senior trotz seiner Konvertierung zum Christentum zu einem späteren Zeitpunkt wieder auf seinen jüdischen Glauben besonnen hat. Möglicherweise gibt es ja drei nicht ausgewiesene Gräber auf einem seiner früheren Grundstücke. Und Bettina ist wohl dem Beispiel ihres Vaters gefolgt, als sie die Vorbereitungen für Fritz junior treffen hat müssen.

Die Dokumente, die Thomas zum Friedhof mitgebracht hatte, waren der Anstoß zu weiteren Diskussionen. Nach der Sperrstunde des Friedhofs am späteren Nachmittag suchten wir uns ein gemütliches Gasthaus und setzten über Schüsseln mit dampfendem Gulasch unsere Nachforschungen fort. Meine Beschäftigung mit den Picasso-Zeichnungen veranlasste mich zu der Frage, was denn eigentlich mit der Kunstsammlung der Familie passiert wäre. Gab es irgendeine Spur oder einen Hinweis auf andere Wertgegenstände?

Thomas erzählte mir folgende Geschichte. Simon Wiesenthal hatte versucht, einen Mann namens Wächter als Kriegsverbrecher vor Gericht zu bringen. Er hatte herausgefunden, dass Wächter in die Villa Mendl eingezogen war und das gesamte Inventar in seinen persönlichen Besitz gebracht hatte. Als der Krieg zu Ende gewesen war, hatte Wächter seine Beute dazu benutzt, um sich einen sicheren Platz im Vatikan zu erkaufen. Er hatte die Fluchtwege durch Italien, die von Ex-SS-Standartenführer Rauff eingerichtet worden waren – demselben Rauff, der die »Gaswagen« erfunden hatte –, genutzt. Rauff selbst hatte in Verhandlungen mit dem katholischen Bischof Alois Hudal sicheres Geleit für sich und andere Schlüsselfiguren der Nazis ausgehandelt. Hudal hatte zu diesem Zweck sogar vorübergehend eine Privatwohnung in Mailand angemietet, um diesen hochrangigen Kriegsverbrechern zur Flucht zu verhelfen – in jenem Mailand, in dem wir 1953 als Kinder den Winter verbracht hatten. Ich überlegte, warum wir wohl dort gewesen waren. Welcher Spur war meine Mutter gefolgt? Vielleicht hatte sie nach einem letzten Beweis für die gestohlenen Mendl-Schätze gesucht.

Es war allgemein akzeptiert worden, dass Wächter, nachdem er in Rom angekommen war, sich an den Vatikan wenden und dort unter einer neuen Identität als »Pater Alfredo Reinhardt« bis zu seinem Tod im Jahr 1949 frei und unbehelligt leben konnte. Ich fragte mich, wann diese Information zum ersten Mal ans Licht gekommen war. Erst als Wächter todkrank gewesen war, hatte er ein volles Geständnis über seine wahre Identität abgelegt und über seine Rolle bei der Vernichtung von 800 000 Juden in Krakau und Lemberg gesprochen. Simon Wiesenthal hatte vom Vatikan die Herausgabe von Wächters Akten gefordert, von Bischof Hudal aber die Antwort bekommen, dass diese Unterlagen Bestandteil von Wächters vertraulicher Beichte und somit durch das Beichtgeheimnis geschützt wären. Hudal betrachtete sich, wie er sagte, als Priester und nicht als Politiker.

Das war die offizielle Antwort des Vatikans auf Wiesenthals Antrag gewesen. Wächter war von seiner Frau überlebt worden, die im Endstadium seiner Erkrankung in den Vatikan gerufen worden war, um ihn auf seinem letzten Weg zu begleiten. Auch seine Tochter hatte ihn überlebt. Sie lebte in Paris – umgeben von kleinen Erinnerungsstücken, Überresten aus dem Hausschatz der Mendls. Thomas Mendl begegnete dieser Tochter von Wächter sogar ein paar Mal zufällig an der Universität Wien, wo sie beide studiert hatten. Sie hatten ihre Lebensgeschichten miteinander verglichen und dabei war ihnen ihre Verbindung bewusst geworden.

Unter den Papieren, die Thomas mir gab, befand sich auch ein Brief von Maria von Kozaryn, von Tante Maria, den sie 1946 an den Anwalt geschrieben hatte, der meine Mutter bei ihren Klagen auf Restitution ihres Eigentums vertreten hatte. Er hatte eine möglichst genaue Aufstellung des Vermögens und der Wertgegenstände verlangt, einschließlich der Kunstwerke, die sich in der Villa Mendl befunden hatten, bevor Wächter sie hatte plündern können. Sie hatte ihm geschrieben, dass sie sogar noch die Rechnungen über den Ankauf der Silbergegenstände besaß, die von Wächters Frau auf Anweisung ihres Mannes hin fortgeschafft worden waren. Tante Maria war auch sicher gewesen, dass Frau Wächter die beiden Pelzmäntel meiner Mutter gestohlen hatte.

Das einzige Kunstwerk, das Maria aus der Villa Mendl hatte retten können, bevor Wächter dort eingefallen war, war ein Gemälde von Hieronymus Bosch gewesen. Sie hatte dem Anwalt geschrieben, dass sie es in Gewahrsam genommen und in ihre eigene Wohnung gebracht hätte. Ob es aus ihrem Apartment mit Absicht oder aus Unwissenheit entfernt worden war, konnte nicht mehr eruiert werden. Fest steht, dass das Bild noch vor 1945 aus ihrer Wohnung verschwunden war.

Tante Maria hatte auch über die wertvolle Schmucksammlung von Bettina gesprochen. Bevor meine Mutter 1938 Zürich verlassen hatte, hatte sie Tante Maria damit beauftragt, die Juwelen aus dem Tresor zu holen, in dem sie aufbewahrt worden waren. Tante Maria hatte es geschafft, die meisten Stücke der Sammlung zu retten, einige davon aber einem deutschen Anwalt übergeben, der behauptet hatte, sie an Bettina weiterleiten zu wollen – was aber nie geschehen ist.

In dem Brief hatte sie auch erwähnt, dass sie keine vollständige Aufstellung von dem hatte machen können, was sich in der Villa Mendl befunden hatte, bevor die Nazis gekommen waren, weil ihr ab Juli 1938 der Zutritt zu dem Anwesen verweigert worden war. Tatsächlich war sie am nächsten Tag, nachdem sie das Gemälde von Hieronymus Bosch geholt hatte, zur Villa Mendl zurückgekehrt und hatte auf ihr Recht hingewiesen, eine Bestandsaufnahme vorzunehmen und ein Inventar zu erstellen. Wie zu erwarten gewesen war, war ihr der Eintritt verwehrt worden.

Sie hatte jedoch nicht locker gelassen, so lange, bis sie wegen Erregung öffentlichen Ärgernisses verhaftet worden war. Sie war kurz im Gefängnis gesessen, bis einflussreiche Freunde von Bettina ihre Freilassung erwirkt und sie inständig gebeten hatten, die Sache auf sich beruhen zu lassen – um ihrer eigenen Sicherheit willen.

Ich startete einen Versuch, die Wächter-Geschichte auf ihren Wahrheitsgehalt zu prüfen und vielleicht etwas über ein Verzeichnis der Kunstgegenstände der Sammlung Mendl zu erfahren, die nach unseren Informationen 1945 von »Pater Alfredo Reinhardt« in den Vatikan mitgenommen worden waren. Ich schickte ein Fax an Simon Wiesenthals Büro in Wien. Ich dachte, dass seine Forschungen seit dem Krieg vielleicht mehr Informationen liefern hatten können als das, was ich aus den familiären Quellen wusste. Ich stellte mich vor und bat um ein Treffen. Prompt erhielt ich eine Antwort und wurde eingeladen, mit Wiesenthals Assistentin über den Fall Wächter zu sprechen. Wiesenthal selbst war auf Reisen. Ich wanderte durch die engen Straßen einer heruntergekommenen Gegend von Wien. Hier waren die Gebäude nicht prunkvoll und reich geschmückt und sie besaßen auch nicht den Charme der Jahrhundertwende, sondern waren praktische Zweckbauten aus Beton im Stil der Fünfzigerjahre.

Ich wurde in eine einfache Wohnung geführt, in der sich die Akten vom Boden bis zur Decke stapelten. Herrn Wiesenthals Assistentin schenkte uns Kaffee ein, während sie aufmerksam meinem Bericht und den Fragen lauschte. Sie schien mit der Geschichte vertraut zu sein, blätterte in ihren Akten und fragte mich über die Schulter: »Wo ist Ihre Mutter jetzt? Ist sie entkommen? Was ist mit den anderen Mitgliedern der Familie passiert?« – Schritt für Schritt machte sie sich ein Bild von der Geschichte, dann seufzte sie und sagte: »Die, die überlebt haben, sind die Glücklichen. Diese Akten sind voll von Geschichten – schrecklichen Geschichten – und jeden Tag kommen neue dazu, Berichte von Folter und Tod. Wir haben nicht die Ressourcen, um in Eigentumsfragen zu ermitteln. Es tut mir wirklich leid.«

»Meine Fragen sind nicht dringend«, antwortete ich. »Das alles ist vor so langer Zeit geschehen. Vielleicht denken Sie, dass ich sie aus Neugier stelle. Das ist es nicht. Ich möchte nur verstehen, was passiert ist. Aber Sie haben recht, meine Mutter konnte entkommen, wir hatten ein gutes Leben. Wir waren die Glücklichen.«

»Das hören wir selten. Die Leute fordern, klagen an und gehen vor Gericht – und alles wegen Besitz, Besitz und wieder Besitz. Sie können das menschliche Leid nicht ermessen, sie fühlen die Schmerzen der anderen nicht. Und der Genozid setzt sich fort! Gerade jetzt, unweit der Grenze – Bosnien ist nur ein paar Kilometer entfernt von hier.« – Sie zuckte mit den Achseln. Offensichtlich hatte sie dringendere Arbeiten zu erledigen, also trank ich den letzten Schluck Kaffee aus und ging.

Ich hatte manchmal Kontakt zu einer Bankmanagerin, die die österreichischen Konten meiner Mutter betreut hat. Inzwischen ist sie in Pension und ich bin etwas überrascht, dass sie einverstanden ist, mich zu treffen. Das hatte sich bei dem Schweizer Bankmanager, mit dem ich sprechen wollte, ganz anders angehört. Auch er war mittlerweile im Ruhestand, behauptete aber, dass er über seine beruflichen Kontakte mit niemandem sprechen dürfe.

Wir haben uns im Parkhotel in der Nähe vom Bahnhof verabredet. Das Jahr geht dem Ende zu. Es ist kalt. Schnee ist gefallen, geschmolzen und neuer ist gefallen. Ich marschiere in meinen dünnen australischen Stiefeln vom Bahnhof bis zum Hotel. Ich werde mir neue kaufen müssen, wenn ich noch länger bleiben muss.

Obwohl mir der Name von den Terminkalendern meiner Mutter bestens vertraut ist, habe ich Frau Le Grün noch nie persönlich getroffen. Die Fragen, die ich ihr stellen möchte, sind persönlicher Natur und haben nichts mit Geld oder Konten zu tun. Ich möchte herausfinden, wie meine Mutter ihre Geschäfte betrieben hat, wie sie ihre Geldangelegenheiten gehandhabt hat. Hat sie ihre Entscheidungen eher willkürlich und spontan getroffen – um, wie sie uns gegenüber behauptet hat, Erklärungen zu vermeiden?

Oder ist sie nach einem System vorgegangen? Hat sie Strategien gehabt?

Ich war früh dran, wartete und ließ die Atmosphäre der Café-Lounge auf mich wirken. Die Wände waren mit reich verziertem Brokat bespannt, es gab die obligatorischen goldgerahmten Spiegel und dick gepolsterte Möbel. Alles war »sehr wienerisch« – ich brauchte nicht einmal einen Blick in die Glasvitrine zu werfen, um zu wissen, welche Torten dort auf mich warteten. Sie waren bestimmt reich an Schokolade, Schlagobers und Haselnusscreme und alles war mit dem typischen Wiener Staubzucker fein wie mit Schnee bestäubt.

Frau Le Grün betritt die Lounge und erkennt mich sofort. Sie meint, ich habe das Gesicht meiner Mutter. Das hat man mir schon öfter gesagt. Dieses Mal ist es hilfreich. Ich spüre, dass sie meine Mutter mag. Wenn sie mich ansieht, kommt mir eine große Wärme entgegen, ohne Zurückhaltung und das gewisse höfliche Misstrauen, das ich fast erwartet habe. Ich beginne mit meinen Erklärungen. Die erste Schwierigkeit, die ich dabei überwinden muss, besteht darin, sie davon zu überzeugen, dass es mir darum geht, meine Mutter besser kennenzulernen, dass ich ihr anderes Leben gerne verstehen und etwas mehr Einblick gewinnen möchte, wie sie als Geschäftsfrau agiert hat.

Frau Le Grün erklärt mir, dass ihr Kontakt zu meiner Mutter über dreißig Jahre lang stets rein beruflich gewesen sei. Sie habe sie nicht »privat« gekannt. – Das sei genau der Punkt, um den es geht, betone ich. Frau Le Grün habe sie über so viele Jahre hinweg in so vielen unterschiedlichen Situationen erlebt, ihr Blick sei weder durch Familienloyalität noch durch eine emotionale Bindung getrübt – *wer war Bettina?*

Frau Le Grün erzählt. Vor mir entsteht ein Bild von meiner Mutter, das ich nicht wiedererkenne. Die Bettina, die Frau Le Grün gekannt hat, hat ruhig, strategisch und souverän gehandelt. Sie hat umsichtig Informationen zusammengetragen, komplexe und effektive Pläne entwickelt und sie dann, nachdem sie die Meinungen und Ratschläge anderer sorgfältig abgewogen hatte, in die Tat umgesetzt. Meine Mutter hat alles unter Kontrolle gehabt.

Das würde jedoch nicht bedeuten, erzählt Frau Le Grün weiter, dass sie keinen Sinn für Humor gehabt hätte, ganz im Gegenteil, sie sei sehr charmant gewesen und habe die Loyalität anderer gewonnen, weil sie in geradezu rührender Weise auf ihre Bedürfnisse und Belange eingegangen sei. Frau Le Grün gibt zu, dass das in seinem Extrem bis hin zur Manipulation gegangen sei, meine Mutter aber nie offensichtlich oder offensiv gehandelt habe – Menschen hätten sich geschmeichelt gefühlt, wenn sie von Bettina manipuliert wurden.

Als Beispiel führt Frau Le Grün ihre eigene Begeisterung für Picasso an. Meine Mutter habe von dieser Begeisterung gewusst. Sie habe ihre wunderbaren Picasso-Zeichnungen im Tresorraum der Bank aufgehoben, der nicht zum Verantwortungsbereich von Frau Le Grün gehört habe.

»Eines Tages hat sie sie mir gezeigt, nur weil sie gewusst hat, dass ich mich darüber freuen würde, sie zu sehen. Wir gingen zusammen hinunter in den Tresorraum und haben die Blätter eines nach dem anderen auf dem Tisch ausgebreitet. Es war sehr aufregend für mich, ein unvergessliches Erlebnis. Obwohl unser Verhältnis immer ein rein berufliches geblieben war es nach diesem Tag irgendwie … herzlicher, wärmer.«

Ich ziehe die Fotos von den Picasso-Zeichnungen aus der Tasche. Ich habe sie aufs Geratewohl mitgebracht und nicht wirklich erwartet, bei diesem Gespräch irgendetwas Wichtiges darüber herauszufinden.

»Sind das die Bilder, die Bettina Ihnen gezeigt hat?«, frage ich Frau Le Grün.

»Oh ja«, meint sie erfreut. »Ich habe sie seit damals nie mehr wieder gesehen, weder in einer Ausstellung, noch in irgendeiner Publikation. Wo sind sie jetzt?«

Ich will nicht »unter meinem Bett« sagen. Es erscheint mir respektlos. »Meine Mutter hat sie nach Australien gebracht«, antworte ich.

Es gibt noch andere Fragen, von denen ich meine, dass nur Frau Le Grün sie beantworten kann: »Haben Sie Bettinas Vermögensberater, Otto Schönthal, einmal getroffen?«

»Ja, ständig. Er war bei fast allen unseren Gesprächen dabei, besonders, wenn es um eine wichtige Strategie ging.«

»Und wie haben Sie das Verhältnis zwischen den beiden empfunden? Hat Bettina Ottos Rat befolgt? Hat sie ihn gefragt? Und wer von den beiden hat die Entscheidung getroffen? Wer hat das Sagen gehabt?«

Frau Le Grün antwortet ohne zu zögern. Sie lächelt. »Bettina hat das Kommando gehabt. Er hat genau das getan, was sie vorgeschlagen hat – auf Punkt und Komma. Sie hat sich alles angehört, seinen Rat respektiert, aber letztendlich ist sie es gewesen, die die Entscheidungen getroffen hat.«

»Ich habe gedacht, dass sie vielleicht unter seinem Einfluss gestanden ist«, wende ich ein. Frau Le Grün schüttelt den Kopf: »Ich kann nur sagen, welchen Eindruck ich gehabt habe. Es ist lange her, aber ich glaube nicht, dass ich mich irre. Wir waren viele Jahre lang in Kontakt, nicht nur, wenn Bettina in Wien war, sondern auch wenn sie in Australien oder Amerika war. Sie hat von dort aus mit mir telefoniert. Das war für damalige Verhältnisse unglaublich teuer. Sie hat mir genaue Anweisungen gegeben und Schönthal dazu autorisiert, bestimmte Transaktionen zu tätigen. Aber er hat trotzdem jedes Mal auf ihre ausdrückliche Zustimmung warten müssen.«

»Ich habe manchmal den Eindruck gehabt, dass er eine Vollmacht, Geschäfte in ihrer Abwesenheit abzuschließen, gehabt hat und Bettina nicht genau über alle Einzelheiten Bescheid gewusst hat.«

»Nein. Ich glaube, da irren Sie sich. Sie ist nicht der Typ, der freiwillig Macht abgibt.«

Wenigstens das erkenne ich wieder. Das klingt nach meiner Mutter.

Otto Schönthal war der einzige Mensch, der mir Aufschluss über meine Mutter hätte geben können. Er hätte mir vieles erklären und dabei helfen können, sie zu verstehen. Leider ist er 1978 ganz unerwartet gestorben, meine Mutter hat das nur beiläufig erwähnt. Sie hat schwere Verluste immer erstaunlich gut weggesteckt. Wenngleich sie sich über Trivialitäten über die Maßen hat aufregen können, hat sie doch die großen Tragödien in ihrem Leben stets gelassen und mit Haltung getragen. Jedoch auch so war die zur Schau gestellte Leichtigkeit, mit der sie den Verlust hinnahm, nicht leicht zu begreifen. Otto war mehr als vierzig Jahre lang ihr Ratgeber und Weggefährte gewesen. Sie schienen keine Geheimnisse voreinander gehabt zu haben. Der laufende Briefwechsel und die vielen Telefonate verrieten auch ihren ähnlichen Sinn für Humor. Otto war ihr engster Vertrauter gewesen, er hatte die Stelle ihrer beiden Brüder eingenommen. Er hatte ihr dabei geholfen, ihren Besitz nach dem Krieg wiederzubekommen. Ihre Anerkennung dafür hatte er gehabt, ihre Trauer jedoch nicht.

Auf dieser Reise besuchte ich auch die Winkelmans in München wieder. Wir setzten unsere Unterhaltung dort fort, wo wir das letzte Mal aufgehört hatten – bei den Picassos.

»Hat Bettina gesagt, woher sie sie hatte?«, fragte Sybille.

»Von Otto«, antwortete ich.

»Wann hat sie sie bekommen?«

»Als sie nach Europa, also nach Österreich zurückgekommen ist nach dem Krieg.«

»Wann genau?«, insistierte Sybille.

»Ich kann mich nicht genau erinnern. Ich weiß wirklich nicht, wann sie sie bekommen hat. Sie sind bei uns in Australien irgendwann Ende der Fünfzigerjahre aufgetaucht. Bettina hat sie sehr geliebt. Sie war schrecklich aufgeregt, als sie die zwei »Schafscherer« – so hat sie sie genannt – rahmen lassen und in unserem Haus aufgehängt hat. Ich glaube, sie hat einmal gesagt, dass man sie fünfzig Jahre lang nicht ausstellen darf. Wir haben das wieder für eine von Mutters geheimnisvollen Geschichten gehalten.«

»Ab wann genau durften die Bilder in keiner Ausstellung gezeigt werden?«, wollte Sybille wissen.

»Wer weiß das schon? Vielleicht ab dem Datum auf den Bildern oder ab dem Datum der Transaktion, in der meine Mutter sie erworben hat. Natürlich gibt es so etwas wie ein Copyright, das bis zu fünfzig Jahre nach dem Tod des Künstlers anhält, aber das hat mehr nach einer persönlichen Anweisung geklungen, ganz so, als ob sie sie fünfzig Jahre lang verstecken sollte. Aber warum?« – Ich schüttelte den Kopf und fuhr fort: »Ich habe den Eindruck gehabt, dass sie sie zur Schau stellen wollte. Sie hat sie so gerne angesehen. Sie hat wohl gedacht, dass sie bei uns in Australien in Sicherheit wären. Sie zu betrachten, war für meine Mutter ein Erlebnis. Das hat sich dann aber ganz plötzlich verändert. Sie hat jegliches Interesse daran verloren und wollte sie auch nicht mehr im Haus haben, als sie übersiedelt ist. Das war 1978, nach Ottos Tod.«

»Bettina hat angedeutet, dass es Selbstmord war«, bemerkte Helmut Winkelman. »Sie war damals hier bei uns. Otto hat angerufen und sie hat seinen Anruf nicht annehmen wollen. Sie hatten sich wegen irgendetwas überworfen. Er hat immer wieder angerufen, aber sie ist nicht ans Telefon gegangen. Schließlich habe ich sie als ihr Anwalt darum gebeten, seinen Anruf anzunehmen. Man könne nichts lösen, wenn man nicht miteinander spreche. Natürlich hat sie abgelehnt. Das war die Nacht, in der er gestorben ist. Später hat Bettina angedeutet, dass er irgendein Mittel überdosiert hat – vielleicht hat sie ja auch nur vermutet, dass es so war.«

»Sie hat die Nachricht von Ottos Tod scheinbar sehr gelassen hingenommen«, fuhr Helmut fort. »Hat sie dir einmal erzählt, was Otto damals besprechen wollte?«

»Nein, hat sie nicht – aber ich kann sie noch fragen«, entgegnete ich.

Nach dieser Wienreise gab es einiges, was ich meine Mutter fragen wollte. Ich hatte noch einen Besuch bei Mucki vereinbart und machte mich nun auf den Weg zu ihr. Ich folgte dabei ihren Anweisungen, stapfte durch den Schnee und versuchte, der magnetischen Anziehungskraft, die von den weihnachtlich geschmückten Auslagen ausging, zu widerstehen. Bei einem Schokoladengeschäft war es um mich geschehen. Ich ging hinein. Mit Hingabe wählte ich Süßigkeiten an der Theke aus. Ich war spät dran und der Einkauf verzögerte meine Ankunft bei Mucki noch zusätzlich.

Schließlich stand ich vor dem prunkvollen Tor. Rechts daneben gab es eine Tafel mit Knöpfen für die Gegensprechanlage, über dem Tor befand sich ein Messingschild mit der Hausnummer 19 – an einem 19. hatte Bettina Geburtstag. Ich hörte Muckis Stimme durch die Gegensprechanlage, die Türe öffnete sich wie von Zauberhand und ich betrat eine Halle mit einem Marmorboden und einem breiten Treppenaufgang aus Stein.

Weiter oben lehnte sich Mucki über das Stiegengeländer und winkte lebhaft. »Komm weiter!«

Sie war ein wenig aufgebracht, weil ich zu spät kam. »Was hat dich so lange aufgehalten?«, wollte sie wissen, während sie mir wie ein Platzanweiser im Theater den Weg in die Wohnung vorauslief. »Ich habe gewartet und gewartet! Ich habe gedacht, du bist verloren gegangen oder hast dich verirrt. Ich habe dir doch die richtige Straßenbahnlinie angegeben, oder? Ich habe schon gedacht, du würdest überhaupt nicht mehr kommen, ich habe gedacht, ich habe dir vielleicht einen falschen Tag genannt …«

Ich versuchte, sie zu beruhigen. Der Weg von der Haltestelle der Straßenbahn hätte länger gedauert, als ich erwartet hatte, ich wäre in einem Geschäft gewesen, um Schokolade für sie zu kaufen, und es täte mir furchtbar leid, dass sie sich Sorgen gemacht hatte, aber nun hätten wir ja den ganzen Nachmittag für uns.

Die Wände des Eingangsbereiches der Wohnung waren mit langen Seidenbahnen und Kunstwerken aus jüngerer Zeit behängt, die ohne Zweifel sehr wertvoll waren, jedoch ein wenig im Widerspruch zu der Einrichtung standen, die ich nun durch die breiten Flügeltüren, die in die Empfangsräume führten, sehen konnte.

Dort standen wunderbar geschwungene Möbel, an die ich mich gut erinnern konnte: Tische, Sitzgruppen und tapezierte Polstersessel. Manchmal waren sie mir im Traum erschienen. Es waren die Möbel meiner Mutter, die ich aus meiner Kindheit aus der Villa Mendl kannte.

Ich überlegte, welch seltsame Verknüpfungen mich hierher geführt hatten: Es war nicht zu erwarten gewesen, dass Bettinas Mutter Zeit oder Energie dafür hätte aufbringen wollen, ihre verwöhnte und rebellische Tochter selbst zu erziehen. Genauso unwahrscheinlich war es gewesen, dass die streng religiöse und naive Maria von Kozaryn in dieser Rolle Erfolg haben würde. Doch Fritz Mendl hatte offenbar sowohl Maria als auch seine jüngste Tochter besser gekannt, als zu vermuten gewesen wäre, denn sie waren fast augenblicklich Freundinnen geworden. Trotz ihrer unterschiedlichen Charaktere – der Nährboden für einige Konflikte, die aber stets schnell behoben worden waren – war es Maria und meiner Mutter durch all die Jahre der Trennung hindurch gelungen, ihre tiefe Freundschaft zu bewahren.

Muckis Mutter war gestorben, als sie noch ein Kind gewesen war. Maria hatte sich für ihre Erziehung verantwortlich gefühlt und sie manchmal zu einem Besuch in die Villa Mendl mitgenommen. Bettina hatte das kleine Mädchen bezaubernd gefunden und so hatte man Mucki manchmal im Sommer zu den Ausflügen in die Tiroler Berge eingeladen. Sie hatte auch bessere Schulen besucht, als ihr Vater es sich hätte leisten können. Das Schulgeld hatte meine Mutter bezahlt, die sie später auch mit einer großzügigen Mitgift ausgestattet hatte, sodass Mucki sich gut verheiraten konnte. Mutters letzte Vorkehrung für sie war diese Wohnung samt Einrichtung gewesen.

Jetzt rang Mucki die Hände und lehnte sich an meine Schulter. »Ich bin ganz durcheinander«, erklärte sie bekümmert. »Ich weiß nicht, wie das hat passieren können! Ich habe gedacht, ich habe nach dem Krieg alles richtig gemacht – die Dokumente, der Besitz … Ich habe alles getan, was ich konnte, um Bettina zu helfen. Ich wollte doch nichts behalten, was mir nicht gehörte, was sie mir nicht selbst gegeben hat, aber jetzt finde ich … Es tut mir so leid, ich habe da etwas entdeckt …«

»Du weißt doch«, erklärte sie aufgeregt, »Tante Maria war sehr stolz darauf, in einem Schloss zur Welt gekommen zu sein. Nicht, dass so etwas irgendeinen Unterschied macht. Viele Leute, die in Schlössern geboren werden, haben ein tragisches Leben. Schlösser sind kalte, zugige Orte und verschlingen einen Haufen Geld. Die Grundstücke der Familie von Kozaryn sind nach und nach verkauft worden, die Steuern waren enorm, die Familie ist verarmt und schließlich haben sie alles verloren – bis auf den Titel.«

Ich nickte. Aber was hatte das mit meiner Mutter zu tun?

»Vincent, mein dreijähriger Enkel, hat nun den Titel geerbt«, fuhr Mucki fort. »Ich habe nach der entsprechenden Urkunde für ihn gesucht. Alles muss seine Richtigkeit haben, weißt du. Sie ist auf Pergament geschrieben und befindet sich in einem schweren Lederkoffer mit Dokumenten, den ich zu mir genommen habe, als mein Vater gestorben ist. Vor ein paar Tagen habe ich diesen Koffer zum ersten Mal wieder aufgemacht. Das, was ich dir jetzt zeigen werde, kann nur Tante Maria in den Koffer gelegt haben, anders kann ich mir das nicht vorstellen. Sie ist die Einzige, die das getan haben kann. Seit mehr als zwanzig Jahren ist sie nun tot und bis heute hat niemand anderer den Koffer wieder aufgemacht. Ich habe etwas darin gefunden – Phyllis, öffnest du, bitte, diesen Umschlag? Der Name deiner Mutter steht darauf und wir wissen schließlich beide nicht, was er enthält.«

Sie streckte eine Hand nach dem Kaffeetisch aus und da bemerkte auch ich das große, altertümliche Kuvert aus Wachspapier, das dort lag. Auf der Vorderseite standen in Tante Marias gestochen schöner Handschrift die Worte: »Für Bettina – nach meinem Tod zu öffnen.«

Die Klappe ließ sich leicht öffnen. Die Blätter darin waren steif und vergilbt. Die kunstvollen Kalligrafie-Überschriften verzögerten das Lesen ein wenig, aber der Inhalt war klar. Ich breitete die Seiten aus, damit wir sie beide lesen konnten, so erfuhren Mucki und ich zur gleichen Zeit, was sie besagten.

Die Dokumente in dem Kuvert stammten aus dem Jahr 1935. Meine Mutter war damals sechsundzwanzig Jahre alt gewesen. Ihre Eltern und ihr Bruder waren zu diesem Zeitpunkt alle schon tot gewesen. Als treue Begleiterin war ihr Maria von Kozaryn geblieben. Hier vor uns auf dem Tisch lag nun eine Reihe von kunstvoll verzierten Dokumenten, die bewiesen, dass Bettina die anglikanische Religion, der sie von Geburt an angehört hatte, abgelegt hatte und nach einer entsprechenden Unterweisung zum Katholizismus übergetreten war.

Weit über ihre eigene Lebenszeit hinaus hatte Tante Maria so ein weiteres Geheimnis meiner Mutter gehütet. Während des Nazi-Regimes hätte dieses Dokument das Leben meiner Mutter gefährden können, etwa wenn es eine Aussage von ihr widerlegt hätte.

Ich war überrascht und verblüfft. Muckis Gesichtsausdruck spiegelte meine eigenen Gefühle wider. Ich erinnerte mich an die vielen Geschichten, die uns meine Mutter immer wieder erzählt hatte –

Geschichten über ihre katholische Familie und über die Messen in der Kirche um die Ecke, die sie angeblich jeden Sonntag besucht hatten, über ihre Erstkommunion, die sie angeblich in derselben Kirche empfangen hatte wie später Dawn und ich. Es gab auch Geschichten über ihre Firmung im Stephansdom und die Familienfeier danach. All das gehörte wohl – wie schon so vieles zuvor – angesichts dieser klaren Beweise in das weite Reich der Fiktion. Mucki war bei meiner Erstkommunion dabei gewesen. Sie hatte von Bettina dieselben Geschichten gehört und sie auch immer geglaubt.

»Ich … ich habe nicht gewusst, dass sie anglikanisch getauft war«, murmelte sie. »Ich habe keine Ahnung davon gehabt, dass sie konvertiert ist. Es waren schwierige Zeiten, der drohende Krieg … Die Menschen haben seltsame Dinge getan. Die Familie war ursprünglich jüdisch – bis zur Jahrhundertwende. Natürlich hat keiner mehr darüber gesprochen. Ich kann es mir nicht erklären.« – Sie faltete die Papiere zusammen und gab sie mir. »Das gehört deiner Mutter – bring es ihr nach Australien.«

Ich war völlig verwirrt und starrte Mucki hilflos an: »Mucki, bitte erkläre mir, wie man eine ganze Kindheit erfinden kann! Was hat meine Mutter noch alles verschwiegen? Warum hat sie nicht nur falsche Geschichten in die Welt gesetzt, sondern sie auch noch mit so vielen Details ausgeschmückt? Was war ihr so wichtig daran? Es hat ihr offenbar viel bedeutet. Dawn und ich haben unsere Erstkommunion 1953 empfangen – der Krieg war damals schon lange vorbei und sie hat immer noch daran festgehalten!«

Mucki berührte sanft meinen Arm. »Zehn Jahre sind nicht so lang. Die furchtbaren Dinge, die im Krieg passiert sind, heilen nie, nicht in Millionen von Jahren.«

Wer war meine Mutter wirklich? War sie Anglikanerin, Katholikin oder Jüdin? War sie unberechenbar und verantwortungslos oder eine kühle, professionell agierende Unternehmerin? Welche Version ihres Lebens ist die richtige? Für mich sind ihre Geschichten so etwas wie ein kunstvolles Konstrukt, das ihr wahres Leben vor den Blicken anderer verbergen soll. Weshalb dieser sorgfältig errichtete Schutzschirm? Ich war nur allzu oft selbst Zeuge ihrer Leidenschaftlichkeit und ihrer Unberechenbarkeit, von irgendwoher hat sie jedoch scheinbar auch die Disziplin genommen, bei ihren Geschichten zu bleiben, ihr Lügengebäude aufrechtzuerhalten.

Zurück in Australien beeile ich mich, Bettina zu besuchen. Sie erscheint mit ziemlich gebrechlich. Sie ist gealtert und im Reinen mit sich. Ihr Gesicht ist vom vielen Sitzen im Garten des Pflegeheims von der Sonne gebräunt. Sie ist froh, dass ich wieder da bin.

Ich frage sie sanft: »Du hast einen Katholiken geheiratet. Warst du immer katholisch?«

»Natürlich. Erinnerst du dich nicht an die kleine Kirche in der Nähe von der Villa Mendl, dort, wo du und Dawn eure Erstkommunion empfangen habt? Ich habe dort auch meine Erstkommunion gefeiert – du kannst dich doch sicher daran erinnern, ich habe es euch so oft erzählt. Und später seid ihr im Stephansdom gefirmt worden – genau wie ich.«

»Ja, ich erinnere mich. Aber – ich habe mich nur gefragt, ob du vielleicht erst zum katholischen Glauben konvertiert bist, als du Vater geheiratet hast.«

»Was sagst du da? Das war nicht nötig, ich musste nicht erst konvertieren.«

»Ja, oder vielleicht, bevor du Europa verlassen hast …«

»Niemals! Wie kommst du auf diesen Gedanken?«

Ich beschloss zu improvisieren. »Ich habe Mucki gefragt. Sie wusste nicht, ob du konvertiert bist oder nicht – sie dachte, deine Familie sei anglikanisch gewesen. Immerhin hat Lucie in England ja einen Anglikaner geheiratet.«

»Was hast du erwartet? England ist voller Anglikaner. Wenn sie lieber einen Katholiken hätte heiraten wollen, hätte sie in Österreich bleiben müssen.«

Schon wieder hatte Mutter das Gespräch in eine andere Richtung gelenkt. Jetzt waren wir dabei, Lucies Heirat zu analysieren, anstatt eine Erklärung für die Dokumente in dem Umschlag aus Wachspapier zu finden.

Ich blieb jedoch beharrlich: »Aber du warst doch auf dem College in Cheltenham. Ich dachte, das College hat damals nur anglikanische Mädchen aufgenommen.«

»Sie haben mich genommen.«

»Du bist also seit deiner Geburt katholisch und nie konvertiert?«

»Ja, natürlich!« – Und nach einem entnervten Seufzer: »Wie oft muss ich dir das noch erzählen?«

Mein Mut schwand. Ich konnte mich nicht dazu überwinden, sie mit dem Beweis zu konfrontieren. Sie war mir keine Erklärung schuldig. Man musste sie vielmehr vor schmerzhaften Erinnerungen an Verhöre durch »Behörden« schützen. Ich habe ihr nichts von dem Dokument erzählt. Vielleicht hätte es, wenn ich es ihr gezeigt hätte, das Tor zu einer anderen Version ihres Lebens geöffnet, zu jener Version, die sie mit niemandem teilen wollte. Es schien zu spät dafür zu sein, die Geschichte neu aufzurollen und in eine andere Wirklichkeit überzuführen. Ich ließ die Dokumente unberührt – und unerklärt.

Die Frage nach Otto Schönthals Tod hob ich mir für den nächsten Besuch auf. Möglicherweise hingen Mutters kühle Reaktion auf Ottos Tod und ihr plötzlicher Interessensverlust an den Zeichnungen irgendwie zusammen – sie hat sie mir geschenkt, kaum zwei Monate, nachdem er gestorben war. Ich hatte das Gefühl, dass es zwischen den beiden Ereignissen eine Verbindung gab. Eine Erklärung für eines der beiden würde vermutlich viel über das andere verraten. Ich nahm all meinen Mut zusammen und fragte Mutter, warum sie und Schönthal miteinander gebrochen hätten.

»Es war nichts«, sagte sie – im Sinne von »nichts, worüber ich mit dir reden will«.

Ich schwieg und gab ihr Zeit zum Nachdenken, dann fuhr ich sanft fort: »Es muss damals sehr wichtig für dich gewesen sein?«

»Ja«, antwortete sie. »Er hat mich betrogen.«

»Bist du sicher? Gab es einen eindeutigen Beweis dafür? Könntest du dich nicht geirrt haben?«

»Nein, ich irre mich nicht. Er hat mich betrogen.«

»Finanziell?«

»Nein, nicht um Geld. Das hätte mir nichts bedeutet.«

Ich wusste, dass das die Wahrheit war. Meine Mutter hat sich nie für Geld interessiert. Es muss sich um eine prinzipielle Angelegenheit gehandelt haben. Jedoch um welches Prinzip? – Ich wusste, dass ich das Gespräch bis über seine Grenzen hinaus strapaziert hatte. Ab hier würde es nicht weitergehen. Ich war sehr vorsichtig, langsam und behutsam vorgegangen und hatte großes Glück gehabt, die Antworten zu bekommen, die sie mir gegeben hat.

13
AUF DER SUCHE NACH LÖSUNGEN

Noch einmal fliege ich nach Europa – diesmal nach London. Ich möchte Sheila Gadston treffen, eine alte Freundin von Bettina. Sie haben sich im Flugzeug kennengelernt. Ich möchte ein paar Tage bei Sheila verbringen, bevor ich nach Norden weiterreise.

Wir trinken Tee und bringen einander auf den letzten Stand, was unsere Familienangelegenheiten angeht. Für einen Moment lassen wir den Tratsch beiseite und planen Ausflüge für die nächsten Tage. Sheila sagt: »Wir fahren nach Oxford und treffen dort ein paar Verwandte von mir, die dich unbedingt kennenlernen möchten. Ich habe ihnen von dir erzählt und auch von den Picasso-Zeichnungen. Liegen sie noch immer unter deinem Bett?«

»Nein. Ich habe übrigens ein paar Unterlagen mitgebracht. Eigentlich habe ich gehofft, jemanden zu finden, der mich ein bisschen berät. Mein Kontakt mit Christies hat nichts gebracht. Sie haben meine Anrufe nie beantwortet. Vielleicht fahre ich nach Paris weiter. Dazwischen würde ich liebend gern Oxford besuchen.«

Am Sonntag gab es ein großes Familienessen mit vielen neuen Gesichtern und Namen, ich war ganz durcheinander. Erst als irgendwer »Málaga« sagte, war ich mit einem Schlag wieder klar im Kopf. Málaga ist die Stadt, in der Picasso geboren worden ist und in der er viele Jahre lang gelebt hat.

»Phyllis, das ist meine Nichte Caroline, die in Málaga lebt – es gibt dort ein Picasso-Museum, weißt du. Caroline spricht Spanisch, also wenn du einmal Hilfe brauchst …«

Caroline setzte sich neben mich. Anfangs sprachen wir nicht über Picasso, sondern plauderten über unsere Familien. Wir unterhielten uns blendend. Später, als die Gäste allmählich aufzubrechen begannen, sagte Caroline: »Ich würde dir bei deinen Picasso-Nachforschungen gerne helfen. Ich habe Zeit und spreche die Sprache. Ich kann Unterlagen übersetzen, die du vielleicht im Original nicht verstehst. Sheila könnte dich doch in den nächsten Tagen mit dem Auto zu mir bringen. Bring alle Dokumente mit, die du hast – überleg es dir.«

Sheila und ich fuhren zu Caroline, die bei ihrer Schwester in der Nähe von Oxford wohnte. Wir breiteten die Unterlagen aus dem schmalen Picasso-Ordner auf dem Tisch aus und ich führte sie ein wenig in die Thematik ein. Caroline prüfte etwaige Zusammenhänge. Sie war aufgeregt und brannte darauf, mehr darüber zu erfahren. Ich überließ ihr die Kopien von den Bildern. Nachdem sie nach Málaga heimgefahren war, wollte sie dem Picasso-Museum dort einen Besuch abstatten.

Ich konnte nicht umhin, mich über diese glückliche Begegnung zu wundern. Caroline wollte mir helfen und sie war auf all den Gebieten kompetent, auf denen ich dringend Hilfe benötigte. Alles in allem war das ein ganz ungewöhnlicher Zufall.

Ein paar Monate später ragte daheim in Australien ein großes braunes Kuvert aus dem Briefkasten. Es war prachtvoll mit langen Reihen von spanischen Briefmarken geschmückt. Ein ausführlicher Brief von Caroline erzählte von ihrem Besuch im Picasso-Museum in Málaga. Das Gebäude war zwar wegen Renovierung geschlossen, sie hätte aber nicht lockergelassen und schließlich seien ihr ein paar interessierte Mitarbeiter zu Hilfe gekommen. »Ein Herr«, schreibt sie, »war wirklich sehr hilfreich und zudem sehr interessiert an deinen Bildern … besonders an dem mit dem Mädchenkopf. Er hat ihn sofort erkannt … Ich lege dir den Artikel aus der Zeitschrift *ARTnews* bei, den er mir mitgegeben hat.«

Der besagte Artikel von William Rubin stammte aus dem Mai 1994. Er war fokussiert um die Frage: Wer war Picassos »Dame in Weiß«?

»Meine Aufgabe ist es, zu malen, eure, herauszufinden, wer das ist«, hätte Picasso wohl selbst auf die Frage geantwortet. Der Inhalt des Artikels ließ keinen Zweifel darüber, dass jene »Dame in Weiß« – die geheimnisvolle Frauengestalt, die in einer Reihe von Picasso-Bildern um das Jahr 1923 herum immer wieder auftaucht – dieselbe

Person war, die auf unserem »Mädchenkopf« abgebildet ist. Die Reproduktion der Zervos-Katalog-Nummer 295 war beinahe identisch mit unserem »Mädchenkopf«. Der erklärende Text darunter nennt ihren Namen: Sara Murphy. Pablo Picasso hatte in den Sommermonaten von 1923 und 1924 eine Affäre mit ihr gehabt.

Meine eigene Identifizierung von Sara Murphy war also richtig. Ich strahle, bin überglücklich – und möchte jetzt alles wissen, was ich über diese mysteriöse Sara Murphy herausfinden kann.

Endlich kam es an, das dicke Buch. Es war eingewickelt in Pappkarton. Susanna De Vries, eine Literatur- und Kunsthistorikerin aus Brisbane, hatte es mir empfohlen. Sie war begeistert von meinen Nachforschungen und gab mir gelegentlich ein paar unverbindliche Hinweise, nicht ohne zu betonen, dass Picasso nicht ihr Fachgebiet wäre.

Es trug den Titel *Everybody Was So Young*, war von der amerikanischen Autorin Amanda Vaill und handelte von Sara und Gerald Murphy, einem glamourösen Paar aus den Goldenen Zwanziger- und Dreißigerjahren. Die beiden hatten in Paris gelebt, die Sommer aber immer im Süden von Frankreich verbracht. Unter anderem dienten sie auch F. Scott Fitzgerald als Vorbild für Dick und Nicole Diver, die Protagonisten seines Romans *Zärtlich ist die Nacht (Tender Is The Night).*

Es hat Wochen gebraucht, bis das Buch aus Amerika angekommen ist. Ich kann gar nicht erwarten, es zu lesen, trage es quer über meine sonnenverbrannte Wiese ins Haus, schneide die Schnur mit dem Küchenmesser durch und packe das Buch aus. Ich überfliege die Seiten und schaue mir die Illustrationen an. Einige davon sind mir von meinen eigenen Nachforschungen her bereits vertraut. Dann setze ich mich hin und beginne zu lesen.

Hier steht, dass Pablo Picasso ein häufiger Gast in der Villa der Murphys war. Dann mache ich eine entscheidende Entdeckung:

Lesend erkenne ich eine Atmosphäre wieder, eine Art zu leben, die mir auf eine ganz eigenartige Weise vertraut ist, auch wenn sie nicht

Teil meiner eigenen Erfahrung ist. Es ist die Zeit selbst, diese ganz besondere Ära – oder ist es diese spezielle Haltung zum Leben, die hier beschrieben wird, so leicht und voller Tragik zugleich? Ich kann nicht aufhören zu lesen. Endlich bin ich im Jahr 1923 angekommen – der Jahreszahl, die auf der Zeichnung »Der Mädchenkopf« steht. Sicher werde ich den letzten Beweis, nach dem ich so lange schon suche, hier nicht finden, ich möchte jedoch in diese Atmosphäre, die auch der Anlass für das Porträt von Sara war, eindringen, sie verstehen und vielleicht zumindest auf einen kleinen Hinweis auf eine Verbindung zwischen Picasso, Sara Murphy – und meiner Mutter stoßen. Ich lese mit Begeisterung Details über die wachsende Freundschaft zwischen den Murphys, Pablo Picasso und seiner damaligen Frau Olga und über ihren gemeinsamen Urlaub – in Antibes.

Dann springt mir folgende Zeile ins Auge:

»Sie (die Murphys) waren von einem Gast des Hôtel du Cap fasziniert, dem Rumänisch-Britischen Diplomaten Sir Charles Mendl.«

Da war er – der Mädchenname meiner Mutter! Das bedeutet, dass Sir Charles Mendl Pablo Picasso höchstwahrscheinlich kennengelernt hat, als er die Murphys im Sommer 1923 besucht hat.

Ich habe erst vor Kurzem herausgefunden, dass die Familie Mendl ursprünglich aus Osteuropa stammt. Meine Mutter behauptet, nichts darüber zu wissen. Mein Großvater, Fritz Mendl, besaß Weizengüter in Ungarn und Rumänien. Ich fand die alten Eigentumsurkunden, habe mir aber nicht die Mühe gemacht, sie wirklich gründlich zu studieren. Aufgrund des Ausgangs des Ersten Weltkrieges wurde der Familie der Zugang zu diesen Gütern ab 1917 verwehrt. Ich kann mich des Eindrucks nicht erwehren, dass der Faden, der Fritz und Charles Mendl scheinbar zufällig aneinanderknüpft, zu viele übereinstimmende Fasern aufweist, als dass man ihn ignorieren könnte. Derselbe Name, dieselben Wurzeln in Osteuropa und die beinahe identische Geschichte von Getreidegütern und Getreidehandel über Generationen hinweg. Im ausgehenden achtzehnten Jahrhundert haben beide Familien die nachfolgende Generation in englischer Sprache unterrichten lassen und starke Verbindungen nach England hin aufgebaut. Hier muss es sich um ein und dieselbe Familie handeln …

Eines der Fotos in dem Buch zeigt Sir Charles mit seiner Frau, Elsie de Wolfe, einer berühmten amerikanischen High-Society-Gastgeberin. Sir Charles und Lady Mendl haben Häuser in Washington und in Paris besessen, in denen sie die Crème de la Crème der internationalen Society und der Kunstszene empfangen haben. Elsie de Wolfe ist ursprünglich Schauspielerin gewesen. Sie hat später das Berufsbild des Innenarchitekten gewissermaßen »erfunden« und damit enormen Erfolg in Washington, New York, London und Paris gehabt, wo sie in den Zwanzigerjahren gelebt haben. Sie ist eng mit Cecil Beaton befreundet gewesen, einem Society-Fotografen, und hat es sichtbar genossen, schier endlose Fotoserien von sich machen zu lassen, die sie in ihren atemberaubenden Kostümen zeigen.

Auf einem von den Beaton-Fotos erkenne ich zu meinem Erstaunen eine Brosche auf ihrem Revers. Es ist dasselbe Stück – ein Art-Deco-Entwurf in Gold mit Perlen und Rubinen –, das ich oft schon bei meiner Mutter gesehen habe. Sie hat es immer an einer Kette um den Hals getragen. Bettina hat es von ihrer Mutter vererbt bekommen. Es gibt sogar ein Foto von meiner Mutter mit der Brosche. Ich nehme eine Lupe, um die beiden Bilder genau miteinander zu vergleichen. Wenn nicht zufällig beide Mendl-Damen zwei gleiche Broschen gekauft haben, handelt es sich um ein und dasselbe Stück. Jetzt weiß ich, dass zwischen Emily Mendl und Elsie de Wolfe mit großer Wahrscheinlichkeit eine Verbindung bestanden hat.

Bei meinem nächsten Besuch bei Bettina gehe ich sehr vorsichtig an das Thema heran, in der Hoffnung, einen Hinweis auf den englischen Zweig der Familie zu finden. Sie ist sehr schwach, aber hellwach.

»Mutter, erinnerst du dich, wann du das erste Mal nach Cheltenham gefahren bist? Wer hat das damals veranlasst?«

»Veranlasst? Mein Vater hat entschieden, dass es gut für mich wäre, dorthin zu gehen.«

Das war eine neue Facette. Nie zuvor hatte sie erwähnt, dass das die Entscheidung ihres Vaters gewesen war. Sie hatte uns bislang erzählt, dass sie in den Sommerferien in Österreich ein paar englische Mädchen kennengelernt und daraufhin beschlossen hätte, mit ihnen nach Cheltenham zu gehen, ohne dass es den leisesten Widerspruch vonseiten ihrer Eltern gegeben hätte. Das hat immer schon ziemlich unwahrscheinlich geklungen, zieht man in Betracht, dass Bettina die jüngste und bei weitem verwöhnteste Tochter war und dass die Zeit nach dem Ersten Weltkrieg von enormen politischen Spannungen geprägt war.

Möglicherweise war der Entschluss von Fritz Mendl, seine Tochter nach Cheltenham zu schicken, aber auch Teil eines systematischen Plans, die Familie nach seiner Konvertierung im Jahr 1904 vom Judentum zum christlichen Glauben – wohl gemerkt zum anglikanischen – zu anglisieren. Die Entscheidung für Cheltenham erscheint in diesem Licht als durchaus logisch und nachvollziehbar. Dieser Schritt hätte auch eine Annäherung an Sir Charles Mendl, den rumänisch-britischen Diplomaten, bedeutet.

Obwohl ich bisher das genaue Familienverhältnis zwischen Fritz und Charles Mendl noch nicht herausfinden habe können, erkenne ich doch immer besser, wie viel die beiden miteinander gemeinsam haben: den ähnlichen Hintergrund, die gleichen Geschäftsinteressen und in vieler Hinsicht denselben Geschmack.

Mitte der Zwanzigerjahre hat der junge Fritz, Bettinas Bruder, in Paris Malerei und Kunstgeschichte studiert. Sir Charles war gewissermaßen ein Kollege, ein Sammler von moderner Kunst, und das zu einer Zeit, als Pablo Picasso entscheidenden Einfluss auf die Kunstszene gehabt und eine tragende Rolle auf der illustren Bühne der Gesellschaft gespielt hat.

Fritz Mendl senior hat alle seine Kinder von englischen Gouvernanten erziehen lassen. Er wollte, dass sie fließend Englisch sprächen. Als er 1925 Vorkehrungen dafür getroffen hat, Bettina nach Cheltenham ins Internat zu schicken, wäre es naheliegend gewesen, mit Charles Mendl Kontakt aufzunehmen.

Es ist mir völlig bewusst, dass Bettina möglicherweise gar nichts mehr erzählt, wenn sie den leisesten Verdacht schöpft, dass ich mich ihren sozialen oder gar familiären Kontakten zur Zeit des Zweiten Weltkrieges nähere. Ich gehe es daher sehr vorsichtig an.

»Eine Schule mit einem Prestige wie Cheltenham Ladies College – es kann nicht leicht gewesen sein, da hineinzukommen. Sicher hat es eine Warteliste gegeben – ich glaube, damals haben die Eltern ihre Kinder schon bei der Geburt angemeldet.«

»Ja«, stimmt Bettina mir zu, »normalerweise war es sehr schwierig, aber mein Vater hat sich nie von etwas aufhalten lassen.«

»Du musst ein paar beeindruckende Referenzen und einen einflussreichen Befürworter gehabt haben.«

Sie nickt. »Ich musste zu ihr hingehen und sie treffen – zu der Dame, die meinen Antrag für Cheltenham offiziell unterstützt hat.«

»Wer war das?«, frage ich und hoffe zugleich inständig, dass sie es mir erzählt und sich nicht wie sonst auch in eine irreführende Ausrede flüchtet oder gar behauptet, sich nicht mehr daran zu erinnern. Sie ist so bewandert darin, der Antwort auf eine verfängliche Frage mit einem Kommentar zu entkommen, der den Fragesteller von seiner Fährte weglockt und ihre Vergangenheit sicher begraben sein lässt, dass ich fast schon erwarte, sie so etwas sagen zu hören wie »Oh, eine alte Vogelscheuche mit einem komischen Hut und einem kreischenden Papagei!«

Jedoch dieses Mal weicht sie nicht aus. »Es ist sorgfältig vorbereitet worden«, erklärt sie. »Mein Vater hatte die richtigen Verbindungen und meine Mutter hat mich zu einem Treffen mit der Mutter unseres ersten Präsidenten, Michael Hainisch, gebracht. Sie waren gute Freundinnen. Marianne Hainisch war die Mitbegründerin der österreichischen Frauenbewegung. Sie war wie meine Mutter eine Pionierin auf dem Gebiet der Erziehung. Sie hat moderne höhere Schulen für Mädchen eingefordert und für den Zugang von Frauen zu Universitäten gekämpft. Sie war mein offizieller Sponsor. Es ist nie zur Diskussion gestanden, ob ich aufgenommen werden würde oder nicht.«

Ich weiß von der Schule, die meine Großmutter Emily Mendl im Garten der Villa Mendl gegründet hat, und ich weiß, dass Emily die

Arbeit von Marianne Hainisch bewundert hat. Aber jetzt möchte ich die Wahrheit über die Hintergründe der Ausbildung meiner Mutter herausfinden.

»Oh«, sage ich, »es war also keine diplomatische Verbindung?«

»Diplomatisch?« – Sie zögert. »Ich nehme an, man könnte sagen, es wurde durch diplomatische Verbindungen arrangiert. Warum fragst du?«

»Ich habe es immer seltsam gefunden, dass du nach England geschickt worden bist. Frankreich wäre vielleicht die logischere Wahl gewesen, wenn es nur darum gegangen wäre, deine Sprachkenntnisse und deinen kulturellen Wissensstand zu erweitern. Cheltenham scheint eine ziemlich seltsame Wahl gewesen zu sein.«

»Ich nehme an, dass mein Vater seine Gründe gehabt hat.« – Und sanft wurde das Thema zur Seite gelegt. Ergebnislos.

Es war mir gänzlich misslungen, eine Verbindung zu Sir Charles Mendl herzustellen. Meine Mutter war gut auf mich vorbereitet gewesen. Ich lasse ein paar Tage verstreichen, um ihr ein wenig den Wind aus den Segeln zu nehmen, und frage sie dann rundheraus, ob sie sich an ihn erinnern würde. Sie antwortet sehr bestimmt und schnell. »Nein, es hat keinen Sir Charles gegeben.« Sie überlegt keine Sekunde lang. Sie fragt nicht danach, wann und wo das gewesen sein soll. – Ihr hartes, klares »Nein« sagt mir, dass ich mich mit der Erinnerung an Charles auf einem heißen Terrain bewege, sie darf daher nicht existieren. Ich mache eine Kehrtwendung und sage ganz beiläufig: »Er war mit einer sehr interessanten Amerikanerin verheiratet, Elsie de Wolfe. Ich dachte, du kennst sie vielleicht.«

»Nein«, antwortet sie, »ich habe sie nicht gekannt.« – Wieder kein »Wie war der Name?« oder »Wo haben sie gewohnt?«. Das Leugnen kommt viel zu schnell.

»Sie haben in Paris und Washington gelebt«, fahre ich fort. »Du warst oft in Amerika, auch in Washington, ich habe gedacht, du bist vielleicht einmal mit ihnen zusammengetroffen.«

Meine Mutter dreht sich weg und zeigt kein Interesse.

Ich mache mich auf den Weg zur Nationalbibliothek von Queensland und recherchiere nach Sir Charles. Ich bin ganz glücklich darüber, erwähnt zu finden, dass er 1924 für »Allgemeine Verdienste um die Krone« zum Ritter geschlagen worden ist. Ich hoffe, eine ähnliche Eintragung über Fritz Mendl zu finden, der seinen Titel abgelehnt und stattdessen von Kaiser Franz Joseph eine Miniatur-Nachbildung vom Goldenen Vlies erhalten hat.

Ich folge den Hinweisen über Sir Charles' Karriere im *Who Was Who*. Ich prüfe die familiären Verbindungen in einem Nachschlagewerk namens *Debrett's* und erkenne vertraute Muster bei der Erziehung, beim Lebensstil und bei der durchwegs christlich geprägten Namensgebung. The *Concise Dictionary of National Biography* bestätigt Folgendes: »1914 als Dolmetscher bei der 25. Infanterie-Brigade gedient; verletzt ausgeschieden 1915; beim Nachrichtendienst in Paris für die Admiralität gearbeitet.« – Ich realisiere, dass seine Arbeit für den Geheimdienst beträchtlich gewesen sein muss, weil er dafür schon nach neun Jahren in den Ritterstand erhoben worden ist.

Von Neugier beflügelt, tausche ich mich darüber mit einem Militärhistoriker aus. Er bestätigt mir, dass diese Erwähnung auf einen großen Verdienst beim Geheimdienst hinweist und vor allem, was noch wichtiger ist, auf eine permanente Funktion dort. »Man geht dort nicht einfach in Pension«, betont er. Er habe beim Geheimdienst wohl in der Zeit zwischen den beiden Weltkriegen, während des Zweiten Weltkrieges und während der Zeit des Wiederaufbaus bis zu seinem Tod im Jahr 1958 eine Schlüsselfunktion innegehabt. Sir Charles wäre so in einer geradezu idealen Position gewesen, um Bettina im Jahr 1938 zur Flucht zu verhelfen. Aber hatte er dafür auch ein Motiv, wenn man von der vagen familiären Verbindung absieht? Seit den dreißiger Jahren wusste man um Bettinas Aktivitäten gegen die Nazis. Vielleicht war es zu schwierig geworden, sie zu beschützen.

Meine anwachsende Sammlung von kurzen Eintragungen über Sir Charles ergibt das Bild von einem charmanten, geistreichen Diplomaten mit einem umfangreichen Netz von internationalen Verbindungen. Um 1946 war er mit seiner amerikanischen Frau Elsie de Wolfe von Paris nach Los Angeles übersiedelt.

Elsie hatte ihre Karriere beim Theater begonnen und war stets mit ihren Kollegen in regem Kontakt geblieben. In einem Buch von Alfred Allen Lewis, das den Titel *Ladies and Not-so-Gentle Women* trägt, lese ich, dass die Mendls in Beverly Hills gewohnt und sich dort in illustrer Gesellschaft befunden haben. Hier steht: »… in der Gesellschaft einer Gruppe von Schauspielern, die nach Kalifornien geholt worden waren, um Rollen in den höchst erfolgreichen amerikanischen Filmen der Dreißigerjahre zu übernehmen, die dem Glanz des Britischen Empires gewidmet waren … Sie bewiesen Heldenmut, indem sie in den Propagandafilmen Anfang der Vierzigerjahre Typen mit ›steifer Oberlippe‹ spielten … Sir Charles wurde von ihnen als ihr neuer Protokollchef willkommen geheißen.«

Zu meiner Freude stelle ich fest, dass Sir Charles' Interesse am Film sogar noch weiter gegangen ist. Er hat die Rolle des Commodore in Alfred Hitchcocks Spionage-Thriller »Notorious« (»Berüchtigt«) von 1946 selbst gespielt. War dieser Gastauftritt eine Anspielung auf sein eigenes Leben? In diesem Milieu muss er auch Hedy Lamarr getroffen haben, die von Bettinas Faszination für das Kino profitiert hat. Kann all das Zufall sein?

1982 kam Anton Chlumecky, Bettinas ehemaliger Verlobter, zu Besuch nach Australien. Er wohnte bei mir und sprach offen mit uns über seine Anti-Nazi-Aktivitäten während der Vorkriegszeit – und dann über seine eigene Rolle beim britischen Geheimdienst. Er erzählte mir, wie schwierig es gewesen wäre, während einer Mission die zugewiesene Deckung aufrechtzuerhalten. Man hätte ja nicht, wenn die Umstände sich plötzlich änderten, einfach die Hand heben und um Hilfe bitten können, man hätte nicht einfach seine wahre Zugehörigkeit preisgeben und sicher zur Basis zurückkehren können.

Anton, der ja Österreicher war, war in England als Feind gefangen genommen und eingesperrt worden. Er erzählte mir, dass ein höherer Beamter des britischen Geheimdienstes damals an einer offiziellen Inspektionstour durch die Gefängnisse teilgenommen, ihn erkannt und seine sofortige Freilassung bewirkt hätte. Derselbe Beamte hätte ihn dann auch mit neuen Aufgaben betraut.

Was Anton da erzählte, war wie eine Offenbarung für mich. Nie hatte Bettina in all den Jahren auch nur eine Andeutung darüber gemacht. Anton ging nicht so weit, von Bettinas Aktivitäten zu sprechen oder ihr hartnäckiges Schweigen zu kommentieren, jedoch die einzelnen Fetzen an Informationen scheinen sich nun endlich zu einem großen Ganzen zusammenzufügen. Ich bemühe mich darum, objektiv zu bleiben und nicht vorschnell eine bequeme Erklärung für die vielen Ungereimtheiten in Bettinas Leben zu akzeptieren. Meine vorsichtige Hypothese lautet wie folgt: Sir Charles Mendl hat Anfang der Dreißigerjahre meine Mutter und ihren Bruder Otto dafür gewonnen, für den britischen Geheimdienst zu arbeiten. Sie wären geradezu ideale Kandidaten dafür gewesen. Otto Mendl war immerhin ein draufgängerischer Flugzeugingenieur. Er ist der Nationalsozialistischen Partei womöglich auf die Weisung von Sir Charles hin beigetreten, hat in Berlin gelebt und für die deutsche Luftwaffe gearbeitet. Meine Mutter hat jedoch die wahren Gründe für seine offensichtliche politische Allianz nicht durchschaut – und mit ihm gebrochen. Das würde auch ihre Weigerung, ihm bei ihrem letzten Treffen in Kairo Geld für Treibstoff zu geben, erklären. Bettina selbst war für den britischen Geheimdienst schon allein deshalb von Bedeutung, weil sie in Wien, dem Zentrum der internationalen Intrigen, gelebt hat. Sie ist zudem eine leidenschaftliche Gegnerin des Naziregimes gewesen, hat eine exzellente Erziehung genossen und einen Status besessen, der ihr Zutritt zu jeder erdenklichen Gesellschaftsschicht verschafft hat. Sie hat mir selbst erzählt, dass sie als Kind Englisch genauso gut wie Deutsch gesprochen hat, dass man sie zu Französisch gezwungen hat und dass sie auch Ungarisch und Russisch beherrscht hat. Ich habe sie in allen fünf Sprachen fließend sprechen gehört. Dann war sie natürlich auch sehr vermögend und hat sich jede Reise selbst finanzieren können. Nach 1931 war sie als Vollwaise niemandem mehr Rechenschaft schuldig – und sie hatte Mut!

All das zusammengenommen hätte sie wohl zu einer wertvollen Mitarbeiterin des Intelligence Service gemacht. Meine Hypothese liefert auch ein paar Erklärungen für ihre »geheime« Einreise nach Australien und für ihre große Angst, auch dort verfolgt, inhaftiert oder, schlimmer noch, in ihre Heimat abgeschoben zu werden. Vielleicht hatte sie gute Gründe für die Annahme, dass damals ein Preis auf ihren Kopf ausgesetzt war.

Da sie ursprünglich nicht erwartet hatte, nach Australien zu kommen, hatte sie hier kein Netzwerk, das sie aufgefangen hätte. Sie hatte keine Ahnung, wem sie vertrauen konnte, für den Fall, dass sie Schutz brauchen würde. Wenn meine Hypothese richtig ist, dann hatte sie in Australien als potenzieller Austauschkandidat sogar einen höheren Wert. Sie konnte jederzeit auf ganz legalem Weg eingesperrt werden – um sie danach zu opfern. Ihrer Intuition folgend – oder ihrer Hysterie? –, hat sie beschlossen, den Behörden nicht zu vertrauen, sondern sich auf Joe McDuff zu verlassen.

Das Nachschlagewerk *Who Was Who* erwähnt Charles Mendls Tod. Er ist am 14. Februar 1958 gestorben. Das bedeutet, er hätte die Möglichkeit gehabt, nach dem Krieg mit meiner Mutter Kontakt aufzunehmen und ihr vielleicht auch – durch Otto Schönthal als Mittelsmann – die Picasso-Zeichnungen zukommen zu lassen, die er in den Zwanzigerjahren direkt von dem Künstler erstanden hatte.

Bettina ist viele Male in Europa gewesen, bevor Sir Charles gestorben ist. Es hätte zahlreiche Gelegenheiten gegeben, mit ihm in Verbindung zu treten – wenn er ihr Kontaktmann war. Die Picassos waren an der Wand unseres Farmhauses in Keepit Dam in den späten Fünfzigerjahren aufgetaucht.

Sir Charles könnte sie Bettina vererbt haben. Sir Charles war immerhin einer von den vielen Bewunderern von Sara Murphy gewesen. Picassos Porträt von ihr hatte sicher eine ganz besondere Bedeutung für ihn gehabt.

An diesem Punkt meiner Nachforschungen wird mir bewusst, dass es, will ich mehr über Sir Charles Mendl herausfinden, sicher hilfreich sein wird, das Archiv seines dokumentarischen Nachlasses einzusehen, das vom Public Records Office in London verwaltet wird.

Ich habe unlängst erst die Memoiren von Dame Stella Rimington, der vor Kurzem in den Ruhestand getretenen Leiterin des MI5, gelesen und bin über meine Vertrautheit mit manchen Episoden, die sie darin erzählt, entsetzt. Etwa über die in ihrem tagtäglichen Leben zur Schau gestellte Normalität, die nichts weiter als eine Maske für schwer kontrollierbare Vorgänge unter der Oberfläche ist, für Vorgänge, die, wenn sie außer Kontrolle geraten, zu ganz unerwarteten Änderungen von Abmachungen innerhalb der Familie führen, zu einem nicht näher erklärten Beharren auf einer bestimmten Fahrstrecke, zu kurzfristigen Verzögerungen, der Einladung eines »neuen Verwandten« und zu dem unbeugsamen Gesetz, keine Fragen stellen zu dürfen, mit dem wir gewohnt waren zu leben.

Über Charles Mendl berichtet Stella Rimington jedoch nichts, auch nicht dort, wo sie über die Anfänge und den Aufbau des MI5 schreibt. Ich wende mich mit einem Brief an sie, in dem ich sie um ihre Hilfe bitte, und erhalte die Antwort, dass sie mir, was Charles Mendl angeht, leider nicht helfen kann. Bedenkt man seine Erhebung in den Ritterstand, ist das verwunderlich. Angesichts dieser Auszeichnung kann er keine unbedeutende Rolle gespielt haben. Später erfahre ich, dass das britische Public Records Office bestimmte Dokumente aus dieser Zeit noch nicht freigegeben hat.

Meine Hypothese würde mit einem Schlag so viele mysteriöse Episoden aus unserem Leben aufklären. Sie würde die manchmal so leidenschaftliche Beschäftigung meiner Mutter mit militärischen Belangen erklären, ihre fast hysterischen Ausbrüche, wenn es um scheinbar unbedeutende Kleinigkeiten ging, ihre nie geplanten Reisen, ihre Geheimnisse, ihre Dementis und ihre immer wieder neuen Kontakte zu seltsamen Leuten. Sie gäbe eine Erklärung für so viele Aspekte ihrer Persönlichkeit ab.

Diese Hypothese würde auch die Nachrichten über Otto, den Bruder meiner Mutter, erklären, die wir 1992 erhalten hatten, als ich sie für einen letzten Besuch zurück nach Österreich gebracht habe. Diese Nachrichten schienen mir damals jedoch so sehr aus dem Milieu eines Spionage-Romans entsprungen, dass ich sie schon fast vergessen hatte.

Meine Erinnerung kehrte zu unserem Ausflug nach Berlin im Jahr 1953 zurück. Damals schien er keine erkennbare Ursache zu haben. Hatte meine Mutter damals wirklich die letzten Bruchstücke an Informationen über Otto gesammelt und Vorkehrungen für seinen »Tod« getroffen, um die gesetzlichen Voraussetzungen dafür zu erfüllen, dass seine Familie erben konnte? Das hätte ihm Deckung gegeben, wohin auch immer er gegangen wäre.

Es schien, dass das alte Wiener Netzwerk Ottos Geheimnis sogar im Tod bewahrte. Endlich begriff ich den Grund für die zwei völlig unterschiedlichen Nachrichten, die meine Mutter 1992 von Martin erhalten hatte. Die Strategie war klug gewesen. All jene, die beim ersten Treffen anwesend gewesen waren, hätten schwören können, gehört zu haben, wie Martin Einzelheiten von »der Nachricht aus dem Osten« weitergegeben hatte, nämlich dass Otto im Krieg gestorben war. Wer von ihnen hätte je erfahren, dass es auch eine andere Version gab?

Im Laufe der Jahre hatte ich viele Briefe und Dokumente gesammelt, nicht nur die von meiner Mutter, sondern auch von anderen Mitgliedern unserer weit verzweigten Familie in Österreich, Neuseeland und Amerika. Ich hatte sie viele Male wieder und wieder gelesen und mit den Geschichten verglichen, die ich von meiner Mutter und vielen anderen Verwandten gehört hatte. Und ich war dabei, mir zumindest von manchen ihrer Erfahrungen ein genaueres Bild zu machen.

Heute, mit einem etwas besseren Verständnis für die europäische Geschichte, ist mir bewusst, dass die zwei großen Kriege nicht plötzlich wie eine unerwartete Flutwelle über die Länder hereingebrochen sind und sich dann genauso schnell zurückgezogen haben. Das war die Version meiner Kindheit in Australien gewesen, als Antwort auf dramatische Meldungen wie: »Es wurde Krieg erklärt«, »Truppen an Bord« oder »Der Krieg ist vorbei«. Inzwischen sehe ich die komplexen Muster dahinter, verstehe den wirtschaftlichen Hintergrund, die Ursachen und den wachsenden Druck auf die jüdische Bevölkerung.

Ich bin davon überzeugt, dass meine Mutter ab 1937 an den Bemühungen, jüdischen Bürgern aus Deutschland und Österreich zur Flucht zu verhelfen, aktiv mitgewirkt hat. Heute kann ich viele meiner Kindheitserinnerungen im richtigen Kontext sehen. Ich erinnere mich an Gespräche bei Familienbesuchen in Sydney, als Dawn und ich noch kleine Kinder waren und die deutsche Sprache nur schlecht verstanden. Andere Gäste, mit Namen wie Raubitschek und Sachs, hatten Halbsätze fallen lassen, die die aktive Rolle meiner Mutter bei diesen Aktivitäten bestätigt haben. Sie hatte dabei oft ihr Leben riskiert, wenn sie Babys in Körben voller Wäsche oder Erwachsene in Särgen versteckt hatte oder wenn sie beim Überqueren der Grenze oder bei der Besorgung falscher Papiere geholfen hatte. Ich erinnere mich an das Gelächter bei Tisch, als jemand beschrieb, wie Bettina klein zusammengerollte Banknoten in der Lenkstange eines Fahrrads versteckt hatte – und wie schwierig es dann gewesen war, das Geld wieder herauszubekommen. Jetzt weiß ich, dass das nicht Teil von jenem Leben sein kann, das uns Bettina als ihr wirkliches verkauft hatte. Die Daten stimmten nicht überein. Es war nicht Teil ihrer eigenen Flucht gewesen, sie hatte diese Dinge für jemand anderen getan. Und jetzt erkenne ich auch die jüdischen Namen wieder.

Es gibt keinen Zweifel daran, dass die offenen Anti-Nazi-Aktivitäten meiner Mutter sie zu einem Primärziel für Repressalien und Vergeltungsmaßnahmen gemacht hatten. Die bruchstückhaften Informationen, die ich von ihrer Flucht habe, stammen aus ihren eigenen Erzählungen. Ergänzt wurden sie durch die Erinnerungen meines Cousins Dick und durch ein paar Kommentare von Tante Lucie.

Alles zusammen ergab einen Sinn, als Mucki mir eine Schachtel mit vergilbten Briefen aus Seidenpapier von Roman Abt überreichte. Darin riet er Bettina, was sie tun sollte, und am Ende schrieb er ihr, sie solle trotz der schrecklichen Umstände nicht verzweifeln, weil er sich nicht vorstellen könne, dass dieser vorübergehende Wahnsinn in einen Krieg münden würde. Damals hat Bettina die Briefe nicht mehr erhalten. Sie waren an die Adresse der Villa Mendl geschickt worden, in der Hoffnung, dass sie Bettina dort erreichen würden. Sie waren in einer Schachtel auf dem Dachboden liegen geblieben – bis 1952, als sie Tante Maria schließlich fand und zur Aufbewahrung an sich nahm. Bettina hatte sich geweigert, sie zu lesen.

Ich wusste, dass Bettina von der Geheimen Staatspolizei der Nazis über die Grenze bis in die Schweiz verfolgt worden war. Die Gestapo hatte darauf bestanden, dass sie nach Wien zurückkehrte, um dort in aller Öffentlichkeit Pro-Nazi-Statements abzugeben. Man hatte von ihr verlangt, die Vorgänge in der Reichskristallnacht zu billigen und ihre Rechtmäßigkeit öffentlich zu bestätigen. Man hatte Bettina mit der Behauptung, dass ihr Neffe Dick, der nach Wien gekommen war, um eine private Eliteschule zu besuchen, gekidnappt worden wäre, zur Kooperation zwingen wollen. Die Gestapo hatte behauptet, sie hätten ihn aus seinem »sicheren Hafen« in Ungarn geholt, wohin meine Mutter ihn in Begleitung und unter der Obhut ihrer treuen Freundin Maria von Kozaryn geschickt hatte, während sie selbst versucht hatte, die Papiere für ihre gemeinsame Flucht zu organisieren.

Als die Gestapo sie in Zürich erpresst hatte, hatte sie unter der Vorspiegelung falscher Tatsachen versprochen, nach Wien zurückzukehren und sich mit allem einverstanden erklärt. Sie hatte lediglich um ein paar Tage Aufschub gebeten, um sich auf ihre öffentliche Erklärung vorbereiten zu können. Die Leute von der Gestapo hatten ihr geglaubt und sie freigelassen.

Das hatte ihr genügend Zeit verschafft, um sich an jenen Roman Abt, der ein einflussreicher Schweizer Anwalt und ein Freund ihres Vaters war – er hatte auch ihre Flucht organisiert –, zu wenden. Abt hatte ihr mitgeteilt, dass er von dem Kidnapping-Plan der Nazis erfahren hatte, ihnen aber zuvorgekommen wäre und Dick versteckt hielte. Dick war also in Sicherheit gewesen und nichts und niemand hätte Bettina mehr zu einer Rückkehr nach Wien zwingen können. Abt hatte ihr noch die Adresse von einem sicheren Ort – einem Kosmetiksalon – gegeben, an dem er sie kontaktieren würde, sobald er die Dokumente hätte, um sie über die Grenze zu bringen.

In den nächsten Tagen hatte Roman Abt dem zehnjährigen Dick die Rede, die er vor dem britischen Hochkommissariat zu halten hatte, eingeschärft: »Ich bin britischer Staatsbürger, geboren in Neuseeland, und in der Obhut meiner Tante, Bettina Mendl. Ich habe das Recht auf die notwendigen Dokumente, die sie in die Lage versetzen, mich sicher zu meinen Eltern nach Neuseeland zu begleiten.« Die Familienchronik weiß zu berichten, dass Dick noch mit erhobenem Haupt hinzufügt hatte: »Und wenn Sie das nicht tun, dann werde ich es meinem König erzählen!« – Die Strategie war aufgegangen und hatte dazu geführt, dass meine Mutter 1938 schließlich sicher in Neuseeland angekommen war.

Ich begann allmählich zu verstehen, dass alle diese Erfahrungen wohl der Grund dafür gewesen waren, dass sie sich 1941 so weit in das Outback Australiens zurückgezogen hatte. Sie hatte dem fadenscheinigen Schutz durch die Briten misstraut, der schon in der Schweiz versagt hatte, und sie hatte die Entschlossenheit und Brutalität der Geheimen Staatspolizei der Nazis aus erster Hand kennengelernt. Die Villa Mendl war von der SS requiriert worden, und so wäre es sicher am bequemsten gewesen, sie zu beseitigen.

Als ich gerade dabei bin, die Kartoffeln für das Abendessen zu schälen, erinnere ich mich plötzlich daran, dass meine Mutter oft mit mir geschimpft hat, wenn ich diese lästige Arbeit in Angriff genommen habe. »Schäl sie doch nicht mit dem Messer!«, hat sie dann zu mir gesagt. Ich habe den Atem angehalten und mich gegen eine weitere Attacke in unserem Kartoffelkrieg gewappnet. Für einen Moment lang hat sie geschwiegen, dann ist es jedoch zumeist aus ihr herausgeplatzt: »Warum musst du sie überhaupt schälen? Iss sie doch einfach so, wie sie sind!« – Schweigen, bis sie mich schlussendlich gefragt hat: »Hast du denn keinen Kartoffelschäler?«, worauf ich wiederum widerwillig das übliche Ritual des Herumwühlens in der Küchenschublade vorgeführt habe. Natürlich ergebnislos. »Ich kann ihn nicht finden«, habe ich dann zwischen den Zähnen hindurch geknirscht.

An diesem Punkt hat sie sich geschlagen geben, sich zur Seite gedreht und geflüstert: »So eine Schande! Es wird so viel verschwendet dabei!«

Ich bin unter dem Schmerz in ihrer Stimme zusammengezuckt. Er war der Beweis für all den Hunger, den sie erlitten hat. Mir bei meiner großzügigen Art, Kartoffel zu schälen, zuzusehen, war eine beinahe unerträgliche Qual für sie. Trotzdem habe ich mich nie von meiner brutalen, verschwenderischen Gewohnheit verabschieden können. Das Schweigen meiner Mutter hat mich aus den Erfahrungen von Hunger und Entbehrungen in ihrem Leben ausgesperrt.

Heute schäle ich die Kartoffeln ohne ihre Kritik im Hintergrund, ich werde jedoch noch immer von der Erinnerung daran heimgesucht – und an meine unnachgiebige Arroganz. Warum sie es nicht hat ertragen können, mitanzusehen, wenn eine Kartoffel verschwenderisch geschält worden ist? Es schien Teil ihres Geheimnisses zu sein, ihrer dunklen Vergangenheit, die von Zeit zu Zeit ihren Schatten über uns warf. Einen Schatten, der mir gelegentlich selbst Angst machte, ganz so, als ob er Teil meiner eigenen Erfahrung wäre.

Ich grüble über die Jahre, in denen meine Mutter aufgewachsen ist, ich entwirre das Geflecht von Familie, Politik und das ihres Lebens, das in seinen Anfängen noch so privilegiert erschienen ist – dann war der Krieg mit all seiner Wucht gekommen. Zum ersten Mal betrachte ich unseren Kartoffelstreit als wichtiges Indiz. Von welcher Art war die Erfahrung, die eine so tiefe Narbe zurückgelassen hat? Wie lange hat sie geschmerzt? Die Erkenntnis darüber, wie unglaublich schwierig ihre Lebensumstände trotz des Reichtums und des Status ihrer Familie gewesen sein müssen, jagt mir kalte Schauer über den Rücken. Bettina hat wohl auch oft in Australien Hunger gelitten – in der ersten Zeit ihres Überlebenskampfes dort, auf ihren langen Fußmärschen von den Bahnhöfen bis zu ihren Arbeitsstellen im Outback, abseits der Wege, darauf bedacht, keine Spuren zu hinterlassen …

Als sie mir einmal die Hälfte eines Apfels, den wir miteinander geteilt haben, gereicht hat, hat sie mir erzählt, wie sie einmal auf einem Bahnhof mitten im Outback verzweifelt versucht hat, dem Drang zu widerstehen, die zweite Hälfte eines Apfels sofort zu essen. Die erste Hälfte hat sie mit einem einzigen Bissen verschlungen.

Mir fiel ein, dass sie als kleines Kind einige Zeit in einer Lungenheilanstalt verbracht hatte, isoliert von ihrer Familie, und dass dort besondere Nahrungsmittel, die für ihre Gesundung gedacht gewesen waren und für die ihr Vater bezahlt hatte – Orangen, Milch, getrocknete Früchte und Nüsse –, unter den anderen, »weniger vom Glück begünstigten« Kindern verteilt worden waren. Bettina hat ihren Eltern nie erzählt, wie knapp sie damals mit dem Leben davongekommen ist – aus reiner Willenskraft. Sie hat niemandem daraus einen Vorwurf gemacht, sondern leise gesagt: »Sie haben es genauso dringend gebraucht wie ich. Ich gebe der Oberschwester keine Schuld. Was sollte sie mit so vielen sterbenden Kindern tun? Ich wollte sie nicht in Schwierigkeiten bringen. Mein Vater wäre außer sich gewesen vor Zorn. Aber …«, seufzte sie dann in einem der seltenen Momenten der Schwäche, »ich war sehr klein!«

14
DER VORHANG SCHLIESST SICH

Meiner Mutter ging es immer schlechter. Ich saß lange neben ihr und habe auf ihre flachen Atemzüge gehört, ohne die Hoffnung auf einen nächsten … Ich musste loslassen. Sie hatte ihr neunzigstes Lebensjahr hinter sich gebracht und die Feste des Lebens gefeiert. Sie war bereit zu gehen. Ich sagte meinen Söhnen, sie sollten ihre dunklen Anzüge bereithalten und ihre guten weißen Hemden bügeln.

»Wir werden sechs kräftige Männer brauchen, um den Sarg zu tragen«, sagte ich noch, bevor ich das Haus verlassen hatte. Ich ging los und besorgte mir eine CD mit dem Donauwalzer. Er sollte meine Mutter auf ihrem letzten Weg begleiten. Aber Bettina ging nicht.

Wir riefen den Priester – zum zweiten Mal. Das erste Mal hatte er ihr die heiligen Sakramente gespendet, während die Nonnen in einer Wolke von Rosenduft das »Ave Maria« geflüstert und ein paar andere vertraute Beschwörungsformeln gemurmelt hatten. Wir hielten uns an die Tradition.

Ich schrieb in mein Tagebuch:

24. November 1999
Wieder in Tamworth.
Bettina wird bald gehen.
Seltsam, wie der herannahende Tod an Düsterkeit verliert.
Es fühlt sich fast so an, als ob ein willkommener Freund kommt, ein wenig verspätet, man schlürft Tee, um die endlose Zeit zwischen dem Ticken der Uhr auszufüllen.
Man reagiert sensibel auf vertraute Geräusche,
auf das Knirschen von Kies in der Einfahrt,
auf das Geräusch der Eingangstür,
auf die Schritte, die – dieses Mal noch – vorübergehen,
vorbei an dem Raum, in dem man den willkommenen Freund erwartet.

Zehn Tage später saß ich wieder neben meiner Mutter. Sie schlief, flüsterte, lächelte manchmal und versuchte schließlich, etwas zu sagen, das ich nicht verstehen konnte. Es war eine einzige Silbe, die sie mit wachsender Angst immer wiederholte. Zuerst dachte ich, ich hätte ein leises »*please*« (bitte) verstanden.

»Bitte *was*, Mutter?«, ermunterte ich sie. »Ich verstehe nicht, was du willst, dass ich tun soll.«

Meine Mutter wiederholte es, während ich mich tiefer zu ihr hinunter beugte. Schließlich legte ich ihr »please« als »breeze« (Brise) aus, schob den Vorhang zur Seite und öffnete das Fenster so weit wie möglich. Ich wusste, wie sehr sie den Garten liebte, und dachte, sie wollte vielleicht eine frische Brise von draußen spüren. Ich lächelte sie an, es schien mir, als ob sie zurücklächelte, als sie mich ansah. Zwei Verbündete!

Und wieder flüsterte sie: »*Peeess …*«

»Möchtest du den Priester sehen? Entschuldige, Mutter, ich habe dich nicht verstanden. Leider muss ich dir sagen, dass dein ganz besonderer Freund krank ist und nicht kommen kann. Er ist im Spital. Er hat dich vor ein paar Tagen besucht. Möchtest du einen anderen Priester sehen?«

»*Peeess*«, und ein festeres Lächeln.

Die Nonnen liefen hinaus, um einen anderen Priester zu suchen. Bald darauf kamen sie wieder zurück und versicherten mir, er sei auf dem Weg und würde bald da sein.

Dieser Priester trug keinen Ornat, sondern erschien in Zivilkleidung und war schlecht vorbereitet. Es war ein freundlicher, großer Mann in einem Pullover.

Meine Mutter wollte nicht mit ihm sprechen, weil er »kein richtiger Priester« war. Ich hatte schon vor ihrer Abfuhr den Ärger kommen sehen. Sie wollte Gewänder, Weihrauch und Kerzen und damit konnte er nicht dienen. Er zog sich nach dieser Niederlage traurig zurück – und ich entschuldigte mich. Als er ging, hielt er die Flasche mit dem Weihwasser fest umklammert. Es wurde nun, da sein Segen ja abgelehnt worden war, nicht mehr gebraucht.

Es schien mir ein unpassender Augenblick, um das alte jüdische Erbe der Familie wieder aufleben zu lassen. Ich schwieg still, mit einer Ausnahme: Ich rief Lizzie, meine Cousine in Sydney, an, mit der wir vor so vielen Jahren den Kontakt hatten abbrechen müssen. Sie versprach mir, den Tempel aufzusuchen, um herauszufinden, was man tun musste, um an Bettina das Sterberitual zu vollziehen. Auf dem Weg dorthin kam sie an der St. Mary's Kathedrale vorbei und wollte auch dort eine Kerze anzünden.

In der Zwischenzeit waren die Nonnen auf der Suche nach Weihwasser gewesen, mit dem sie Bettina segnen wollten. Eine von ihnen raunte mir im schönsten irischen Dialekt zu: »Um sicherzugehen, habe ich viel Wasser mitgenommen, aber die Flasche ist das Problem! Ich hatte, verdammt noch mal, keine Zeit, eine andere Flasche zu finden!«

Sie hielt eine Whisky-Flasche in der Hand. Über das Johnny-Walker-Label hatte sie ein Schildchen aus blau liniertem Notizpapier geklebt, das die Aufschrift *Weihwasser* trug. Ich habe mir damals geschworen, es für immer aufzubewahren.

In den Nächten schlief ich in einem Lehnstuhl und am Morgen tauschte ich den Platz mit Dawn.

Die Krise ging vorüber, also nahm ich den Bus nach Hause nach Brisbane.

2. Dezember 1999
Bettina – gegangen.
Ich bin mit meiner Familie auf Stradbroke Island. Der Anruf erreicht uns am Nachmittag.
Wir gehen den Strand entlang, um ihr Lebewohl zu sagen.
Ein fulminanter Sonnenuntergang,
in der Dämmerung
ein einsamer Stern.
Dawns Sohn Joe war ganz in der Nähe.

Ein paar Monate zuvor hatten Bettina und ich von den Westfenstern aus einen Sonnenuntergang beobachtet, der sich über das ganze Tal zog. Sie hatte geseufzt und nachdenklich gesagt: »Ich denke nicht, dass alles in uns auf einmal stirbt, zur selben Zeit. Ich glaube, wir sterben immer nur ein bisschen, ein kleines Stück nach dem anderen.

Langsam. Ich habe das Gefühl, dass ich manchmal hier bin und manchmal dort.«

Irgendwie schien mir der Gedanke vertraut und ich stimmte ihr zu. Die Stimmung um uns herum war wie eine Einladung zu meiner Frage: »Mutter, du hast uns nie gesagt, wo du hingehen möchtest oder was du willst, dass wir tun sollen. Möchtest du bei Joe in Barraba liegen?«

Sie schwieg kurz und dachte über meine Frage nach.

»Ich habe Joe sehr geliebt – vor so langer Zeit. Barraba?« – Sie zögerte kurz und sagte: »Nein, nicht dort.«

»Hier? In Tamworth?«

»Nein, hier auch nicht.«

Und dann wusste ich, wonach sie sich sehnte, es sich aber nicht zu sagen getraute.

»Möchtest du zurück nach Hause, nach Wien, in den Garten unter den Pappelbaum, der am Morgen deiner Geburt gepflanzt worden ist?«

Ich wurde mit einem strahlenden Lächeln belohnt. Ihre schwarzen Augen strahlten vor Freude, als sie mit Bestimmtheit erklärte: »Das ist es, dort gehöre ich hin!«

»Ich bringe dich zurück, aber du musst mir etwas versprechen. Ohne dieses Versprechen kann ich nicht um Erlaubnis fragen, dich dorthin zu bringen. Es leben jetzt andere Menschen in der Villa, andere Mendls – deine Schwägerin Mimi, mit der du so erbittert gestritten hast. Versprich mir, dass es keinen Streit mehr geben wird, keine Familienpolitik! Lass dort Frieden, Verständnis und Großzügigkeit walten. Heute spielen andere Mendl-Kinder im Garten, die eine liebevolle Atmosphäre verdienen. Versprichst du mir das, damit ich dich nach Hause bringen kann?«

Sie lächelte zufrieden. »Ja, du hast recht. Ich verspreche dir, ich werde mit niemandem streiten. Nichts ist mehr von Bedeutung. Das war es nie wirklich.«

Ich schrieb meinen Cousins, ließ sie wissen, was Bettina versprochen hatte – und sie waren einverstanden. Wann immer es so weit wäre, würde ich ihre Asche zurückbringen – Bettina wird zu Hause willkommen sein.

15

ADIEU

In den Monaten nach dem Tod meiner Mutter trugen wir ihre letzten persönlichen Dinge zusammen. Wir durchforsteten ihren Kleiderschrank. Darin gab es einzelne Stücke und Teile, die wir immer besonders geliebt hatten. Sie hatte sie aussortiert, weil sie ihr nicht mehr passten, aber sie hatte uns stets darum gebeten, sie nicht wegzuwerfen. Das Gefühl, dass ihre schönsten Modelle irgendwo ruhig darauf warteten, von ihr gebraucht zu werden, war ihr wichtig gewesen.

Der Krokodillederkoffer, der einmal ihre wertvollsten Dinge wie auch »den Mädchenkopf« beherbergt hatte, lag – leer, zerkratzt und schäbig – in der Ecke eines Abstellraums zusammen mit anderen Bruchstücken aus ihrer Vergangenheit. Er war für mich vielleicht mehr als alles andere das Zeichen, dass sie gegangen war.

Es schien auch einen ungeheuren Berg von Papieren zu geben. Meiner energischen Sortieraktion zum Trotz gab es noch immer Schachteln voll mit Briefen und den eigenen Schreibversuchen meiner Mutter: Fragmente von Gedichten, ein Manuskript mit unvollendeten Memoiren, Terminkalender und Geschäftsnotizen. Da waren ihre Skizzenblätter und halb fertige Briefe an Enkelkinder, Billets und Ansichtskarten, an sie adressiert, die von so vielen glücklichen Ereignissen berichteten, und es gab Todesnachrichten von Freunden, die ihr vorausgegangen waren.

All das war in Kartons ausgelagert worden und es war meine Aufgabe, den Inhalt zu sortieren und aufzubewahren. Ich war die ältere Schwester. Es war mein Job und außerdem war ich einer der Testamentsvollstrecker. Auf diese Weise hatte ich auch Mutters Schmuck erhalten, um ihn zu katalogisieren und schätzen zu lassen.

Ich hatte immer über die Existenz ihrer Kollektion Bescheid gewusst oder gelegentlich bei der Bank angerufen, um für Bettina ein Stück zu holen, das sie zu einem besonderen Anlass tragen wollte, es war jedoch etwa dreißig Jahre her, seit ich die gesamte Kollektion gesehen hatte. Jetzt betrachtete ich sie aus einer anderen Perspektive.

Ich sah nicht mehr nur ihr Funkeln und Glitzern, sondern mit einem Mal auch die Kunst, mit der diese Stücke einst gefertigt worden waren.

Die Geschichte von der langen Reise der Familie Mendl, die im fernen Osten Europas um 1600 ihren Anfang genommen hatte, entstand vor meinen Augen. Aus dieser ersten Zeit stammt die alte Ikone, das Tafelbild der Madonna der östlichen orthodoxen Kirche – »ohne Heiligenschein, aber gekrönt wie die Königin des Himmels«, wie mir ein Experte erst vor Kurzem ehrfurchtsvoll ins Ohr geflüstert hat.

Ich denke an die vielen fremden Einflüsse, die meine Familie zu dem gemacht haben, was sie ist. Der exotische Cocktail unserer Geschichte berauscht mich. Ich bin schwindelig. Er verwirrt mich. Welch eigenartiger Widerhall davon findet sich wohl in meinem Denken und Fühlen, in meinem eigenen Blut?

Ich fotografiere und untersuche jedes Indiz, das die vielen Generationen von Mendls in dieser verbliebenen Kollektion zurückgelassen haben. Es gibt einen Anhänger aus Emaille mit Rubinen und einem eingravierten Familienwappen aus dem Jahr 1770. Ich wüsste gerne mehr über seine Geschichte. Wer hat ihn in Auftrag gegeben und warum? Welcher Anlass wurde damals von meinem mir gänzlich unbekannten Ahnen gefeiert? Ich würde liebend gerne etwas über sein Leben wissen. Ich denke noch über seinen Empfänger nach, während vor meinem geistigen Auge Bilder von Zeremonien entstehen, getragen von Freude, Hoffnung und Stolz auf eine gelungene Arbeit, die anerkennend gewürdigt worden ist.

Unter den Schätzen finde ich auch die Miniatur des Ordens vom Goldenen Vlies, den Kaiser Franz Joseph I. meinem Großvater Fritz verliehen hat – das Bruchstück einer Information, ich bräuchte so viel mehr … Das winzige goldene Lammfell liegt in meiner Handfläche und erzählt mir etwas über meine Geschichte – in einer Sprache, die ich erst lernen muss. Um sie zu verstehen, werde ich die Codes der Juweliere studieren, mich über die Verarbeitung von Metallen und die Handelsrouten der Edelsteine erkundigen müssen.

Ein Indiz für eine Verbindung der österreichischen Mendls zur englischen Krone habe ich gefunden, ein Armband, das eine entzückende Miniatur der jungen Queen Victoria zeigt. Es trägt die Inschrift: »From Victoria R May 1849«.

Hier sind auch Fritz Mendls Taschenuhren, die von Generation zu Generation weitergegeben wurden. Schmuckhistoriker schätzen ihr Herstellungsdatum auf etwa 1760 bis 1800. Mit diesem weißen Emaille-Kreuz wurde meine Mutter in den Dreißigerjahren für ihre Tapferkeit ausgezeichnet. Sie hatte einem Ankerbrot-Manager das Leben gerettet, der von aufgebrachten Arbeitern als Geisel genommen worden war. Als sie mir die Geschichte erzählte, habe ich es verabsäumt, sie aufzuschreiben – heute halte ich das Kreuz in der Hand und trauere um die verlorene Information.

Von diesen Träumereien angeregt und von den Familiengeistern verfolgt, die mir keine Ruhe geben, greife ich noch einmal die Sache mit den Picassos auf. Es ist Zeit, sie hervorzuholen und am jüngeren Ende der Familienchronik zu arbeiten. Durch die Universität von Queensland habe ich den Weg zu anerkannten Picasso-Fachleuten gefunden. Sie haben mir angeboten, die Zeichnungen anzusehen und mich zu beraten. Bis heute habe ich es vermieden, nach England zu fliegen und die Zeichnungen mitzunehmen. Langsam fühle ich eine gewisse Dringlichkeit. Ich muss das Geheimnis lüften. Ich habe es lange genug mit mir herumgetragen, Zeit genug, um jedes einzelne Stück Papier hier zu sichten, wird es ohnehin nie geben. Manchmal muss man Dinge beiseiteschieben und sich auf die wichtigsten Informationsstränge konzentrieren. So beschließe ich, im September 2002 einen weiteren Ausflug nach Europa zu unternehmen, bestätige Verabredungen mit Experten und buche – mit einem Gefühl leichter Beklemmung – die Flüge.

Das Erste, was ich in London tue, ist, einen roten Doppeldeckerbus zu suchen, mich ins obere Deck zu setzen und eine Runde nach der anderen durch London zu fahren. Das ist meine Art, London, das ich nicht gut kenne, zu begrüßen, mein Weg, mich dort, noch müde vom Flug, zu akklimatisieren. Gerne verwandle ich mich in eine Touristin, klettere auf die Spitze der St. Paul's Cathedral, schlendere kreuz und quer durch den Hyde Park und ruhe mich, ein Eis essend, bei der Serpentine aus.

Ich fühle, wie die Spannung steigt, je näher der Tag rückt, an dem ich mich mit den Picasso-Sachverständigen treffen soll. Ich bin immer davon ausgegangen, dass sie mir Tipps für meine weiteren Nachforschungen geben würden, und nicht davon, dass sie die Authentizität der Zeichnungen kommentieren würden.

Vielleicht können sie ja etwas Licht auf die Beziehung zwischen Picasso, Sara und Gerald Murphy, Sir Charles Mendl und Bettina werfen. Sie wissen möglicherweise auch, wer »Col Alfred Flechtheim, London 1943« auf die Rückseite des Porträts von Sara Murphy geschrieben hat – und warum. Trotz meiner vielen vergeblichen Anfragen in den letzten Jahren fällt es mir schwer, die Aufregung zu unterdrücken, die sich jetzt bei dem Gedanken an eine mögliche Antwort auf all meine Fragen einstellt.

Es ist mir bewusst, dass auch ihre Authentifizierung als Werke von Picasso einige Probleme nach sich ziehen wird. Das *Syndicat Français des Experts Professionnels en Œuvres d'Art et de Collection* hat mich bereits darüber informiert, dass die Kosten für die Schätzung, für die Versicherung, für ihre Lagerung und ihre Sicherung hoch sein werden. Sollten die Zeichnungen für echt erklärt werden, müsste ich sie wahrscheinlich verkaufen, um all die anfallenden Kosten zu decken.

Endlich ist die Stunde gekommen. Ich fahre zusammen mit einer alten Freundin aus Australien mit dem Auto nach London. Sie lebt schon seit Langem hier und findet sich leicht zurecht.

Die Straße ist breit und erstaunlich verkehrsarm, die Häuser auf beiden Seiten sind hoch und in traditioneller Bauweise errichtet. Es riecht nach London, wie es leibt und lebt – nach Autoverkehr, getrockneten Blättern und kaltem Wind. Wir stehen vor einem hohen Eingangstor, drinnen sprechen wir dann über die Geschichte der Zeichnungen und die der Familie, wir gehen meine Vermutungen und Schlussfolgerungen durch, dann ist es Zeit, die Zeichnungen herzuzeigen.

Ich öffne die Mappe und ziehe eine nach der anderen heraus. Zuerst das Porträt von Sara Murphy. Es wird herumgereicht, hochgehoben, umgedreht und gegen das Licht gehalten. Stille liegt über dem Raum. Irgendwo in meinen Unterlagen habe ich ein sehr grobes Bild von Zervos V5 Nr. 295, das Teil der Ausstellung in New York war, darauf habe ich Sara Murphy zum ersten Mal erkannt. Ich suche danach, um es zum Vergleich vorzulegen. Das Gespräch geht weiter – Kommentare über den Strich, die Linien, die Daten und das Papier.

Wir arbeiten uns zu den zwei Zeichnungen »Mann mit Lamm« vor und prüfen die Daten und vergleichen sie mit ähnlichen Bildern in dem wachsenden Stoß von Nachschlagewerken. Einmal mehr höre ich die Erklärung: »Sie werden verstehen, dass wir hier die Echtheit nicht bestätigen können. Das ist der Familie von Picasso vorbehalten. Sie gibt den Ausschlag für die offizielle Akzeptanz oder Zurückweisung des Werkes. Ich verstehe, dass Sie an der Geschichte der Zeichnungen interessiert sind, glaube jedoch nicht, dass wir zu dem, was Sie entdeckt haben, irgendetwas hinzufügen können. Ich schlage vor, dass Sie die Zeichnungen jemand anderem zeigen, der auch mit dem Werk von Picasso vertraut ist.«

Auf dem Heimweg denke ich über den Rat und die Kommentare bei diesem Treffen nach. Ich bin einer Meinung mit ihnen: Es ist wohl am besten, die Zeichnungen wieder nach Hause zu bringen. Im Moment sind sie sicher dort, sie sind letztendlich nichts weiter als ein paar Stücke Papier. Ich frage mich, ob meine Entscheidung ein Echo auf lange zurückliegende Schlussfolgerungen von Bettina selbst ist. Hat sie mir deshalb dieses Dilemma hinterlassen?

Nachdem ich im Public Records Office festgestellt habe, dass es unmöglich ist, Einsicht in die Akten von Charles Mendl zu erhalten – sie sind noch immer nicht für die Öffentlichkeit freigegeben –, wende ich mich den geselligen Aspekten meines Abenteuers zu. Ich verschwende meine Energie auf Heißluft-Ballonfahrten, segle in der mystischen Herbstatmosphäre über die Lochs im Norden von Schottland und wandere durch die Täler und über die von Heidekraut bedeckten Hügel. An den Abenden sitze ich mit alten Schulkolleginnen von meiner Mutter zusammen und spreche mit ihnen über Bettinas Schulzeit. Über Charles Mendl können sie mir keine Anhaltspunkte liefern. Ich friere entsetzlich, bin aber glücklich. Ich verliebe mich in diese winzigen Dörfer, in denen alles auf engstem

Raum perfekt eingerichtet ist: Häuser, Garagen, Ziergegenstände in Regalen – für immer würde ich es nicht aushalten.

Gesättigt von Neuigkeiten, Geschichten, Abenteuern, köstlichem Essen und spannenden Gesprächen, fliege ich nach Wien, wo ich die Freunde meiner Mutter wiedersehen möchte, die die fünf Jahre, seit ich zuletzt hier war, überlebt haben.

Maria Newald, die Mutter von Peter, der mein Partner in der Debütantenzeit am Wiener Opernball war, ist fünfundneunzig Jahre alt. Sie ist groß, elegant, witzig und hat freundliche schwarze Augen. Sie hat mir damals den Tipp gegeben, kein trägerloses Kleid auf dem Opernball zu tragen. Sie erzählt mir von einem ihrer Erlebnisse auf dem Opernball, als sie schon verheiratet war. Sie hat ein prachtvolles Ensemble aus rosafarbenem Brokat mit einer beeindruckenden Schleppe getragen, die sie mit einer Schlaufe an einem Finger hat halten müssen, wenn sie getanzt hat. Sie ist über die Stiege zu ihrer Loge hinaufgegangen, um sich von einem besonders wilden Walzer zu erholen. Sie ist damals schwanger gewesen und hat sich »ein bisschen zerquetscht« gefühlt, außerdem ist ihr schwindelig vom Tanzen gewesen. Um richtig Eindruck zu machen, hat sie die Schleppe über die Stiege hinunterfließen lassen – und jemand ist ihr darauf getreten. Der daraus resultierende heftige Ruck hat die Naht im tiefen Ausschnitt auf der Vorderseite des Kleides aufplatzen lassen – und ihre Brüste sind herausgesprungen. Mit königlicher Haltung hat sie ihren Fächer aus Straußenfedern weit aufgeschnippt, ihn gelassen gegen die Brust gepresst und ist erhobenen Hauptes zu ihrer Loge geschritten, von wo aus sie dann Hilfe organisiert hat, um ihr Kleid notdürftig wiederherzustellen.

Als wir mit dem Lachen fertig sind, meint sie: »Eine Lady muss mit diesen kleinen Unannehmlichkeiten fertig werden. Immerhin befand sich mein Mann in einer gehobenen Position!« – Als ich ihr zum Abschied die Hand reiche, bittet sie mich, ihr ein Foto von Bettina zu schicken, und flüstert: »Vergiss mich nicht!«

Wie könnte ich den Charme, die Anmut und Eleganz, den Humor und die eiserne Entschlossenheit jedes einzelnen Mitglieds dieses immer kleiner werdenden Kreises von Freunden meiner Mutter vergessen?

Ich bin zum Nachmittagstee in die Villa Mendl gekommen, um mich mit meinen Cousins über Neuigkeiten auszutauschen und den neuen Familienmitgliedern vorgestellt zu werden. Wieder ist das alte Haus renoviert worden. Die Arbeiten sind sogar noch im Gange. Die Familie benützt jetzt einen anderen Teil des Hauses, den ich fast fünfzig Jahre lang nicht betreten habe.

Wir begeben uns in den Ballsaal, in dem Dawn und ich 1953 auf und ab paradiert sind, um die Krönung von Elisabeth II. nachzuspielen. Der Raum kommt mir jetzt kleiner vor, für Krönungszeremonien ist er jedoch noch immer bestens geeignet. Auch er ist renoviert worden und zu meinem Entzücken – es ist wie ein Wunder – sind die neuen Vorhänge genauso reich mit Gold durchwirkt wie die alten, an die ich mich sehr gut erinnern kann. Woher haben diese jungen Leute das gewusst? Haben die Wände zu ihnen gesprochen und danach verlangt, dass das Licht durch Goldgewebe gefiltert werden muss, um diese wunderbar warme Aura zu verbreiten?

Der Blick hinaus auf den Herrengarten stimmt mit meiner Erinnerung überein. Neben einem fünfjährigen Buben stehend, presse ich meine Nase ans Glas und frage ihn, ob er Fahrrad fährt. Er nickt. Dann will ich wissen, ob er es auch auf dem schmalen Pfad durch den Garten gelernt hat, über Stock und Stein, über Wurzeln und Gruben, bedroht von den vorbeifliegenden Ästen? »Ja«, antwortet er und seine riesigen Augen drücken seine Überraschung darüber aus, dass eine Fremde über solche Dinge Bescheid wissen kann.

»Ich auch«, erkläre ich. »Ich war ein bisschen älter als du, aber es war mein erstes Rad.« – Und dann füge ich mit einstudierter Nonchalance hinzu: »Bis dahin hatte ich nur ein Pferd zum Reiten.« Da werden seine Augen noch größer.

Ich hätte diesem Kind Geschichten von seinem Ur-Ur-Großvater Fritz erzählen können, der einmal genau dort gesessen ist, wo wir jetzt stehen und über die Terrasse hinüber zum Garten blicken, dorthin, wo der Gehsteig erweitert worden war, um Platz für seinen Rollstuhl zu schaffen. Im letzten Jahr seines Lebens hat Fritz die langen Spaziergänge durch dieses Heiligtum sehr genossen. Seine Pflegerin hat ihn geschoben und meine Mutter hat ihn dabei begleitet.

Die Konversation fließt dahin, man bringt einander auf den letzten

Stand. Seit meinem letzten Besuch hier hat es einen Strom von Besuchern aus Übersee gegeben und auch die Wiener Mendls sind viel gereist. Sie haben inzwischen viele von ihren entfernten Verwandten kennengelernt.

Es ist unvermeidlich, dass die Ergebnisse meiner Familienforschung zur Sprache kommen. Es gibt noch immer so viele Querverbindungen und Widersprüche, für die es keine Erklärung gibt. Thomas bestätigt, dass wir nichts über die Kunstwerke wissen, die während der Nazizeit aus der Villa geschafft worden sind. Der Brief, den Maria von Kozaryn 1946 geschrieben hat, zeigt auf, dass sie daran gehindert worden ist, ein Inventar zu erstellen. Thomas macht mir Mut weiterzusuchen. Er beschreibt die Fortschritte, die in den letzten fünf Jahren gemacht worden sind. Umfangreiches Material ist gesammelt worden. Kunstkataloge und Verkaufslisten, private Briefe sowie Beweisstücke von Gerichtsprozessen, Museen- und Galerie-Archiven sind dem Datenpool hinzugefügt worden. Computer haben dabei geholfen, das Material zu analysieren.

Thomas besteht darauf, dass es ein Inventar geben muss. Wenn es 1938 nicht von einem Mitglied des Haushalts erstellt worden ist, dann von jemandem anderen. Er schlägt vor, dass ich die Abteilung für Kunst-Suche der Israelitischen Kultusgemeinde in Wien besuche. Dort könne man mir vielleicht helfen. Er spricht ruhig, aber seine Bitte ist leidenschaftlich.

1938 hatte Thomas' Großvater Otto Wien schon lange verlassen und war nach Berlin gezogen. Daher nehmen wir an, dass alles, was sich in der Villa befunden hat, meiner Mutter gehört hat. Als Testamentsvollstrecker soll ich noch einen Versuch unternehmen, das Inventar zu finden. Es widerstrebt mir, viel Aufhebens um etwas zu machen, das ich als vorbei und erledigt betrachte. Aber Thomas besteht darauf. »Der Zeitpunkt ist richtig. Noch fünf Jahre und alle Reparationen werden, basierend auf den vorliegenden Beweisen, abgeschlossen sein. Die Welt dreht sich weiter.«

Als ich »Gute Nacht« sage, weiß ich, dass ich mich seinen Argumenten nicht entziehen kann. Es ist eine Kleinigkeit, die Adresse der Kunst-Nachforschungsstelle ausfindig zu machen, das Büro aufzusuchen und zu erklären, dass ich nur über sehr wenige Informationen verfüge. Ich kann ihnen Namen und Geburtsdaten angeben und eine Kontaktadresse hinterlassen.

Zwei Tage in Wien bleiben mir noch. Am nächsten Morgen mache ich mich mit meinem zerrissenen Stadtplan auf den Weg. Zuversichtlich wandere ich durch die engen Gassen mit Kopfsteinpflaster – Wien ist mir inzwischen vertraut geworden. Ich lasse die Pestsäule am Graben hinter mir und betrete die enge Naglergasse mit ihren malerischen Geschäften. Dabei komme ich an der Ankerbrot-Filiale vorbei, wahrscheinlich der ersten, die mein Großvater im Jahr 1891 eröffnet hat. Der Laden ist voller Kunden, es herrscht reger Betrieb. Sein erstes Geschäft funktioniert noch immer tadellos. Die Auslagen bieten eine verführerische Auswahl von Broten und Mehlspeisen an. Im Laufe der Woche bin ich ein paar Mal hineingegangen, um sie zu kosten.

Manchmal muss ich die Straße überqueren, wenn ein Gehsteig zu eng wird, um darauf weiterzugehen. Von Zeit zu Zeit komme ich auf größere Plätze, die von traditionellen Stadthäusern, die zumeist fünf Stockwerke hoch sind, umrahmt werden. Ihre Eingänge, die breit genug sind, dass man mit einer Kutsche hindurchfahren kann, die Tore sind kunstvoll gearbeitet und mit prachtvollen Schmiedeeisengittern ausgestattet, die den Zugang versperren. Ihre Fenster schauen auf diese Plätze herab wie stille, wachsame Augen. Man hat das Gefühl, beobachtet zu werden. Keine fetten Schriftzüge, sondern diskrete Messingschilder nennen die Namen der Bewohner oder der Unternehmen, die sich dort angesiedelt haben. Manchmal gibt es auch undeutlich mit der Hand geschriebene Zettel neben der Gegensprechanlage, die auf einen Bewohner hinweisen.

Trotz meiner sorgfältigen Navigation bin ich nicht sicher, ob ich beim richtigen Büro angekommen bin. Ich drücke den Knopf der Gegensprechanlage und finde es schwierig, die richtigen Worte für meine Frage zu finden, während ich im kalten Novemberwind auf der Straße stehe. Ich höre das leise Klicken des Türschnappers, der durch einen elektronischen Impuls geöffnet wird. Ich drücke leicht gegen die altmodische Tür und sie schwingt weit auf.

Vor mir liegt ein luftiger Raum mit einem gemusterten Marmorboden und einem einzigen Schreibtisch. Hinter dem Tisch sitzt eine wunderschöne Empfangsdame, die auf mich wirkt wie ein Wandgemälde. Auf dem Weg zu ihr formuliere ich meine Fragen in deutscher Sprache, obwohl ich natürlich weiß, dass man hier die meisten gängigen Sprachen versteht. Es ist ein internationaler Ort.

»Ich bin die Enkelin von Fritz Mendl, der in der Wallmodengasse 11 gewohnt hat. Ich lebe in Australien. Ich bin nur mehr einen Tag in Wien. Meine Familie hat vorgeschlagen, ich sollte mich bei Ihnen melden und den Versuch machen, eine Inventarliste über die Kunstwerke zu finden, die 1938 aus unserem Haus entfernt worden sind.«

Man hatte mir erzählt, dass jüdische Bürger von den Nazibehörden gezwungen wurden, solche Inventarlisten zu erstellen. Diese Listen wurden sorgfältig aufbewahrt und später den Eigentümern der Gegenstände zur Unterschrift vorgelegt. Die Unterzeichnung hat dann den offiziellen und »legitimierten« Übergang der Vermögenswerte in den Besitz des Dritten Reiches konstituiert – oft unter äußerst brutalen Umständen.

»Selbstverständlich können wir Ihnen helfen«, antwortet die Empfangsdame. »Wenn ich ein paar Daten aufnehmen darf, kann ich die Verbindung mit der zuständigen Person herstellen.« – Innerhalb von Minuten hat sie die wesentlichen Namen, Geburtsdaten und Adressen notiert, sie greift nach diesen nur wenigen Informationen zum Telefon und macht mir für den nächsten Morgen einen Termin mit einem Spezialisten für solche Nachforschungen aus.

Am nächsten Tag werde ich einer Mitarbeiterin der Abteilung für Nachforschungen vorgestellt, die vorschlägt, dass ich diejenigen Informationen, die sie inzwischen gesammelt hat, auf Richtigkeit überprüfe, während sie den Akt liest.

Ich staune über die Einzelheiten, die sie mir präsentiert. Zu meiner Überraschung waren beide, meine Mutter und ihr Bruder Otto, zur Zeit des Anschlusses als Bewohner der Villa Mendl gemeldet. Otto wird als Pilot angeführt. Auf ihrem PC-Bildschirm verknüpft die Mitarbeiterin diese Informationen mit den Verzeichnissen von Eigentumstiteln und anderem Material von 1938. Sie notiert die hintereinander erfolgten Todesfälle von Emily Mendl, Fritz Mendl und ihrem Sohn Fritz und hält fest, dass meine Mutter ihr Vermögen geerbt hat. »Ahh«, seufzt sie im Tonfall tiefer Befriedigung. »Es *gibt* eine Inventarliste! Ich habe die Aktenzahl. Bettina hat sie 1938 hinterlegt.«

»Aber sie war doch nicht hier«, protestiere ich. »Sie war in Neuseeland. Sie hätte doch sicher gewusst, dass sie ein solches Inventar erstellt hat. Sie hätte doch sofort nach dem Krieg dazu Stellung genommen, sich darauf berufen. Es gibt sogar einen Brief von Maria von Kozaryn, in dem sie sich darüber beschwert, dass ihr keine Gelegenheit gegeben worden ist, im Namen von Bettina eine Inventarliste zu erstellen. Der Zutritt zum Haus ist ihr verweigert worden.«

Ich bin verblüfft über diese neue Widersprüchlichkeit – jedoch nicht wirklich überrascht. Ich bin gespannt darauf, die unverwechselbare Handschrift meiner Mutter zu sehen. Ich kann mir einfach nicht vorstellen, dass meine Mutter den Befehlen der Nazis entsprochen, ein umfangreiches Inventar ihres Eigentums angelegt und es ihnen zur Verfügung gestellt hat. Maria von Kozaryns Brief liefert auch keinen Hinweis darauf, dass vielleicht zu einem früheren Zeitpunkt eine solche Inventarliste aufgesetzt worden ist. Ich kann weder glauben, dass dies ohne Bettinas Wissen passiert war, noch, dass sie eine solche Inventarliste ohne Marias Hilfe erstellt hätte.

Ich kann meine Mutter weinen, toben, fluchen oder schimpfen sehen, aber ich kann mir beim besten Willen nicht vorstellen, dass sie brav an ihrem Schreibtisch sitzt und lange Listen über ihr Vermögen und die Wertgegenstände in ihrem Haus anfertigt, um sie anschließend dem Dritten Reich auszuliefern. War dies ein weiteres Beispiel für ihre geheimnisvolle Fähigkeit zu absoluter Disziplin, wenn alles an einem Faden hing, wenn es darum ging, ruhig Blut zu bewahren – eine Fähigkeit, die sie vor uns verborgen hat?

»Es gibt eine weitere Inventarliste über persönliche Kunstgegenstände unter dieser Adresse«, fährt die Mitarbeiterin fort. »Sie ist von Otto Mendl erstellt worden. Die Aktenzeichen weisen darauf hin, dass beide Listen persönlich ausgefüllt und unterschrieben worden sind. Das Problem ist nun, wenn es sich dabei um besonders wertvolle Gegenstände gehandelt hat, dann sind die Akten möglicherweise geleert worden. Am Ende des Krieges, als die Nazis sich zurückgezogen haben, haben sie versucht, Beweise verschwinden zu lassen. Beim Durchforsten der Unterlagen haben wir viele Akten gefunden, bei denen sich zwischen den Deckeln nichts mehr befunden hat. – Der Arbeitsaufwand hier ist enorm und wir müssen der Reihe nach vorgehen. Wir können mit den Nachforschungen zu Ihrem Fall erst in ein paar Monaten beginnen.« – Ich werde warten müssen.

In diesem Moment kommt ein älterer Forscher herein und erkundigt sich danach, was wir entdeckt hätten. Er schlägt vor, ihnen auch sämtliche Informationen zu liefern, die vielleicht nur in der mündlichen Überlieferung der Familie existieren. Ich biete ihm an, was ich habe, und dann ergreife ich die Gelegenheit, ihn zu fragen, ob in den Unterlagen vielleicht etwas über die vier Zeichnungen von Picasso zu finden ist. Ich erkläre ihm meine Bemühungen, ihre Echtheit bestätigt zu bekommen.

Er ergänzt mein bisheriges Wissen über das gesamte Prozedere um etwas für mich sehr Interessantes: »Ist Ihnen bewusst, dass Sie, wenn die Zeichnungen für echt erklärt werden, das Copyright, also das Recht, die Bilder zu reproduzieren, verlieren?«

Mein perplexer Gesichtsausdruck verrät, dass er mir das erklären muss. »Picassos Erben besitzen automatisch das Copyright bis fünfzig Jahre nach seinem Tod, also bis 2023. Wenn Sie die Bilder veröffentlichen können, dann werden Sie vermutlich ein paar Antworten erhalten, bei einigen Leuten Erinnerungen wecken oder in Konkurrenz zu den Nachforschungen von jemand anderem treten. Es wäre schade, dieses Recht zu verlieren. Sie können immer noch einen Antrag auf Echtheit an die Picasso-Verwaltung richten, wenn Sie alle anderen Möglichkeiten einer Erklärung ausgeschöpft haben. Ich glaube nicht, dass Sie das bis jetzt wirklich getan haben.«

Er kommt in Fahrt: »Gerade im Moment haben wir große Erfolge beim Aufspüren von Kunstwerken, die während des Krieges den Besitzer gewechselt haben. Jeden Tag kommen neue Informationen herein. Ganz einfache Dinge wie etwa die Freigabe der Akten von Charles Mendl können Licht auf die Herkunft dieser drei Zeichnungen werfen.«

Seine Worte bestärken mich in meiner Entscheidung, die Zeichnungen mit nach Hause zu nehmen und zu warten.

Der Forscher lächelt und verabschiedet sich. Er schreitet den langen Korridor entlang, seine ganze Haltung drückt eine Mischung aus

Abenteuer und Entschlossenheit aus. Er macht auf mich eher den Eindruck eines »einsamen Rangers« als den eines kontemplativ forschenden Kunstexperten.

Das Treffen war relativ kurz, daher ist es noch ziemlich früh am Morgen an diesem meinem letzten Tag in Wien, als ich mich wieder auf der Straße befinde. Ich überlege, ob es noch etwas gibt, das ich tun könnte, um meine Fragen zu einem Abschluss zu bringen. Aus Erfahrung weiß ich, dass ich in den folgenden Monaten bedauern könnte, diese oder jene Frage nicht gestellt oder ein Detail nicht geprüft zu haben. Es ist dies mein vierter Besuch seit der Reise mit meiner Mutter im Jahr 1992. Ich habe das Gefühl, dass ich vielleicht nicht wieder herkommen werde, zumindest nicht in der nächsten Zeit.

Auf jeden Fall werde ich nicht hierher zurückkommen, um nach vergangenen Dingen zu graben oder um Geheimnisse aufzudecken. Wenn ich wiederkomme, dann wird es im Hinblick auf die Zukunft, nicht auf die Vergangenheit sein. Thomas hat recht – die Welt dreht sich weiter. Ich habe mir eine Überdosis an Geheimnissen verabreicht und sehne mich nach den simplen Dingen des Lebens.

Ich kann die Vergangenheit Vergangenheit sein lassen, wenn ich nun dieses letzte schwere Tor schließe, das – einem elektronischen Impuls folgend – so lautlos vor mir aufgesprungen ist.

Ich denke über die Ergebnisse meiner jüngsten Reise nach. Manche Dinge hätte ich mir anders gewünscht. In einem Traum habe ich die Tore des Public Records Office weit vor mir auffliegen sehen, ich habe mich durch lange Gänge mit roten Läufern gehen und in Räume treten gesehen, in denen auf großen Tischen fein säuberlich beschriftete Akten zur Einsicht aufgelegen sind – geordnet nach jenen Fragen und Sachgebieten, die mich am meisten interessiert haben. In diesen imaginären Aktenordnern waren die Dokumente in einem Verzeichnis erfasst und manche Passagen waren mit einem Farbcode markiert, der meinen Bedürfnissen entgegenkam. Der unergründliche, undurchschaubare Sir Charles hatte darin jeden Kontakt mit meiner Mutter schriftlich festgehalten, zusammen mit seinen Absichten und Plänen, den Zusammenhängen und Ergebnissen von jeder einzelnen Operation. Ich hatte mit einem Mal verstanden, alle meine Hypothesen hatten sich als richtig herausgestellt.

So weit mein Traum. In der Realität waren mir diese Türen verschlossen. Hätten sie sich geöffnet – welche neuen Verwicklungen hätten sich daraus ergeben? Wie hätte ich verschlüsselte Botschaften interpretieren können und welche neuen Einsichten hätte ich wiederum gebraucht, um all die Fakten in ihrem Kontext zu begreifen? Ich wundere mich nun selbst über meine hartnäckige Erwartungshaltung. Ich habe immer gewusst, dass meine Mutter sogar in geschäftlichen Dingen stets nach dem Prinzip »nur keine Dokumentation« vorgegangen ist. Weshalb hätte also Charles Mendl lockerere Vorgaben gehabt haben sollen als sie, wenn Menschenleben und historische Entwicklungen von absoluter Geheimhaltung abhingen?

In anderen – heimlichen – Träumen spielten meine Zeichnungen eine Rolle. Trotz meiner pragmatischen Haltung in meinen wachen Momenten hatte ich Visionen von Picasso-Experten, die ihre Augen weit aufrissen, wenn ich die Zeichnungen aus ihren Hüllen zog, die mit sich überschlagender Stimme nach dem Butler riefen, der ihnen Riechsalz auf einem Silbertablett servierte. Experten, die erkannt hatten, dass die Zeichnungen zu einem lange verloren geglaubten, heiß begehrten Nachlass gehörten. In diesen Visionen gab es Geschichten von Diebstahl, von berühmten Fälschern, romantischen Verbindungen und illegitimen Erben … All diese Dinge sind nie passiert.

Ich flüchtete in das bunt schillernde Reich der Fiktion, um den grauen Tatsachen zu entkommen, mit denen man mich allein gelassen hatte. Ich hatte mich aufgemacht, die Wahrheit zu finden. Ich fühlte, dass ich nun, da sich ihr Gehäuse verflüchtigt hatte, auf ihren innersten Kern traf.

Während ich die kopfsteingepflasterten Alleen entlangwanderte, erinnerte ich mich daran, wie ich meine Mutter hier im Rollstuhl geschoben hatte – ganz zu Beginn meiner Suche im Jahr 1992. Ich hatte mich gebückt, um Luft aus den Reifen zu lassen, um das Rütteln, das das unebene Pflaster verursachte, einzudämmen. Ich erinnerte mich an ihr Lachen. Hatte sie etwas von meinen holprigen Versuchen, ihr auf die Schliche zu kommen, mitgekriegt? – Es war schwer, zu begreifen, dass sie nicht mehr da war, gerade jetzt, da ich im kalten Novemberwind Straßen entlangging, die ihr so vertraut gewesen waren.

Ich war wieder ein Kind. Ich spürte den festen Griff von Mutters Hand, die mich eilig hinter sich herzog – wir hatten es immer eilig. Für einen Moment rieche ich den Duft ihres langen Pelzmantels, der im Takt der Schritte um ihre Beine schwingt. Ganz flüchtig vermeine ich ihren Stiefel zu sehen, als sie den Gehsteig betritt, immer einen Schritt vor mir.

Meine Mutter gab die Richtung vor, sie trieb an und lockte hinter sich her. Sie war eine ruhelose Person, gleichsam das Produkt jener seltsamen Mischung aus den Privilegien der europäischen Aristokratie und den Entbehrungen des australischen Outback. In ihr vereinten sich die Verzweiflung und der Betrug, die sie in Europa erfahren hatte, mit dem draufgängerischen Pioniergeist Australiens. Alles, was sie getan hat, hat sie mit totalem Einsatz und wilder Entschlossenheit getan.

Dennoch hat sie ein Einsehen gehabt, als ich sie gebeten habe, mit den Geistern im Garten der Villa Mendl Frieden zu schließen. Sie hat mir zugestimmt. Sie hat es versprochen. Sie hat gesagt: »Nichts ist mehr von Bedeutung. Das war es nie wirklich.« – Ich glaube ihr und vertraue ihr. Es ist Zeit, die Suche zu beenden. Bettina ist hier.

Ich bin auf dem Weg in das exquisite Café Central zu einem festlichen Abschiedsbrunch. Hier haben wir als Kinder zusammen mit meiner Mutter unsere Feste gefeiert – mit weißen Tischtüchern, altem Silberbesteck, heißer Schokolade und Schlagobers. Wir sind im Kreis unserer Freunde gesessen und sie hat uns all unsere Wünsche erfüllt, mit ihrem Zauberstab …

Am nächsten Tag bin ich auf meinem Heimweg nach Australien, irgendwo in der Schwebe, am Himmel zwischen zwei Welten, zwischen Wachen und Schlafen. Es ist dunkel um mich herum, ich bin ohne jedes Gefühl für Raum und Zeit und sage »Danke« zu meiner Mutter. Danke für die wunderbare Reise und die Leidenschaft. Danke für die Schatzsuche. Danke für die Hinweise und für die Täuschungsmanöver. Danke für die Geheimnisse und ihre Enthüllungen. Und Danke für das Verschweigen von Dingen, die ich nicht wissen muss.

DANKSAGUNG

Großen Dank schulde ich:
Lynne und Geoff McDonald für ihre anhaltende Unterstützung;
dem Mitarbeiterstab der Nationalbibliothek von Queensland für seinen kreativen Beistand;
dem Informationsschalter der Universität von Queensland für seine vernünftigen Lösungen;
Arts Queensland für die großzügige Unterstützung;
meiner Schreibmentorin Barbara Ker Wilson für ihre große Weisheit
und meiner geliebten Familie für ihr Vertrauen und ihre Sicherheit.
Ohne sie alle wären diese Seiten in meinem Kopf geblieben.